工业和信息化普通高等教育
"十三五"规划教材立项项目

高等院校
会计学新形态系列教材

U0725181

Excel 2016
在财务中的应用

微课版

王新玲 / 主编

马晓璐 雷青 曾景伟 / 副主编

人民邮电出版社
北 京

图书在版编目（ＣＩＰ）数据

Excel 2016在财务中的应用：微课版 / 王新玲主编
. -- 北京：人民邮电出版社，2022.2（2023.12重印）
高等院校会计学新形态系列教材
ISBN 978-7-115-57019-2

Ⅰ．①E… Ⅱ．①王… Ⅲ．①表处理软件－应用－财
务管理－高等学校－教材 Ⅳ．①F275-39

中国版本图书馆CIP数据核字(2021)第150801号

内 容 提 要

本书以 Excel 2016 为蓝本，介绍了这款功能强大的电子表格处理软件在会计核算和财务管理中的应用。书中设计了大量实用、生动的案例，并配套微课视频，可帮助读者轻松学习。

本书共分为 12 个项目，从结构上分为三大部分。项目 1～项目 4 为第一部分，介绍了 Excel 的基础应用，包括学会输入数据、制表、数据管理和用图表说话；项目 5～项目 8 为第二部分，介绍了 Excel 在会计核算中的应用，包括 Excel 在账务处理、报表编制和汇总、工资管理、固定资产管理中的应用；项目 9～项目 12 为第三部分，介绍了 Excel 在财务管理中的应用，包括 Excel 在筹资管理、投资决策、财务分析和本量利分析中的应用。每个项目中都侧重介绍了 Excel 的某项功能，设计了贴切的实用案例，将 Excel 的功能与财务工作有机结合。

本书适合作为高等院校 Excel 在财务中的应用、计算机财务模型等课程的教材，也适合作为财务工作者自学 Excel 的参考书。

◆ 主　编　王新玲
　　副 主 编　马晓璐　雷　青　曾景伟
　　责任编辑　刘向荣
　　责任印制　李　东　胡　南
◆ 人民邮电出版社出版发行　　北京市丰台区成寿寺路 11 号
　　邮编　100164　电子邮件　315@ptpress.com.cn
　　网址　https://www.ptpress.com.cn
　　三河市兴达印务有限公司印刷
◆ 开本：787×1092　1/16
　　印张：12　　　　　　　　　　　2022 年 2 月第 1 版
　　字数：331 千字　　　　　　　　2023 年 12 月河北第 3 次印刷

定价：42.00 元

读者服务热线：(010)81055256　印装质量热线：(010)81055316
反盗版热线：(010)81055315
广告经营许可证：京东市监广登字 20170147 号

前 言 FOREWORD

党的二十大报告指出，实施科教兴国战略，强化现代化建设人才支撑。Excel 是目前应用十分广泛的电子表格处理软件，是财务人员工作中离不开的案边工具，因此，高等院校均开设了Excel 在财务中的应用、计算机财务模型、Excel 财务管理等同质不同名的课程，目的就是训练学生的应用技能，为其将来步入职场做好知识储备。为帮助大家理解教程设计思想，下面从整体框架、逻辑结构、设计理念、教学资源、教学建议等方面进行阐释。

1. 整体框架

本书以培养应用创新人才为目标，按照循序渐进的认知规律，设计了 12 个项目，涵盖了以下学习内容。

框架结构	项目内容	说明
Excel 的基础应用	项目 1　学会输入数据	1. 介绍了 Excel 中的基本操作，对应用中的难点和重点做了强调
	项目 2　制表	2. 项目 3 和项目 4 既包括入门内容，也包含进阶内容
	项目 3　数据管理	
	项目 4　用图表说话	
Excel 在会计核算中的应用	项目 5　Excel 在账务处理中的应用	1. 账务处理和报表编制是企业会计核算的主体内容
	项目 6　Excel 在报表编制及汇总中的应用	2. 工资管理和固定资产管理是企业常规工作
	项目 7　Excel 在工资管理中的应用	
	项目 8　Excel 在固定资产管理中的应用	
Excel 在财务管理中的应用	项目 9　Excel 在筹资管理中的应用	1. 筹资管理、投资决策和财务分析是财务管理的常规内容
	项目 10　Excel 在投资决策中的应用	2. 本量利分析属于管理会计内容构成，也归于大财务管理范畴
	项目 11　Excel 在财务分析中的应用	
	项目 12　Excel 在本量利分析中的应用	

2. 逻辑结构

每个项目按照以下逻辑结构进行编写。

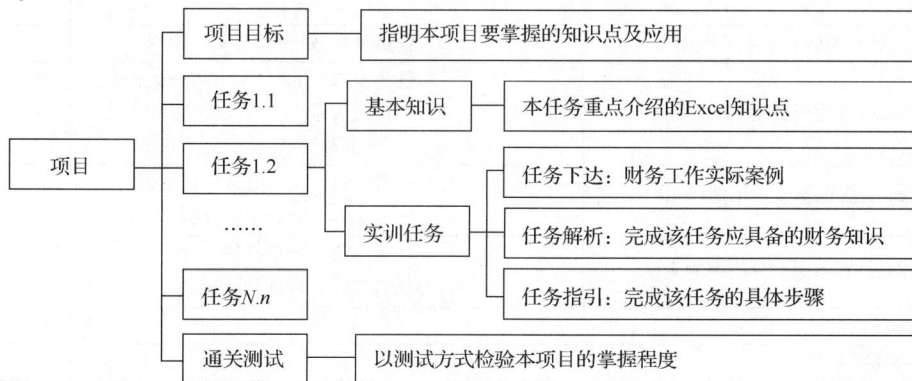

3. 设计理念

与市面上其他 Excel 财务应用类教程不同，本书作者认为，Excel 财务应用教程应把重点放在对 Excel 知识点的认知、领悟和熟练掌握上，因此，基本知识部分强化的是 Excel 知识而非财务管理知识。后期为了帮助大家完成 Excel 财务应用的实训任务，在任务解析部分回顾了必要的财务知识。

学习是在"认识—实践—再认识—再实践"的循环往复中完成的。对于每个重要知识点，教程中设计了四个相关训练。首先，在基本知识部分设计了"动手练"环节，用简单易懂的例子介绍知识点的用法；其次，在实训任务中以财务案例方式再次展示知识点的实际应用；再次，在随后其他项目单元案例中对知识点进行回顾；最后，在通关测试中对知识点进行考核。

4. 教学资源

教学资源的开发考虑了教师与学生两类对象的不同需求。

面向对象	教学资源名称
教师+学生	动手练题解、微课视频
	实训任务题解、微课视频
	通关测试题解
教师	教学建议
	综合练习等教学资料分享
	师资教学交流 QQ 群（交流共享，共同提升）

5. 教学建议

本教程在各学校教学计划中一般安排 32 学时或 48 学时，为了应对不同的教学需求，也为学有余力的同学提供更多的知识拓展，针对本教程给出教学建议如下。

项目	32 学时分配	选学内容	48 学时分配
项目 1　学会输入数据	2		2
项目 2　制表	2		2
项目 3　数据管理	2		2
项目 4　用图表说话	2	任务 4.3　图表进阶	4
项目 5　Excel 在账务处理中的应用	3	任务 5.3　凭证录入及查询	4
项目 6　Excel 在报表编制及汇总中的应用	3	任务 6.2　编制对内管理报表	4
项目 7　Excel 在工资管理中的应用	3	任务 7.4　工资数据查询与统计分析	4
项目 8　Excel 在固定资产管理中的应用	2	任务 8.4　固定资产日常处理与查询	4
阶段综合练习	2		2
项目 9　Excel 在筹资管理中的应用	3	任务 9.1　资金需要量的预测	4
项目 10　Excel 在投资决策中的应用	2	任务 10.2　非固定周期现金流量项目投资决策 任务 10.3　固定资产更新决策	4
项目 11　Excel 在财务分析中的应用	2	任务 11.1　获取财务分析数据 任务 11.4　财务综合分析	4
项目 12　Excel 在本量利分析中的应用	2	任务 12.1　表单控件 任务 12.3　目标利润规划	4
阶段综合练习	2		2
课程总结·答疑			2
合计	32		48

编者

目录 CONTENTS

项目1　学会输入数据 / 1
任务1.1　输入数据 / 1
任务1.2　快速输入数据 / 8
任务1.3　对输入数据进行验证 / 12
本项目知识点总结 / 16
通关测试 / 16

项目2　制表 / 17
任务2.1　编辑工作表 / 17
任务2.2　美化工作表 / 25
任务2.3　工作表的基本操作 / 29
本项目知识点总结 / 32
通关测试 / 32

项目3　数据管理 / 34
任务3.1　构建数据单 / 34
任务3.2　排序 / 35
任务3.3　筛选 / 37
任务3.4　分类汇总 / 42
任务3.5　数据透视表 / 44
本项目知识点总结 / 47
通关测试 / 47

项目4　用图表说话 / 49
任务4.1　创建图表 / 49
任务4.2　编辑图表 / 53
任务4.3　图表进阶 / 58
本项目知识点总结 / 62
通关测试 / 63

项目5　Excel在账务处理中的应用 / 64
任务5.1　了解背景案例 / 64
任务5.2　账务处理初始设置 / 68
任务5.3　凭证录入及查询 / 70
任务5.4　生成会计账簿 / 74
本项目知识点总结 / 79
通关测试 / 79

项目6　Excel在报表编制及汇总中的应用 / 82
任务6.1　编制对外财务报告 / 82
任务6.2　编制对内管理报表 / 85
任务6.3　报表汇总 / 89
任务6.4　保存及查看报表 / 92

本项目知识点总结 / 96

通关测试 / 96

项目7　Excel在工资管理中的应用 / 97

任务7.1　了解背景案例 / 97

任务7.2　工资管理初始设置 / 99

任务7.3　日常工资数据计算 / 104

任务7.4　工资数据查询与统计分析 / 106

本项目知识点总结 / 109

通关测试 / 109

项目8　Excel在固定资产管理中的应用 / 111

任务8.1　了解背景案例 / 111

任务8.2　固定资产折旧及其函数 / 113

任务8.3　固定资产初始设置 / 117

任务8.4　固定资产日常处理与查询 / 121

本项目知识点总结 / 125

通关测试 / 125

项目9　Excel在筹资管理中的应用 / 126

任务9.1　资金需要量的预测 / 126

任务9.2　债券筹资 / 132

任务9.3　长期借款筹资 / 137

本项目知识点总结 / 140

通关测试 / 140

项目10　Excel在投资决策中的应用 / 142

任务10.1　投资决策指标及其函数 / 142

任务10.2　非固定周期现金流量项目投资决策 / 146

任务10.3　固定资产更新决策 / 147

本项目知识点总结 / 151

通关测试 / 151

项目11　Excel在财务分析中的应用 / 152

任务11.1　获取财务分析数据 / 152

任务11.2　财务比率分析 / 155

任务11.3　财务比较分析 / 158

任务11.4　财务综合分析 / 163

本项目知识点总结 / 167

通关测试 / 167

项目12　Excel在本量利分析中的应用 / 169

任务12.1　表单控件 / 169

任务12.2　本量利分析 / 177

任务12.3　目标利润规划 / 179

本项目知识点总结 / 183

通关测试 / 184

参考文献 / 185

项目 1　学会输入数据

项目目标

熟悉 Excel 2016 工作窗口

了解 Excel 数据类型

学会输入不同类型的数据

学会利用填充功能快速输入数据

学会利用数据验证功能验证输入数据的有效性

任务 1.1　输入数据

1.1.1　基本知识

Excel 自面世以来已发布了多个版本，不同版本在功能和操作界面上存在一定差异。本书选择以 2015 年发布的 Excel 2016 为蓝本介绍 Excel 应用。

1. Excel 2016 的工作窗口

Excel 2016 的工作界面主要由标题栏、功能区、名称框、编辑栏、工作表区、状态栏等部分构成，如图 1-1 所示。

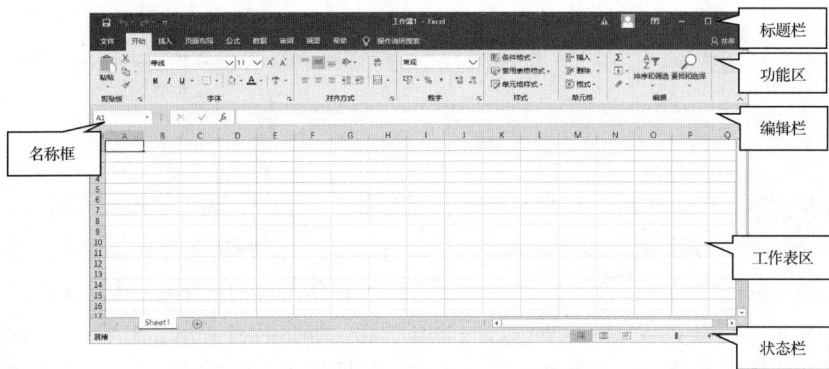

图 1-1　Excel 2016 的工作窗口

（1）标题栏

标题栏如图 1-2 所示。

图 1-2　标题栏

1

Excel 工作窗口的最顶端是标题栏，标题栏左侧是快速访问工具栏；标题栏正中显示当前文件名及正在运行的应用程序；标题栏的最右侧是控制 Excel 程序的三个按钮，分别代表最小化窗口、最大化窗口和关闭窗口。当窗口最大化之后，最大化按钮变为恢复按钮。

快速访问工具栏包含"保存""撤销"和"恢复"三个常用的命令按钮，紧邻其右的是"自定义快速访问工具栏"按钮。单击该按钮可以打开"自定义快速访问工具栏"菜单，如图 1-3 所示。选中或取消选中其中的菜单项可以决定该功能是否在自定义快速访问工具栏中显示。还可以选择快速访问工具栏在功能区上方显示还是下方显示。

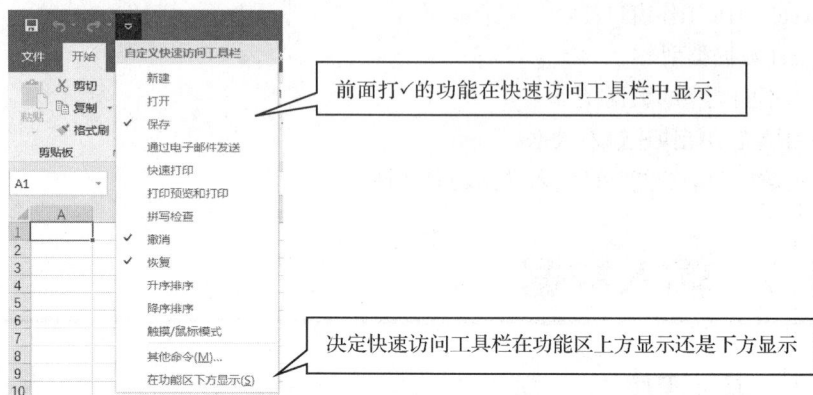

图 1-3　自定义快速访问工具栏

（2）功能区

标题栏下方是功能区，功能区分为选项卡标签和功能图标两部分，如图 1-4 所示。

图 1-4　功能区

选项卡标签中默认包含文件、开始、插入、页面布局、公式、数据、审阅、视图和帮助九项。单击某个选项卡标签，下面便会展开该选项卡的所有功能，这些功能按照用途划分为不同的功能组，每个功能组中的各个功能以图标方式显示，将鼠标指向某个功能图标并停留时，会看到该功能的简要说明。如果功能组中未能显示所包含的所有功能，那么其右下角会出现一个折叠按钮，单击它可以展开功能组的其他功能。利用如图 1-2 所示标题栏中的"功能区显示选项"按钮，可以折叠或展开功能区。折叠功能区后可以为工作表区留出更多的空间。

选项卡标签最左侧是"文件"选项，与其他选项卡的展开方式不同，单击"文件"选项，其下以菜单方式展开。其中包含了对文件的基本管理功能，如新建、打开、保存等；另外单击最下方的"选项"可以打开"Excel 选项"对话框，在该对话框中可以设置 Excel 应用中的若干参数。

除了以上八个常规选项卡之外，当我们在 Excel 中选中了不同的操作对象时，还可能看到与之相关联的其他类别选项卡，如选中图形对象时，功能区会自动增加"设计"和"格式"两个选项卡标签。

Excel 的工作窗口是可以由用户自行定义的。在"文件"|"选项"|"自定义功能区"中，用户可以根据需要及使用习惯，对功能区进行自定义设置。例如，选择对选项卡、功能组进行显示或隐藏。

（3）名称框

名称框位于功能区左下方。名称框中显示当前选中的单元格（即活动单元格）的地址或名称。名称框右侧带有一个下拉式列表，打开它，就会看到当前工作簿中所有已定义的名称。在名称框中输入要查找的单元格地址或名称，可以快速定位到要查找的单元格或区域。

（4）编辑栏

编辑栏位于名称框的右侧，两者由编辑确认区分隔开，如图 1-5 所示。

图 1-5 非编辑状态下的编辑栏

① 编辑确认区

编辑确认区有两种状态。如果单元格处于非编辑状态，则显示如图 1-5 所示；如果单元格处于编辑状态，则 × ✓ 处于激活状态。单元格处于编辑状态时，单击×意味着取消对当前单元格的编辑，等同于键盘上的<Esc>键；单击✓意味着确认对当前单元格的编辑，且光标仍然停留在当前单元格。如果是按键盘上的<Enter>键确认，光标会移动到下一个单元格。 *fx* 是插入函数的快捷工具。

② 编辑栏

编辑栏在 Excel 中有着极为重要的作用。如果在单元格中输入的是常数，编辑栏中显示该常数的原值，单元格中显示常数经格式化之后的显示值。例如，在 A1 单元格中输入"3.4567"，单击✓确认，然后单击减少小数位数按钮，设置 A1 单元格中的数据保留两位小数，此时 A1 单元格中显示"3.46"，编辑栏中显示"3.4567"，如图 1-6 所示。

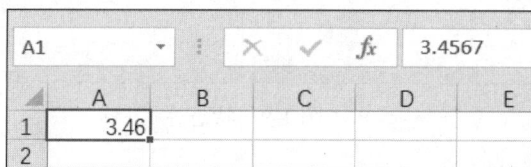

图 1-6 单元格中为常数时编辑栏中显示常数的原值

如果在单元格中输入的是公式，那么单元格中会显示公式的计算结果，在编辑栏中可以查看公式。例如，在 A2 单元格中输入"=A1*2"，则 A2 单元格中显示"6.9134"，编辑栏中显示计算公式，如图 1-7 所示。

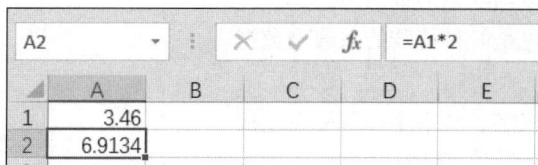

图 1-7 单元格中为公式计算结果时编辑栏中显示公式

（5）工作表区

工作表区包括行标、列标、单元格、滚动条和工作表标签。

① 单元格的表示方式

单元格的表示方式（也称为引用样式）有两种：A1 引用样式和 R1C1 引用样式。无论哪一种引用样式，单元格都是由其所在的列标和行标表示的。例如，在 A1 引用样式中，C3 表示 C 列和第 3 行交叉处的单元格；在 R1C1 引用样式中，R2C3 表示第 2 行与第 3 列交叉处的单元格。

② 工作表标签

每一个工作簿文件都是由若干工作表 Sheet 组成的。在 Excel 2016 中，打开新工作簿时默认只包含 1 张工作表。工作簿中的工作表都在左下角工作表标签区显示，如图 1-8 所示。

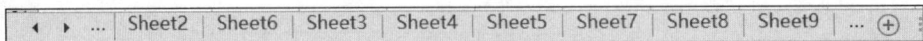

| ◀ | ▶ | … | Sheet2 | Sheet6 | Sheet3 | Sheet4 | Sheet5 | Sheet7 | Sheet8 | Sheet9 | … | ⊕ |

图 1-8　工作表标签

白色底色的工作表为当前工作表。单击 ⊕ 按钮可以增加工作表，但最多不能超过 255 张。当工作表在工作表标签区显示不开时，◀ ▶ 按钮及 … 按钮会被激活。按<Ctrl>+单击 ◀ 按钮可以滚动到第一张工作表，按<Ctrl>+单击 ▶ 按钮可以滚动到最后一张工作表，单击 … 按钮可以选中其中某一张工作表为活动工作表。

（6）状态栏

状态栏位于窗口底端，用于显示有关选定命令或操作进程的信息。状态栏的左边显示当前所处的状态是"就绪"或"输入"。

默认情况下，状态栏右侧显示"视图"工具栏 ▦ ▣ ▢ 、显示比例按钮 100% 和显示比例调节器 － ▬▬▬▮▬▬▬ ＋。

如果选中了工作表中的某个区域，状态栏中会显示区域中数值的平均值、计数和求和三项数据，如图 1-9 所示。

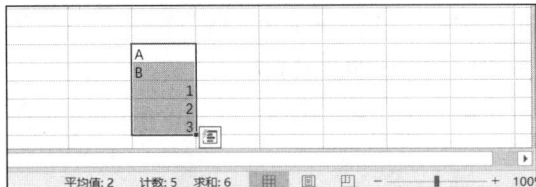

图 1-9　状态栏

2．Excel 中的数据类型

单元格中存储的数据分为三种类型：数值型、文本型和逻辑型。

（1）数值型

数值型数据由 0～9、指数符号"E"或"e"、正号"＋"、负号"－"、百分号"％"、小数点"．"、分数号"／"、括号"（）"、货币符号"￥"或"＄"和千位分隔号"，"等组成。新建文件时，工作表中所有的空白单元格均默认为数值型。

特别需要说明，日期也是一种特殊的数值型数据。

（2）文本型

文本型数据由字母、汉字、数字字符和标点组成。

（3）逻辑型

逻辑型数据只有两个值，即"TRUE（真）"和"FALSE（假）"。

3．数值型数据的输入

数值型数据在单元格中自动靠右对齐。

（1）负数的输入

如果要输入负数，必须在数字前加一个负号"–"或给数字加上圆括号"（ ）"。例如，输入"–17"和"（ 17 ）"都可在单元格中显示"–17"。

（2）分数的输入

如果输入分数（如 1/2），应先输入"0"和一个空格，然后输入"1/2"。如果不输入"0"和空格，Excel 会把该数据当作日期格式处理，在单元格中将显示为"1 月 2 日"。在 Excel 中，日期型数据的分隔符为"/"或"–"。

（3）小数的输入

如果输入小数，一般直接在指定的位置输入小数点即可。如果整数部分为 0，如 0.55，可以直接输入".55"，系统会自动显示"0.55"。当输入的数据量较大，且都具有相同的小数位数时，可以利用"自动设置小数点功能"（选择"文件"|"选项"|"高级"），选中"自动插入小数点"复选框，并在"小位数"框中输入或通过调节按钮指定相应的小数位数，如图 1-10 所示。

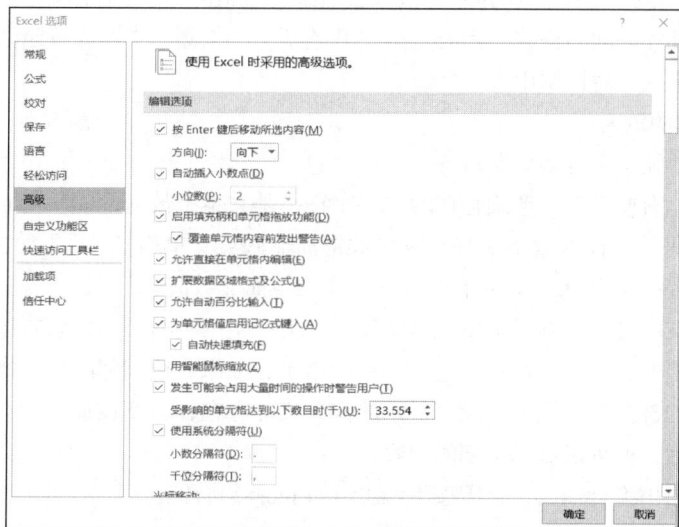

图 1-10　自动插入小数点

例如，输入"2"，表示保留两位小数。若要在单元格中输入"0.45"，只要输入"45"即可，从而避免了输入小数点的麻烦。

如果输入的数字位数超过 12 位，那么会在单元格中自动以科学计数法方式显示。

（4）日期数据

日期数据由"0～9""/"和"–"组成。在输入日期时，年、月、日之间用"/"或"–"进行分隔。如果省略年份，则以当前的年份作为默认值。

如果要在单元格中插入当前日期，可以按 <Ctrl>+<;>组合键。

日期数据本质上也属于数值型数据，在单元格中自动靠右对齐。日期数据可以和数值型数据进行数学运算。

【**动手练 1-1**】验证日期数据与数值型数据的关系。

① 在 A1 单元格中输入"1/2"，A1 单元格显示"1 月 2 日"，并自动靠右

动手练 1-1

对齐。此时编辑栏中显示的数据是 A1 单元格中实际存储的值，假定为"2020/1/2"（假设今年为 2020 年）。

② 选中 A1 单元格，单击鼠标右键，从快捷菜单中选择"设置单元格格式"命令，打开"设置单元格格式"对话框。

③ 选择"数字"选项卡，在"分类"列表中选择"数值"选项，单击"确定"按钮。此时 A1 单元格中的值为"43832.00"。

> **提示** Excel 中将"1900/1/1"等同于数值"1"。某日期数据与"1900/1/1"相差的天数即为该日期数据的数值表现形式。本例说明，"2020/1/2"与"1900/1/1"之间相差 43832 天。

（5）时间数据

时间数据由"时:分:秒"组成。在输入时间时，小时、分钟、秒之间用冒号分隔。Excel 会自动把插入的时间作为上午时间。例如，输入"10:20:15"，Excel 会认为是"10:20:15AM"；如果输入下午的时间，应在时间后面加上一个空格，然后输入"PM"或"P"即可。

如果想在单元格中插入当前的时间，可以按<Ctrl>+<Shift>+<;>组合键。

如果要修改日期和时间的格式，需要选择"开始"|"格式"|"设置单元格格式"命令，在打开的"设置单元格格式"对话框中进行修改。

4．文本型数据的输入

文本型数据在单元格中自动靠左对齐。

特别需要注意，有些以数字形式存在的数字字符也是文本型数据，如学生的学号、身份证号、邮政编码、科目编码等。输入数字字符时应在数据前输入英文单引号"'"（如'2003001，该键一般位于键盘上<Enter>键的左边），Excel 就会将其视为文本而非数值。

当用户输入的文字过多，超过了单元格宽度时，会产生两种结果。如果右边相邻的单元格中没有任何数据，则超出的文字会显示在右边相邻单元格中；如果右边相邻的单元格已存储了数据，那么超出单元格宽度的部分将不显示。没有显示的部分仍然存在，只要在加大列宽度或以折行的方式格式化该单元格之后，就可以显示全部的内容。

如果要在单元格内换行输入，只需按下<Alt>+<Enter>组合键。

5．公式的输入

公式由 "="、单元格引用、数值、函数、运算符等组成。输入公式时，以一个等号"="作为开头，公式中大小写字母等价，允许有空格。公式输入完成之后，单元格中显示公式的计算结果，编辑栏中显示公式。

可以用<Ctrl>+<`>组合键实现在单元格中显示公式与计算结果这两种状态之间的动态切换。

运算符是公式中不可缺少的一部分，通常可以将运算符分为算术运算符、比较运算符、连接运算符和引用运算符四类。

（1）算术运算符

使用算术运算符能够完成基本的数学运算。算术运算符主要有"+（加号或正号）""-（减号或负号）""*（乘号）""/（除号）""^（乘方）"和"%（百分号）"。在 Excel 中，百分号也是运算符，代表除以 100。例如，3+2、8-6、（-50）、5*7、4/9、78%和 4^2（即 4 的 2 次方）等。

（2）比较运算符

比较运算符用于比较两个对象，比较的结果产生逻辑值，即"TRUE"或"FALSE"。

比较运算符主要有 "=（等于）""＞（大于）""＜（小于）""＞=（大于等于）""＜=（小

等于）"和" < > （不等于）"。

比较运算符可用于比较数字、字符和文字。文本、数值与逻辑值相互比较时，数值小于文本、文本小于逻辑值。具体来说由小到大依次为：负数、0、正数、*A*~*Z*、FALSE、TRUE。

（3）连接运算符

连接运算符"&"可以连接两个或多个对象从而形成一个新的文本。使用该字符可以连接字符、文字和数字。连接数字时，数字串两边的双引号可有可无，但纯文本两边必须加上双引号。数字连接后得到的结果是字符。例如，A1 单元格中存储的是部门编号 11000，A2 单元格中存储的是职工编号 001，在 A3 单元格中输入公式"=A1&A2"，结果为"11000001"；在 A4 单元格中输入"="Excel"&"在财务中的应用""，结果为"Excel 在财务中的应用"；在 A5 单元格中输入"=12.25&23"，结果为文字型"12.2523"。

（4）引用运算符

引用运算符用于表示运算对象在工作表中的位置。常见的引用运算符及用法如表 1-1 所示。

表 1-1　引用运算符及用法

引用运算符	功能简介	示例
冒号（：）	区间运算，包括两个引用单元格之间的所有单元格	（A1:B2）包含 A1、A2、B1、B2 四个单元格
逗号（，）	联合运算，包括两个区域间的所有单元格	（A1:B2,B1:C2）包括 A1、A2、B1、B2、B1、B2、C1、C2 八个单元格
空格（　）	交叉运算，只包括两个区域相交的单元格	（A1:B2 B1:C2）包括 B1、B2 两个单元格

（5）公式出错错误值提示

如果公式输入有误，那么确认输入完成时单元格中会出现提示公式出错的错误值信息，这些错误值是因为公式不能正确计算而导致的。了解这些错误值的含义能帮助我们快速定位错误所在，以便及时更正。

在 Excel 中共有八种错误值，它们大多以"#"开头，以"!"结束，常见错误值、错误原因及建议的检查重点如表 1-2 所示。

表 1-2　公式出错常见错误值及检查重点

错误值	错误原因	检查重点
######	公式计算结果太长，单元格容纳不下	加宽列宽
	将一个负数变成日期格式显示	检查更正
#DIV/0!	数字被零（0）除	检查是否有空白单元格做除数
#NAME?	在公式里使用的名称不存在，如"=SUM（A1A5）"中间缺"："，Excel 会将 A1A5 识别为名字，而该名字不存在	1. 检查是否区域拼写错误 2. 检查是否存在未命名的名字
#REF!	引用的单元格无效（由将公式中引用的单元格覆盖或者删除公式中所引用的单元格引起）	检查更正
#VALUE!	使用了错误的函数参数或者运算符对象类型错误，如输入'=4+"a"'	检查函数参数类型是否正确
#N/A	在函数参数或者公式中没有可用数值	检查更正
#NUM!	在需要数字参数的函数中使用了无法接受的参数或者输入的公式产生的数字太大或太小而无法在 Excel 中表示	例如，函数 DATE（year, month, day）中的参数 year 为负数时就会在单元格中显示错误值"#NUM!"
#NULL!	为两个不相交的区域指定交集	例如，函数 SUM（A1:A5 C1:C5）的功能是对两个区域的交集中的单元格进行求和，但这两个区域没有交集，因此会产生错误值"#NULL!"

1.1.2 实训任务

任务下达

测试并总结 Excel 中关于汉字的比较规则。

实训 1

任务解析

汉字属于文本型数据。可以先做几个简单的比较运算。例如，"a"大还是"b"大？"甲"大还是"乙"大？"助教"大还是"教授"大？"交"大还是"教"大？

任务指引

① 在 A1:A4 单元格区域中依次构建以上比较运算，如图 1-11a 所示。

	A
1	="a">"b"
2	="甲">"乙"
3	="助教">"教授"
4	="交">"教"

图 1-11a 构建比较运算

	A
1	FALSE
2	FALSE
3	TRUE
4	FALSE

图 1-11b 比较运算结果

② 得到比较结果，如图 1-11b 所示。由此推测汉字的比较规则：先将汉字转化为汉语拼音；然后按照拼音字母逐个字符对比，即 a<b<……<z；如果拼音字符一致，再按声调顺序决定大小。

③ 分析并验证结论。

提示

- 构建运算时，输入的第 1 个符号一定是"="。这相当于告知 Excel，该单元格中输入的是公式而非常数。
- 公式中的字符需要用英文半角引号括起来。

任务1.2 快速输入数据

1.2.1 基本知识

学会了输入各种类型的数据之后，接下来我们讨论如何快速输入数据，以提高数据录入的效率。主要介绍自动填充数据、自定义序列和工作表组。

1. 自动填充数据

当我们需要输入的数据系列具有一定规律时，可以考虑使用自动填充数据功能。

自动填充数据的方法有三种：第一种是按住鼠标左键不放，拖曳单元格右下角的填充柄完成；第二种是用鼠标右键单击单元格右下角的填充柄向下拖曳，释放鼠标右键，在弹出的快捷菜单中选择相应的填充方式；第三种是选择"开始"选项卡中的"填充"命令来进行填充。如图 1-12 所示。

（1）数值的自动填充

对于等差序列的自动填充，可以先输入序列中的前两个数据定下填充规则，再选择区域进行填充。

【动手练 1-2】等差序列和等比序列的自动填充。

① 在 A1:A8 单元格区域中输入等差序列 "2、4、6、8、10、12"。

a. 在 A1、A2 单元格中分别输入 "2" 和 "4"。

b. 选定 A1:A2 单元格区域，右下角的小黑块即为填充柄。

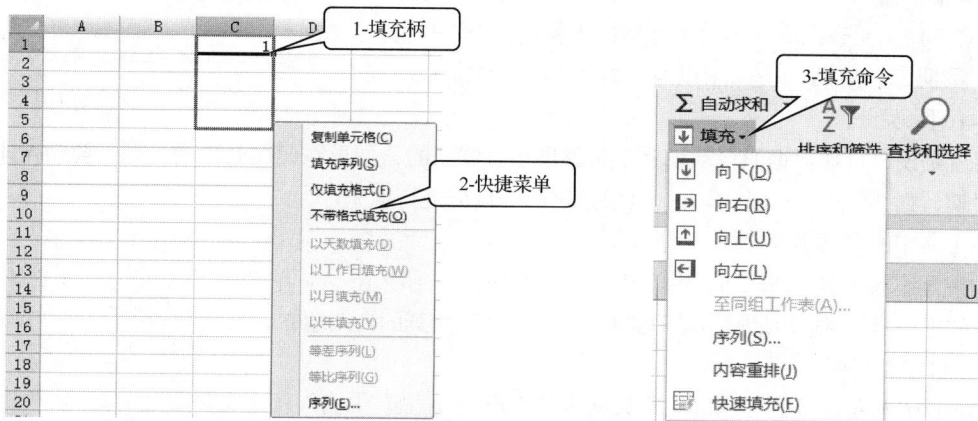

图 1-12　选择填充方式

c. 拖动选中区域右下角填充柄向下进行填充，即可得到等差序列，如图 1-13 所示。

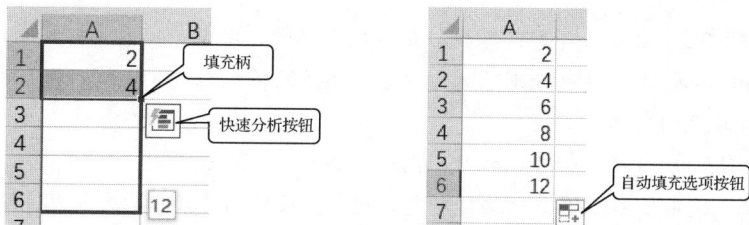

图 1-13　输入等差序列

选中区域后系统随之出现快速分析按钮，如图 1-13 所示。单击该按钮可展开对该区域的快速分析功能，如图 1-14 所示。

提示

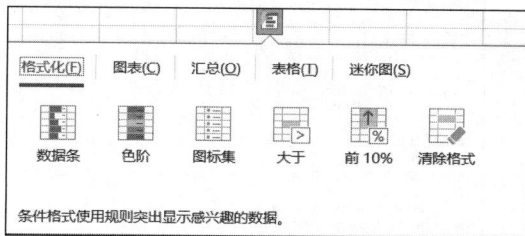

图 1-14　对区域的快速分析功能

② 在 B1:B6 单元格区域中输入等比序列 "3、9、27、81、243、729"。

a. 在 B1 单元格中输入 "3"。

b. 选定 B1:B6 单元格区域，选择 "开始" ｜ "填充" ｜ "序列" 命令，打开 "序列" 对话框。

c．选择序列产生在"列"、类型为"等比序列"，并在"步长值"框中输入"3"，如图 1-15 所示。

d．单击"确定"按钮。

（2）日期和时间的自动填充

日期和时间的自动填充也可以通过填充柄来实现。例如，在 A1 单元格中输入"星期一"，在 B1 单元格中输入"2021/1/1"，选中 A1:B1 单元格区域，拖动填充柄向下移动，Excel 就会依次填入"星期二、星期三……"以及"2021/1/2、2021/1/3……"，如图 1-16 所示。

图 1-15　输入等比序列

也就是说，日期数据的自动填充是按递增 1 日默认的，如果需要按月递增，则需要输入连续的两个日期，如 2021/1/1、2021/2/1，再根据这两个日期进行填充。

（3）文字的自动填充

如果要输入文字序列，如"甲、乙、丙、丁……"，那么在 A1 单元格中输入"甲"，然后拖动填充柄向下移动，就会完成该序列的自动填充。

2．自定义序列

Excel 中预先定义了一些常用的数据序列。当在 Excel 中输入预定义的数据序列时，只需输入该数据序列中的一个数据，然后拖动该数据所在单元格右下方的填充柄即可带出序列中的其他数据。除此之外，用户可以自行定义常用的数据系列，以使日常数据的输入更加快捷。

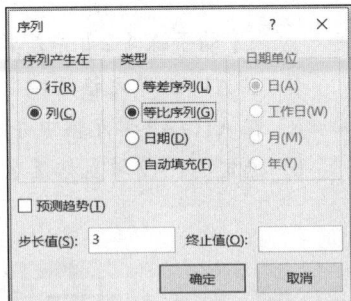

图 1-16　日期的填充

【**动手练 1-3**】自定义序列：教授、副教授、讲师、助教

① 在 A1:A4 单元格区域中分别输入"教授""副教授""讲师"和"助教"，选中 A1:A4 单元格区域。

② 选择"文件"|"选项"命令，打开"Excel 选项"对话框。

③ 在"高级"选项卡中，单击"编辑自定义列表"按钮，打开"自定义序列"对话框，左侧列表框中显示 Excel 中预定义的序列。

动手练 1-3

④ 在"导入"按钮左边的文本框中显示"$A$1:$A$4"，单击"导入"按钮，序列出现在右侧"输入序列"列表中，如图 1-17 所示。并自动添加到左侧的"自定义序列"列表中。

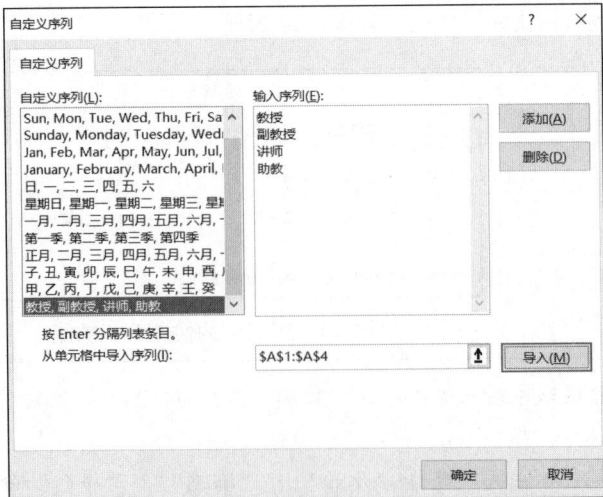

图 1-17　导入预先设置的自定义序列

⑤ 单击"确定"按钮返回"Excel 选项"对话框，单击"确定"按钮返回。

⑥ 验证，在工作表中任一单元格中输入"教授"，拖曳填充柄向下进行填充，验证是否会出现序列中的其他数据项。

3．工作表组

一个 Excel 工作簿中有多个工作表，如果需要一次编辑多个工作表的相同单元格，可以使用工作表组。

（1）建立工作表组

如果工作表组中的工作表是连续的，单击选择第一个工作表标签，按住<Shift>键，再选最后一个工作表；如果工作表组中的工作表是不连续的，单击选择第一个工作表标签，按住<Ctrl>键，再选下一个工作表；如果是同时对所有工作表进行操作，也可以在工作表标签处单击鼠标右键，然后在快捷菜单中选择"选定全部工作表"命令。

操作完成后，在工作表标签处单击鼠标右键，选择"取消组合工作表"命令。

（2）编辑内容

建立工作表组后，Excel 菜单栏标题后会自动添加[组]字样，这时在第一个工作表中进行录入、编辑时，所有的操作都会同时影响所选择的多个工作表。

（3）填充工作表组

利用填充工作表组的功能可以快速将某个工作表中已有内容复制到同组的其他工作表中。

【动手练 1-4】用填充工作表组的方法，将 Sheet1 中 A1:B6 单元格区域的内容复制到 Sheet2 和 Sheet3 中。

① 选择 Sheet1 中 A1:B6 单元格区域。

② 按住<Shift>键，单击"Sheet3"工作表标签，建立工作表组。

③ 选择"开始"|"填充"|"至同组工作表"命令，打开"填充成组工作表"对话框，根据实际情况选择其中的"全部""内容"或"格式"选项，单击"确定"按钮，即可成功将此内容复制到工作表组的其他工作表中。

动手练 1-4

1.2.2　实训任务

任务下达

自定义序列：高中、本科、研究生。

实训 2

任务解析

自定义序列有两种方法：第一种是在工作表中先建好序列，选中该区域，然后在"自定义序列"对话框中选择"导入"功能；第二种是在"自定义序列"对话框中直接建立新序列。前面已经介绍了第一种方法，本任务介绍第二种方法。

任务指引

① 选择"文件"|"选项"命令，打开"Excel 选项"对话框。在"高级"选项卡中单击"编辑自定义列表"按钮，打开"自定义序列"对话框。

② 单击左边列表框中的"新序列"选项。在"输入序列"文本框中，输入自定义序列"高中""本科"和"研究生"，每输入完成一个，按<Enter>键，如图 1-18 所示。

③ 输入完毕后，单击"添加"按钮，添加到"自定义序列"列表中。

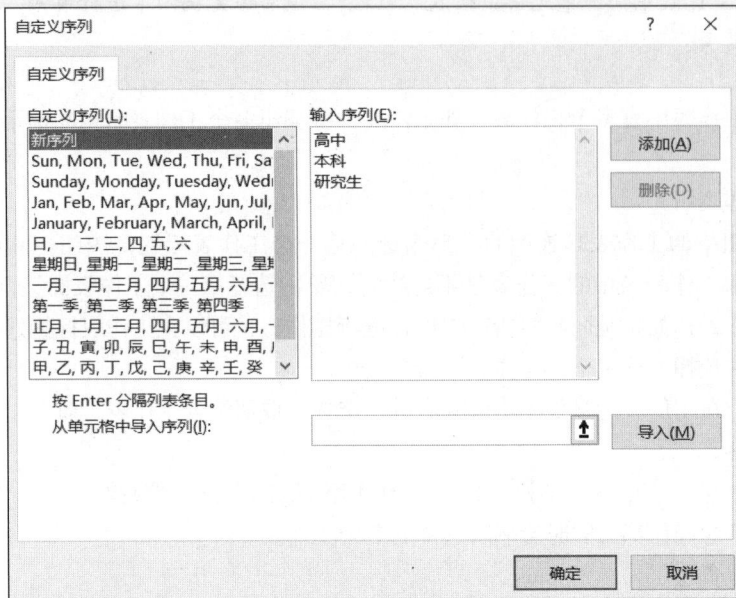

图 1-18　输入自定义序列

任务 1.3　对输入数据进行验证

1.3.1　基本知识

在实际工作中，某些单元格中的数据需要符合一定的条件，否则就失去了现实意义。例如，人的性别只可能是"男"或"女"，凭证中使用的会计科目只能来自会计科目表，人的正常体温区间在 35.5～37.5 摄氏度等。为了保证单元格中输入的数据符合相关要求，需要采取适当的措施，以保证输入的数据是合理有效的。

利用 Excel 中的数据验证功能，可以按照事前设置和事中控制两个阶段对数据输入进行管理。

1．事前设置

事前设置包括两项工作，一是为单元格或区域定义有效数据范围；二是设置恰当的输入提示信息以提醒数据录入人员。

（1）给单元格或单元格区域定义有效数据范围

在未设置有效数据之前，单元格中可以为任何值。对于录入单元格的数据，可以设置输入的数据类型及有效数据范围，如表 1-3 所示。

表 1-3　定义有效数据范围的说明及举例

允许的数据类型	有效数据范围	说明及举例
序列	来源(S):	在来源中输入的数据项必须用半角逗号分隔，如设置性别只能来源于"男"和"女"

允许的数据类型	有效数据范围	说明及举例
整数 小数 日期 文本长度	介于 未介于 等于 不等于 大于 小于 大于或等于 小于或等于	根据选择的运算设置数据范围
自定义	公式(E)	在公式中进行设置

（2）给单元格或单元格区域设置输入提示信息

为了提醒用户在特定单元格中输入的数据要符合规范，可以设置提示信息。例如，用户选择输入在职职工登记表年龄数值时，系统提示"只能输入 18～60 的数字"，从而可以避免输入数据越界情况的出现。

2．事中控制

在给单元格或单元格区域设置了有效数据范围后，如果在单元格中输入的数据不在有效范围内，系统便会进行出错警告。为此，系统提供了三种处理方法供用户选择。

（1）停止

如果设置了出错警告样式为"停止"，一旦输入错误，系统会弹出出错提示，如图 1-19a 所示。这个提示内容是系统预设的。

可以根据实际需要将提示信息设置得更清晰、更准确，如图 1-19b 所示。

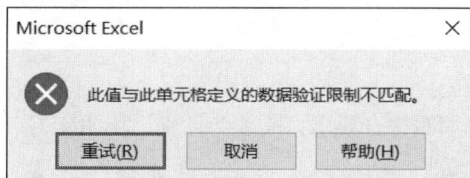

图 1-19a　数据验证不通过时系统默认提示　　　图 1-19b　选择了"停止"样式时的自定义提示

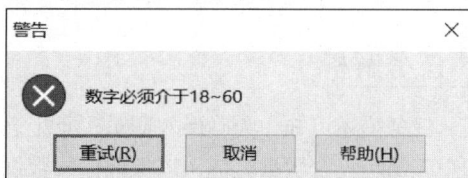

在图 1-19a 和图 1-19b 中显示的对话框中，单击"重试"按钮即可返回单元格令用户重新输入，单元格中仍保留上一次的输入内容；单击"取消"按钮同样也是返回单元格令用户重新输入，但自动清除了单元格中输入的内容。

（2）警告

如果设置了出错警告样式为"警告"，一旦输入错误，系统会弹出出错提示，如图 1-20a 所示。

单击"是"按钮，忽视警告，可以保存输入的非规范数据；单击"否"按钮可返回单元格令用户重新输入，单元格中仍保留上一次的输入内容；单击"取消"按钮也是返回单元格令用户重新输入，但自动清除了单元格中输入的内容。

（3）信息

如果设置了出错警告样式为"信息"，一旦输入错误，系统会弹出出错提示，如图 1-20b 所示。

单击"确定"按钮，忽视警告，可以保存输入的非规范数据；单击"取消"按钮可返回单元格令用户重新输入，单元格中仍保留上一次的输入内容。

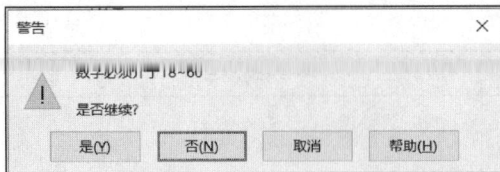

图 1-20a　选择了"警告"样式时的提示

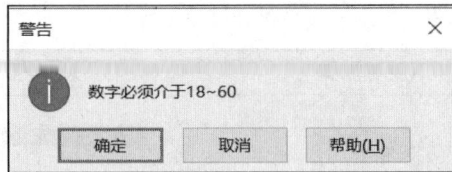

图 1-20b　选择"信息"样式时的提示

3．删除单元格的有效数据范围或提示信息

如果不再需要某些单元格或单元格区域的有效数据范围或提示信息，可以将其删除。选定要删除有效数据范围或提示信息的单元格或单元格区域，在打开的"数据验证"对话框中单击"设置"选项卡。在该选项卡中，单击"全部清除"按钮即可。

1.3.2　实训任务

任务下达

设计简易入职员工登记表，如图 1-21 所示。

要求：

性别：只能选择输入"男、女"；

出生年月：必须输入日期，日期不得早于 1970 年 1 月 1 日，不得晚于 2000 年 12 月 31 日，且日期显示为"××××年××月××日"；如果用户输入错误，给出提示信息"日期必须介于 1970/1/1 至 2000/12/31 之间"；

学历：只能选择输入"高中、本科、研究生"；

个人简历：不能超过 100 字，设置输入提示信息"限 100 字以内"。

实训 3

任务解析

从任务描述可知，为确保入职员工登记表各项信息填写符合要求，需要为性别、出生年月、学历和个人简历设置数据验证，以保证输入数据的有效性。

性别和学历可以选择允许的数据类型为"序列"；"个人简历"需要限制输入的文本长度。

任务指引

① 首先在 A1:D5 单元格区域建立基本数据表，如图 1-21 所示。

图 1-21　建立入职员工登记表

② 选中 D2 单元格，选择"数据"|"数据验证"|"数据验证"命令，打开"数据验证"对话框。单击"设置"选项卡，在"允许"下拉列表框中选择"序列"，在"来源"文本框中输入"男，女"，如图 1-22a 所示。单击"确定"按钮返回。设置完成后，性别只能从"男"或"女"中

选择，如图 1-22b 所示。

图 1-22a　设置"性别"验证条件

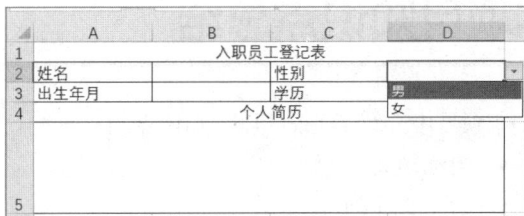

图 1-22b　选择输入性别

③ 选中 B3 单元格，选择"数据"|"数据验证"|"数据验证"命令，打开"数据验证"对话框。单击"设置"选项卡，设置日期验证如图 1-23a 所示；单击"出错警告"选项卡，设置出错提示信息如图 1-23b 所示；设置完成后在 B3 单元格中输入"2002/2/2"时就会显示出错提示，如图 1-23c 所示。

图 1-23a　设置日期范围

图 1-23b　设置出错提示信息

图 1-23c　出错提示

④ 选中 D3 单元格，请自行设置"学历"的数据验证。

⑤ 选中 A5 单元格，选择"数据"|"数据验证"|"数据验证"命令，打开"数据验证"对话框。单击"设置"选项卡，在"允许"下拉列表中选择"文本长度"，设置数据小于或等于"100"，如图 1-24a 所示。在"输入信息"选项卡中输入提示信息"限 100 字以内"，如图 1-24b 所示。

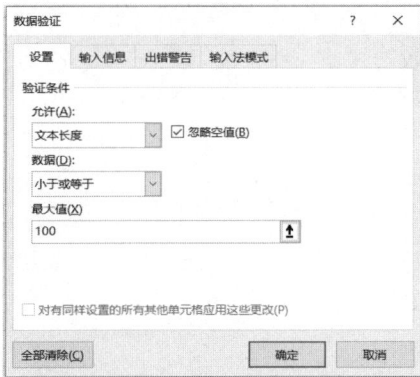

图 1-24a　设置文本长度范围

图 1-24b　设置输入信息

提示　此处设置的文本长度不区分字符或汉字。

本项目知识点总结

本项目中介绍了 Excel 以下知识点。

- 自动填充
- 自定义序列
- 工作表组
- 数据验证

通关测试

1. 日期数据能和数字型数据进行运算吗？

2. "周一、周二、周三、周四、周五、周六"是系统预设置的序列吗？请验证。如果不是，请添加到自定义序列。

3. 设计一张针对教师的互联网线上教学调研表，如表 1-4 所示。

表 1-4　互联网线上教学调研表

您的年龄		职称	
简要说明您使用了哪些方式开展线上教学？			

要求：

您的年龄：只能输入 25～65 的整数数字；

职称：只能选择输入"教授、副教授、讲师、助教"；

简要说明您使用了哪些方式开展线上教学：限 50 个字。

项目 2　制表

项目目标

掌握单元格的相对引用、绝对引用和混合引用

掌握数据的移动、复制、选择性粘贴、删除等基本操作

掌握设置字体、对齐、边框的操作

掌握工作表的基本操作

任务 2.1　编辑工作表

2.1.1　基本知识

编辑工作表的目标是灵活设置报表项目的运算关系，快速、准确地编制出各种报表。

1．编辑单元格的两种方法

单元格的编辑是指对单元格中的数据进行增加、修改、删除等操作。单元格的编辑有两种方法：第一种，双击要编辑的单元格，使鼠标光标出现在单元格中，此时就可以对该单元格进行编辑了；第二种，单击单元格，再单击编辑栏，此时鼠标光标出现在编辑栏中，这时也可以对单元格进行编辑。

2．对数据的基本操作

对数据的基本操作包括选择、移动、复制、粘贴（含选择性粘贴）、插入、删除、清除、查找与替换等。

（1）选择数据

单元格是组成工作表的最基本单元，也是数据编辑的基本单位。但在 Excel 中，最常见的是针对单元格区域的操作。单元格区域是由相邻的单元格组成的，通常由单元格区域左上角单元格的引用、冒号“：”和单元格区域右下角单元格的引用来表示。例如，“A1:B2”是指 A1 到 B2 这样一个矩形单元格区域，它包括四个单元格，分别是 A1、A2、B1 和 B2。对单元格区域进行操作的前提是要选定单元格区域。

① 选定一个连续的单元格区域

如果用鼠标选定一个连续的单元格区域，需先选定单元格区域左上角的单元格，然后按住鼠标左键并拖动鼠标到单元格区域的右下角，松开鼠标左键，单元格区域左上角单元格为白色，其他部分为灰色。若想取消已选择的单元格区域，单击工作表中任一单元格即可。

如果要选择的单元格区域范围较大，也可以使用鼠标和键盘相结合的方法。先用鼠标单击单元格区域的左上角单元格，然后按住<Shift>键，再单击单元格区域的右下角单元格。或者用<Shift>键和键盘上的上、下、左、右四个方向键。例如，要选择 A1:F40 单元格区域，首先单击 A1 单元格，然后用方向键滚动工作表的垂直滚动条，当出现 F40 单元格后，先按住<Shift>键，再单击 F40 单元格即可。

② 选定不相邻的单元格区域

如果要选定的单元格区域有多个且不相邻，则需单击并拖动鼠标选定第一个单元格区域，然后

按住<Ctrl>键再分别选定其他单元格区域。

③ 选定行或者列

在行标或者列标上用鼠标单击行号或者列号，即可选定整行或者整列。

如果要选定连续的多行或者多列，需先选择第一行或者第一列，然后按住鼠标左键并拖动到所要选取部分的最后一行或最后一列，释放鼠标左键即可。

如果选定不相邻的行或者列，需先选择第一行或者第一列，然后按住<Ctrl>键，再单击其他的行号或者列号即可。

④ 选定整个工作表

工作表左上角行号和列号的交叉处是选定整个工作表的"全选"按钮，单击它可选中整个工作表。或者按下<Ctrl>+<A>组合键，即可快速选定整个工作表。

（2）移动数据

移动数据有四种方法：直接拖动鼠标、利用功能图标、利用快捷菜单和利用快捷键，其操作要点如表 2-1 所示。

表 2-1　移动数据的四种方法

方法	操作要点
鼠标拖动	将鼠标移至单元格区域边缘，待鼠标变为 ✛ 形状后，按住<Shift>键拖曳鼠标到指定位置并释放鼠标
功能图标	利用"开始"选项卡中的"✂ 剪切"和"📋"功能按钮
快捷菜单	从快捷菜单中选择"剪切"和"粘贴"命令
快捷键	剪切时按<Ctrl>+<X>组合键、粘贴时按<Ctrl>+<V>组合键

此外，如果将数据移动到目标位置处时不希望覆盖以前已有的数据，可以以插入方式来移动数据。

【动手练 2-1】将图 2-1 中 C1 单元格中的"一季度"以插入方式移动到 B1 单元格。

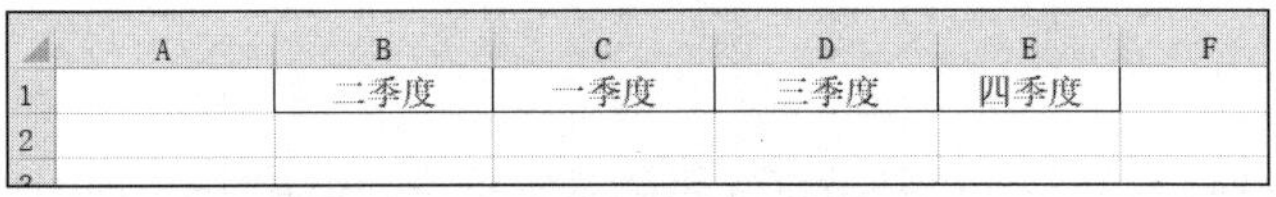

图 2-1　以插入方式移动数据示例

动手练 2-1

① 以鼠标拖动方式移动

首先选定 C1 单元格，然后将鼠标移至单元格区域边缘，待鼠标变为 ✛ 形状后，按住<Shift>键拖动鼠标到 B1 单元格前，鼠标变形为"工"时，释放鼠标即可。

② 以快捷菜单方式移动数据

首先选定 C1 单元格，单击鼠标右键打开快捷菜单，选择"剪切"命令，然后选定 B1 单元格，再单击鼠标右键打开快捷菜单，选择"插入剪切的单元格"命令，此时 C1 单元格的内容就以插入的方式移动到了 B1 单元格。

（3）复制数据

与移动数据类似，复制数据也有四种方法：拖动鼠标、利用功能图标、利用快捷菜单和利用快捷键，其操作要点如表 2-2 所示。

同理，可以以插入方式复制数据。

首先选定需要复制的单元格或单元格区域，单击"开始"选项卡中的"📋 复制"按钮，选择待复制的目标单元格区域中的左上角单元格，从快捷菜单中选择"插入复制的单元格"命令，打开

"插入粘贴"对话框，选择"活动单元格右移"或"活动单元格下移"即可。

表 2-2　复制数据的四种方法

方法	操作要点
鼠标拖动	将鼠标移至单元格区域边缘，待鼠标变为 ✥ 形状后，按住<Ctrl>键拖动鼠标到指定位置
功能图标	利用"开始"选项卡中的" 🔖复制 ▾ "和" 📋 粘贴 "功能按钮
快捷菜单	从快捷菜单中选择"复制"和"粘贴"命令
快捷键	复制时按<Ctrl>+<C>组合键、粘贴时按<Ctrl>+<V>组合键

（4）选择性粘贴

以上选择"粘贴"命令时，便移动或复制了源单元格区域中包括格式及数据在内的所有内容。在进行单元格或单元格区域的复制操作时，有时只需要复制其中的特定内容而不是所有内容，此时可以使用 Excel 提供的"选择性粘贴"命令来完成。"选择性粘贴"对话框中可选择的粘贴内容如图 2-2 所示。

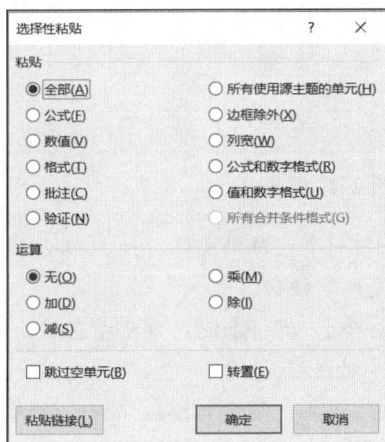

图 2-2　选择性粘贴

① 转置与粘贴链接

【动手练 2-2】将图 2-3 所示的固定资产折旧计算表中的行与列互换位置。

动手练 2-2

图 2-3　选择性粘贴应用示例

a. 选择要转置的 A2:D8 单元格区域，选择"开始"｜"复制"命令。

b. 选择要粘贴单元格区域的左上角 A10 单元格，选择"开始"｜"粘贴"｜"选择性粘贴"命令，打开"选择性粘贴"对话框。

c. 选中"转置"复选框，单击"确定"按钮。此时选定单元格区域的内容被转置复制到指定的单元格区域中。

> ● 选择性粘贴前必须先执行复制而不能是剪切。
>
> **提示**　● 如果选择了"粘贴链接"，那么源单元格区域中的数据变化会影响目标单元格区域，目标单元格区域中的数据变化不会影响源单元格区域，这是一种单向影响关系。

② 进行源单元格区域和目标单元格区域间的运算

【**动手练 2-3**】在企业经济效益保持良好势头的前提下，企业本月准备给全部在职 10 名员工每人统一增发一次性补贴 100 元。本月工资表如图 2-4 所示。

动手练 2-3

	A	B	C	D	E	F	G	H	I	J
1	工号	姓名	基本工资	奖金	补贴	应发合计	扣款合计	实发合计		100
2	001	张无忌	6000	1200	300	7500	1200	6300		
3	002	楚留香	8800	800	420	10020	2000	8020		
4	003	潘虹	4500	600	120	5220	800	4420		
5	004	万晓棠	5000	1000	200	6200	900	5300		
6	005	沈万三	6000	500	120	6620	1000	5620		
7	006	王悦	5550	800	300	6650	1020	5630		
8	007	毛毛	3500	500	450	4450	600	3850		
9	008	杨过	5200	600	600	6400	950	5450		
10	009	郭靖	3500	1000	200	4700	650	4050		
11	010	黄蓉	5000	1000	120	6120	880	5240		

图 2-4　工资表

a. 选择工资表数据之外的任何一个空白单元格，如 J1 单元格，输入"100"。

b. 选择 J1 单元格，单击"复制"按钮。

c. 选择工资表中的"补贴"一列，即 E2:E11 单元格区域，选择"开始"|"粘贴"|"选择性粘贴"命令，打开"选择性粘贴"对话框。

d. 选中运算"加"单选按钮，单击"确定"按钮，则"补贴"一列均增加了 100 元。

（5）插入、删除与清除

① 插入行、列或单元格

以插入行为例。选定需要插入行的任一单元格或整行，然后单击鼠标右键，在弹出的快捷菜单中选择"插入"命令，或者选择"开始"|"插入"|"插入工作表行"命令。此时即可在选定行的上方插入一空白行，原有的行自动下移。

如果选择了多行或多列，系统会自动插入相同的行数或列数。

② 删除行、列或单元格

当不再需要工作表中某些数据及其位置时，可以将它们删除。这里的删除与按<Delete>键删除单元格或单元格区域的内容不一样，按<Delete>键仅能清除单元格内容，而被删除内容的空白单元格仍保留在工作表中；而在删除行、列或单元格后，其内容连同原单元格将一起从工作表中消失，空出的位置由周围的单元格补充。

选定要删除的对象，选择"开始"|"删除"命令即可。

③ 清除单元格

在编辑工作表的过程中，有时可能只需要删除某个单元格中存储的信息，如内容、格式、批注等，而保留单元格的位置，这时应执行清除单元格操作。具体的操作步骤为：选定要清除内容的单元格或单元格区域，选择"开始"|"清除"命令，在"清除"命令子菜单中有四个命令：全部、内容、格式和批注。单击需要的子命令即可清除相应的内容。此外，如果只想清除单元格或单元格区域中的内容，还可采取如下快速方法：先选定要清除内容的单元格或单元格区域，然后按

<Delete>键；或单击鼠标右键，选择快捷菜单中的"清除内容"命令。

（6）查找与替换

其用于查找含有指定内容的单元格。在设置查找内容时，可以使用通配符"＊"或"？"。"＊"代表任意长度的字符串；"？"代表任意单个字符。

【动手练 2-4】在图 2-5a 所示的工作表中查找第 4 个字母为"a"的单词。

a. 选择"开始"|"查找和选择"|"查找"命令，打开"查找和替换"对话框。

b. 在"查找内容"文本框中输入"???a*"，单击"选项"按钮，展开查找条件，选中"单元格匹配"复选框，如图 2-5b 所示。

图 2-5a　要查找的数据

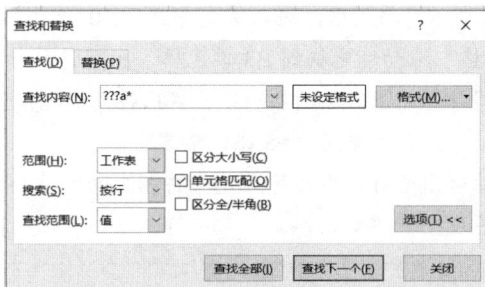

图 2-5b　查找第 4 个字母为"a"的单词

c. 单击"查找下一个"按钮，鼠标光标将定位于 A2 单元格。

d. 再次单击"查找下一个"按钮，鼠标光标将定位于 C4 单元格。

想一想

■ 如果不选中"单元格匹配"复选框，查找出来的结果是什么？

3．公式复制

在 A1 表示法下，A1 单元格的表示方法有四种：A1、$A$1、$A1 和 A$1。A1 称为相对引用；$A$1 称为绝对引用（将行标和列标前均加上$）；$A1 和 A$1 均称为混合引用（行标和列标只有其中一个加了$）。不同的引用方式在公式复制时所形成的结果截然不同。

【动手练 2-5】比较相对引用、绝对引用和混合引用。

① 数据准备。为计算方便，我们用简单数字来做示例。在 A1、A2、B1、B2 单元格中依次输入常数"1、2、3、4"。

② 相对引用。在 A3 单元格中输入公式"=A1+A2"，得出计算结果"3"。选定 A3 单元格，拖动填充柄到 A10 单元格，A4:A10 单元格区域便会出现计算结果，如图 2-6a 所示。

提示　拖动填充柄和采用"复制+粘贴"的效果相同。

观察计算结果及编辑栏得知：A4:A10 单元格区域中每个单元格中的数据都是前两个单元格中

的数据之和。

总结得出相对引用的特点是：将相应的计算公式复制到其他单元格时，单元格引用会自动随着移动的位置发生相对变化。

想一想

■ 将 A3 单元格公式复制到 B3 单元格，B3 单元格中的结果是什么？符合上述规律吗？

■ 如果将 A3 单元格的公式复制到 G20 单元格，你能说出 G20 单元格中的计算公式是什么吗？

③ 绝对引用。选中 A3 单元格，用鼠标单击编辑栏中的"A1"，按<F4>键，"A1"变为绝对引用形式"$A$1"。将 A3 单元格中的公式修改为"=$A$1+$A$2"，按<Enter>键后得出计算结果"3"。选定 A3 单元格，拖动填充柄到 A10 单元格，A4:A10 单元格区域便会出现计算结果。选定 A3 单元格，拖动填充柄到 B3 单元格，出现计算结果，如图 2-6b 所示。

观察计算结果及编辑栏得知：A4:A10 单元格区域以及 B3 单元格中每个单元格中的计算结果都是"3"，且公式都是"=$A$1+$A$2"。

总结得出绝对引用的特点是：将相应的计算公式复制到其他单元格时，单元格引用不会随着移动的位置发生任何变化。

想一想

■ 如果将 A3 单元格的公式复制到 G20 单元格，你能说出 G20 单元格中的计算公式是什么吗？

④ 混合引用。选中 A3 单元格，将 A3 单元格中的公式修改为"=$A1+A$2"，得到计算结果"3"。选定 A3 单元格，拖动填充柄到 A10 单元格，A4:A10 单元格区域便会出现计算结果。选定 A3 单元格，拖动填充柄到 B3 单元格，出现计算结果，如图 2-6c 所示。

公式中第一项"$A1"中的列号为绝对引用，行号为相对引用。故向下进行公式复制时列号固定不变，行号随单元格位移而变动；向右进行公式复制时，列号不变，行号也不变。

公式中第二项"A$2"中的列号为相对引用，行号为绝对引用。故向下进行公式复制时行号固定不变，列号不变；向右进行公式复制时，行号固定不变，列号随位移而变动。

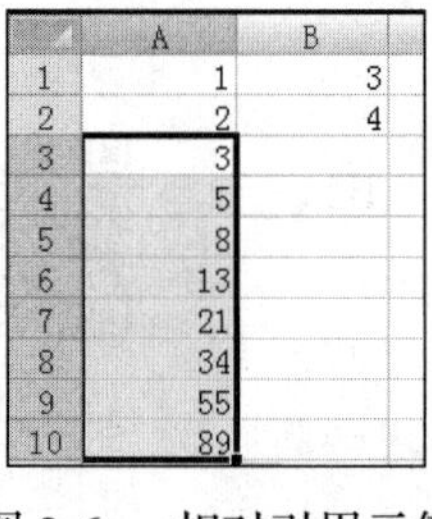

图 2-6a　相对引用示例 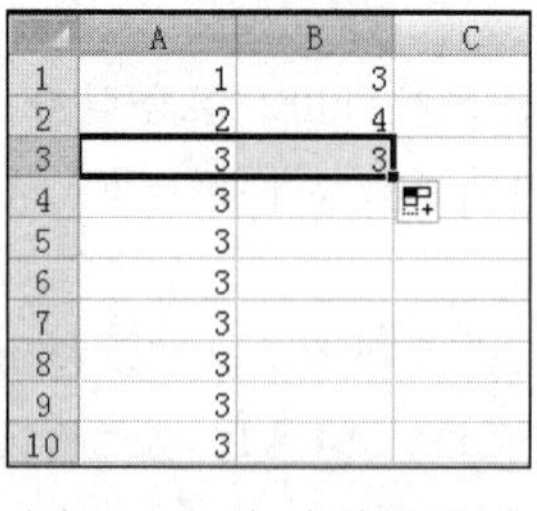　　　图 2-6b　绝对引用示例 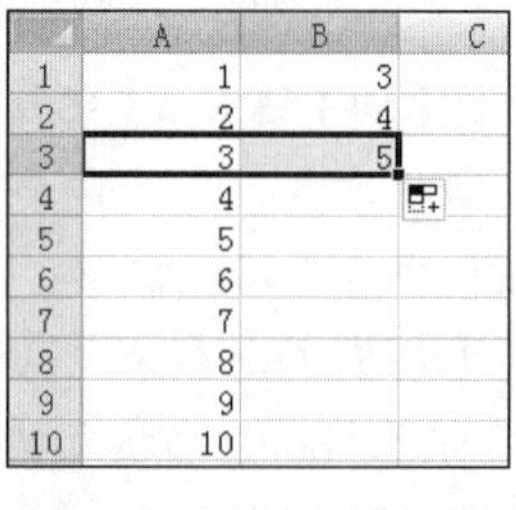　　　图 2-6c　混合引用示例

想一想

■ 如果将 A3 单元格的公式复制到 G20 单元格，你能说出 G20 单元格中的计算公式是什么吗？

4．函数

Excel 中的函数其实是一些预定义的公式，它们利用一些被称为"参数"的特定数值按特定的顺序或结构进行计算。

（1）函数构成

Excel 函数一般由函数名称、函数参数和括号构成。其基本结构为：

函数名称(参数 1,参数,……,参数 n)

其中：

函数名称：标明函数的含义，通常是一个字符串。每个函数都有唯一的名称。

圆括号：负责把函数参数括起来，即括号中包含所有的参数。

参数：参数可以是数字、文本、单元格或单元格区域引用、逻辑值、名称和函数，还可以是错误值。参数之间用半角符号"，"分隔。

> **注意事项：**
> ■ 函数名称与其后的"("之间不能有空格。
> ■ 在函数中引用文本时需要用双引号括起来，如果没有使用双引号，则 Excel 会将其视为名称，如果该名称没有被事先定义，则会出现错误值"#NAME?"。
> ■ 如果函数的参数也是函数，称为"嵌套函数"。Excel 中最多可嵌套七层。

（2）函数分类

Excel 中的函数一共分 11 类，分别是数据库函数、日期与时间函数、工程函数、财务函数、信息函数、逻辑函数、查询和引用函数、数学和三角函数、统计函数、文本函数及用户自定义函数。每类函数的作用各不相同。

（3）求和函数

求和计算是报表处理中最常见的运算，求和函数为"SUM( )"。"开始"选项卡中设置了 Σ 自动求和 功能图标。

【动手练 2-6】体验自动求和的几种方法。

① 打开"销售情况一览表"，练习求和的几种常用方法。

② 方法一：单击 B7 单元格，双击"开始"选项卡中的"自动求和"按钮 Σ 自动求和 ，B7 单元格中出现对 B3:B6 单元格区域的汇总结果。

③ 方法二：单击 B7 单元格，单击 Σ 自动求和 按钮，如图 2-7 所示，如果求和单元格区域无误，单击"确认"按钮；如果求和单元格区域有误，则按照上面介绍的单元格区域选择方法重新选择单元格区域确定即可。

④ 方法三：选择 B3:B7 单元格区域，单击"自动求和"按钮 Σ 自动求和 ，B7 单元格中便会出现汇总结果。

⑤ 方法四：针对图 2-7，最简便的求和方式为：选择 B3:F7 单元格区域，单击 Σ 自动求和 按钮，即可求得所有单元格的合计项。

	A	B	C	D	E	F
1			销售情况一览表			
2		一季度	二季度	三季度	四季度	合计
3	北京	2200	3420	3248	3846	
4	上海	3100	5240	5232	5013	
5	天津	1980	3653	3333	4444	
6	成都	2450	2434	3500	2874	
7	合计	=SUM(B3:B6)				
8		SUM(number1, [number2], ...)				

图 2-7 汇总求和示例

5．数组公式

Excel 数组公式可实现对多个数据的计算操作，从而可以避免逐个计算的麻烦，极大地提高制表效率。

那么制表时在什么情况下使用数组公式？

【动手练 2-7】已知各产品销售数量及单价如图 2-8a 中所示，求总销售额。

动手练 2-7

按照惯例，大家首先想到的是在 D3 单元格中输入公式“=B3*C3”得到计算结果，然后拖曳 D3 单元格的填充柄，复制 D3 单元格中的公式到 D4:D7 单元格区域，最后再利用 SUM 函数对 D4:D7 单元格区域进行求和计算。现在我们换一种更有效率的处理方式。

① 首先选中 D3:D7 单元格区域，然后在编辑栏中输入“=B3:B7*C3:C7”，如图 2-8a 所示。

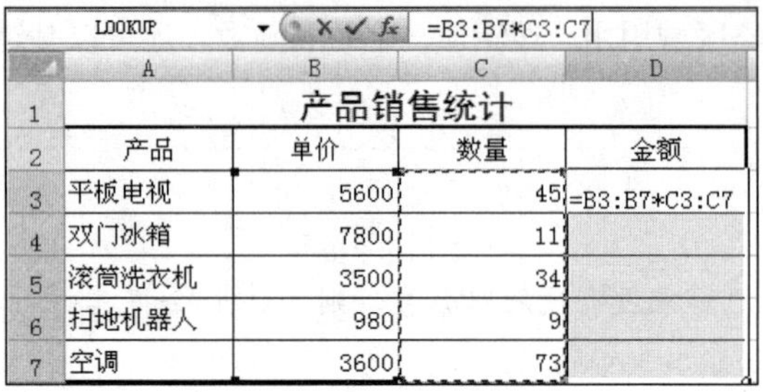
LOOKUP =B3:B7*C3:C7

	A	B	C	D
1	产品销售统计			
2	产品	单价	数量	金额
3	平板电视	5600	45	=B3:B7*C3:C7
4	双门冰箱	7800	11	
5	滚筒洗衣机	3500	34	
6	扫地机器人	980	9	
7	空调	3600	73	

图 2-8a　输入数组公式

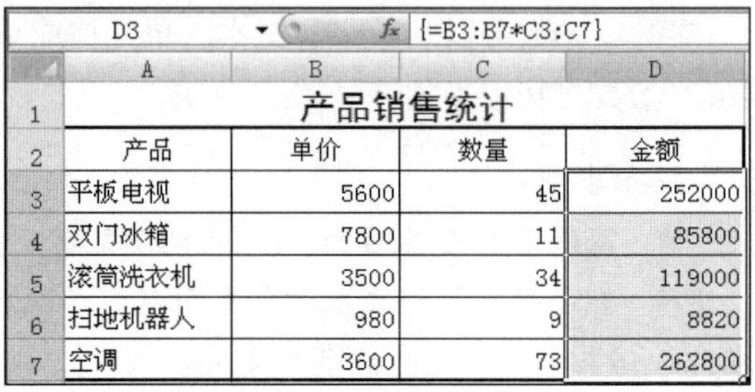
D3 {=B3:B7*C3:C7}

	A	B	C	D
1	产品销售统计			
2	产品	单价	数量	金额
3	平板电视	5600	45	252000
4	双门冰箱	7800	11	85800
5	滚筒洗衣机	3500	34	119000
6	扫地机器人	980	9	8820
7	空调	3600	73	262800

图 2-8b　数组公式的显示

② 接着按下<Ctrl>+<Shift>+<Enter>组合键，就会发现数组公式产生了计算结果，并且编辑栏中的公式被一对花括号所包围，如图 2-8b 所示。

③ 对金额栏进行求和就不用介绍了。

其实，还可以按以下方法操作。

① 选择存放总销售额的单元格，如 C9 单元格。

② 单击 Σ 自动求和 按钮，在 SUM 函数中输入公式“=SUM(B3:B7*C3:C7)”，如图 2-9 所示。

③ 接着按下<Ctrl>+<Shift>+<Enter>组合键，计算完成。

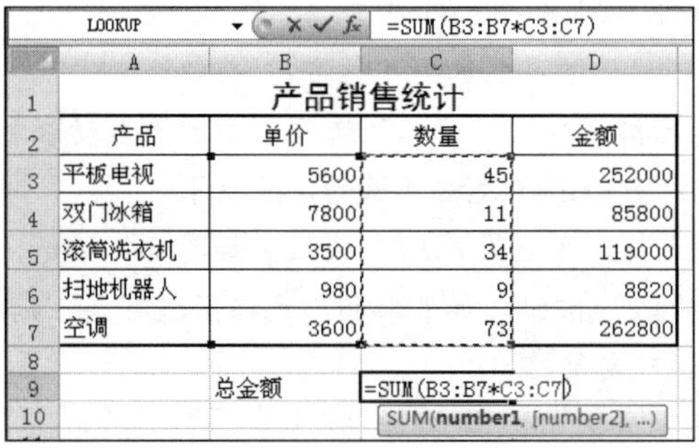
LOOKUP =SUM(B3:B7*C3:C7)

	A	B	C	D
1	产品销售统计			
2	产品	单价	数量	金额
3	平板电视	5600	45	252000
4	双门冰箱	7800	11	85800
5	滚筒洗衣机	3500	34	119000
6	扫地机器人	980	9	8820
7	空调	3600	73	262800
8				
9		总金额	=SUM(B3:B7*C3:C7)	
10			SUM(number1, [number2], ...)	

图 2-9　在函数中输入数组公式

2.1.2 实训任务

实训 1

任务下达

企业每月都要按照当月所生产的产品数量进行水电及其他费用的分配。已知企业本月生产甲产品 220 件、乙产品 300 件、丙产品 160 件，并且已知本月发生水费 2000 元、电费 3200 元、其他费用 800 元，如图 2-10 所示。

要求:

(1)利用单元格相对引用、绝对引用和混合引用的方法在 C3 单元格中设计计算公式,然后通过公式复制的方式求出 C3:E5 单元格区域的分配数。

(2)求每种产品合计分摊费用及每种产品分摊的费用合计数。

	A	B	C	D	E	F
1			费用分配表			
2	产品	本月产量	水费	电费	其他费用	合计
3	甲产品	220				
4	乙产品	300				
5	丙产品	160				
6	合计		2000	3200	800	

图 2-10　费用分配表

任务解析

按照题意,每种产品应分摊的费用=总费用/所有产品总产量×每种产品的产量。本题的关键是设计 C3 单元格中的计算公式,活用单元格相对引用、绝对引用和混合引用的方法。

任务指引

① 先求总产量。选择 B6 单元格,双击 Σ 自动求和 按钮。

② 单击 C3 单元格,输入公式 "=C6/B6*B3"。

分析:若将 C3 单元格中的公式向下填充至 C4 单元格,由于全部是相对引用地址,C4 单元格中的公式会变为 "=C7/B7*B4",而 C4 单元格中的公式应为 "=C6/B6*B4",因此 C3 单元格公式中的 "6" 要固定,我们需在 "6" 前加 "$";同理,若将 C3 单元格中的公式向右填充至 D3 单元格,由于全部是相对引用地址,D3 单元格中的公式会变为 "=D6/C6*C3",而 D3 单元格中的公式应为 "=D6/B6*B3",因此 C3 单元格公式中的 "B" 列要固定,我们需在 "B" 前加 "$"。

因此,为了能将 C3 单元格中的公式准确复制到整个费用分配表中,需将 C3 单元格中的公式修订为 "=C$6/$B$6*$B3"。

③ 选择 C3 单元格,拖动填充柄,复制公式到 C5 单元格。

④ 选择 C3:C5 单元格区域,拖动填充柄,复制公式到 E3:E5 单元格区域。

⑤ 选中 C3:F6 单元格区域,单击 Σ 自动求和 按钮,完成费用合计的计算。

任务 2.2　美化工作表

2.2.1　基本知识

掌握了编辑工作表的操作就能按要求快速、准确地完成报表数据的计算。接下来我们来学习如何让编制的报表更加美观。

1. 设置单元格格式

设置单元格格式包括设置数字、对齐、字体、边框等内容。可以利用"开始"选项卡中的"字体""对齐方式"和"数字"等功能组进行设置;也可以在快捷菜单中选择"设置单元格格式"命令,打开"设置单元格格式"对话框进行设置。

(1)设置数字

在图 2-11 所示的"数字"选项卡中,单击"分类"列表中的某一分类,在"类型"列表中可以选择具体的显示格式,在"示例"中可以预览设置的效果。

(2)设置对齐

在图 2-12 所示的"对齐"选项卡中,可以设置单元格中数据的对齐方式,对单元格中的文本显示进行控制及确定文字方向。

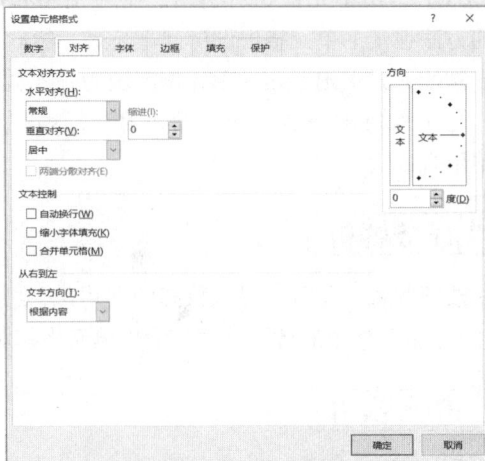

图 2-11　设置单元格格式–数字　　　　　图 2-12　设置单元格格式–对齐

自动换行：单元格中输入的数据遇到单元格边框自动换行，如图 2-13 所示的 A1 单元格。

缩小字体填充：单元格中输入的数据遇到单元格边框就自动缩小字体以确保不超过边框，如图 2-13 所示的 B2 单元格。

缩进：设置自单元格边界开始的缩进量，如图 2-13 所示的 C5:C7 单元格区域。

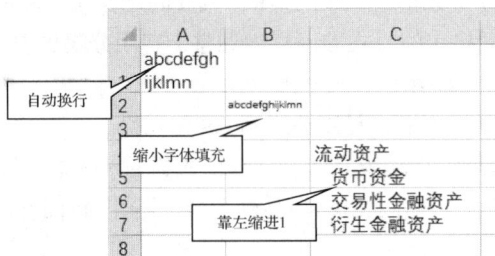

图 2-13　对齐示例

> 利用"对齐方式"功能区中的"减少缩进量"和"增加缩进量"按钮 ，也可以轻松设置财务报表中的部分文字内容的分级缩进显示。
>
> 提示

【动手练 2-8】在制表时，通常会录入人员姓名、客户、供应商、科目、产品等信息。由于人员姓名字数不同，制表人审美标准不同，就可能存在图 2-14 所示的几种设置方法，你更倾向于哪一种？分别是如何设置的？

动手练 2-8

图 2-14　制表的几种设置方法对比

① A 列是正常输入后，文本型数据自动靠左对齐。

　② B 列是正常输入后，设置了水平居中对齐。

　③ C 列是设置了水平对齐为"分散对齐（缩进）"，选中"两端分散对齐"复选框，未设置缩进量。

　④ D 列是设置了水平对齐为"分散对齐（缩进）"，未选中"两端分散对齐"复选框，未设置缩进量。

　⑤ E 列是设置了水平对齐为"分散对齐（缩进）"，选中"两端分散对齐"复选框，设置缩进量为"1"。

（3）设置字体

在图 2-15 所示的"字体"选项卡中，可以设置单元格数据的字体、字形、字号和颜色。

利用特殊效果中的"上标""下标"功能可以处理"X^2、X_2"这种特别的字体效果。

（4）设置边框

在图 2-16 所示的"边框"选项卡中，可以设置单元格的边框，包括单元格的对角线。

图 2-15　设置单元格格式-字体

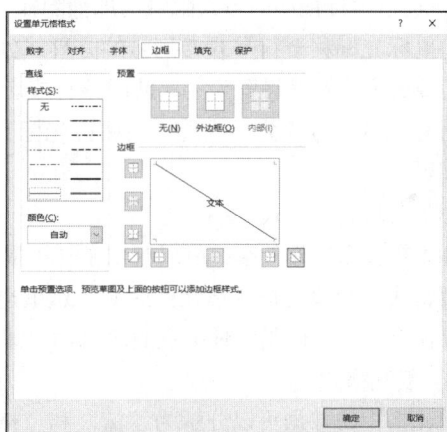

图 2-16　设置单元格格式-边框

2．设置行列

（1）设置行高和列宽

在默认情况下，单元格的行高与列宽是固定的。当单元格中的内容较多时，可能无法将其全部内容显示出来，这时就需要设置单元格的行高和列宽。

① 设置精确的行高和列宽

在工作表中选定要调整行高的行，选择"开始"|"格式"|"行高"命令，打开"行高"对话框，输入具体的数值进行设置。

② 设置最合适的行高与列宽

有的时候为了使单元格中的数据看上去紧凑，可以进行最合适的行高与列宽的设置。以调整行高为例，选定要调整行高的行，选择"开始"|"格式"|"自动调整行高"命令，这时该行的行高就被设置为最合适的行高了。

> **小技巧：**
> 把鼠标光标放置于某列标右侧的分界线处，双击，系统会自动将其左侧列的列宽调整为最合适列宽。

③ 通过鼠标拖动的方式设置行高与列宽

利用鼠标拖动来设置行高与列宽是最简单的方法。设置的时候，只需将鼠标光标移至行标或者列标的分隔线处，当鼠标变为 ╬ 或者 ╫ 形状时拖动鼠标光标，到达合适的位置后释放鼠标即可。

如果选中了多行或多列，可以同时调整多行或多列的行高和列宽。

（2）设置隐藏与取消隐藏行和列

在用户建立的工作表中，可能有些数据是机密的。为了不使其他人看见或对其进行操作，可以使用 Excel 提供的隐藏方法将其隐藏起来，需要时还可以取消隐藏。

① 通过菜单方式隐藏与取消隐藏

如果用户想隐藏或恢复某行或者某列中的数据，应首先选定该行或该列，然后选择"开始"|"格式"|"隐藏和取消隐藏"命令即可。隐藏行或列后，剩下行的行号或列号将保持不变。

提示　　隐藏的行和列的内容在打印时不显示。

---

② 通过鼠标拖动的方式隐藏与取消隐藏

将鼠标光标移至行号或者列号的分界线处，当鼠标光标变为 ╬ 或者 ╫ 形状时拖动鼠标光标，将该行或者列的宽度设置为 0，此时该行或者列即被隐藏。如果想取消隐藏，只需再次将鼠标光标移至行号或者列号的分界线处，当鼠标光标变为 ╫ 形状时，拖动鼠标光标到达合适的位置后释放鼠标即可。

（3）套用表格格式

如果想提高工作效率，可以利用 Excel 提供的"套用表格格式"功能来设置工作表的格式。选定需要格式化的单元格或单元格区域，这里选定 A1:F7 单元格区域，选择"开始"|"套用表格格式"命令，从中选用一种中意的表格样式即可。

3．复制格式

单元格中的数据可以分解为"值"和"格式"。前面已介绍，利用"选择性粘贴"功能可以只复制格式而不是全部复制。此外还有一个常用的工具用于复制格式，就是"开始"选项卡中的"格式刷"按钮 ✔ 格式刷。

使用"格式刷"的步骤是：首先选择数据源，然后单击或双击"格式刷"按钮，最后去"刷"目标，如此目标单元格区域的格式就与数据源的格式一致了。

单击"格式刷"按钮只能"刷"一个目标，而双击"格式刷"按钮之后可以"刷"多个目标。按<Esc>键即可中止格式复制状态。

2.2.2　实训任务

任务下达

设计一张销售毛利分析表，如图 2-17 所示。

实训 2

	A	B	C	D	E	F	G	H	I	J
1	销售毛利分析表									
2	年份		2018			2019			2020	
3	产品	收入	成本	毛利	收入	成本	毛利	收入	成本	毛利
4	甲产品									
5	乙产品									
6	丙产品									

图 2-17　销售毛利分析表

任务解析

销售毛利分析表分析了甲、乙、丙三种产品近三年的销售收入、成本和毛利情况。该表具有典型的复式表头，表头由两行组成。

任务指引

① 报表标题处理。在 A1 单元格中输入报表标题，选中 A1:J1 单元格区域，再选择"开始"|"对齐方式"|"合并后居中"命令，将报表标题居中放置。

② A2:A3 单元格区域之间的斜线是通过选择"插入"|"形状"|"直线工具"命令而添加的一个对象。

任务 2.3 工作表的基本操作

2.3.1 基本知识

工作表的基本操作包括工作表的重命名、插入、删除、移动或复制、隐藏或取消隐藏以及保护等内容。

1．重命名工作表

工作表的默认名称为"Sheet1""Sheet2"等，这样的名称不能很好地反映工作表的具体内容，也不方便查找需要的工作表，因此需要对工作表进行重命名。重命名工作表名称有以下两种常用方法。

（1）双击工作表标签

双击需要重命名的工作表标签，使其处于选定状态（工作表名称为灰色），然后输入新名称即可。

（2）利用快捷菜单

在需要重命名的工作表标签上单击鼠标右键，在弹出的快捷菜单中选择"重命名"命令，然后输入新的名称即可。

2．插入工作表

如果在编辑数据时发现工作表的个数不能满足需要，可以插入工作表。

（1）利用快捷菜单

在当前工作簿中，在任意一个工作表标签上单击鼠标右键，在弹出的快捷菜单中选择"插入"命令，打开"插入"对话框，切换到"常用"选项卡，选择"工作表"选项。单击"确定"按钮，即可完成工作表的插入，这时新的工作表将插到当前工作表的前面。

（2）利用"开始"菜单

选择"开始"|"插入" |"插入工作表"命令，即可插入一个新的工作表。

提示　单击工作表标签中的 ⊕ 按钮，可以直接在所有工作表后面增加一张新的工作表。

3．删除工作表

对于不需要的工作表可以将其删除，但执行时一定要慎重，因为删除的工作表将被永久删除，且不能恢复。如果要删除某一工作表，先选定要删除的工作表为当前工作表，从快捷菜单中选择"删除"命令即可。此时系统将弹出一个警告提示框，提示被删除的工作表将被永久删除。单击"确定"按钮，即可将选定的工作表从当前工作簿中删除。

4．移动或复制工作表

（1）在同一工作簿内移动或复制工作表

首先选定要复制的工作表标签，按住鼠标左键，同时按住<Ctrl>键，这时该工作表标签左上角会出现一个倒立的小黑三角形，鼠标指针上方会显示一个内含小黑十字的白色信笺图标，指示了工作表的位置，如图 2-18 所示。

销售统计表 / Sheet2 / Sheet3 /

图 2-18　复制工作表

沿着标签栏拖动鼠标，当倒立的小黑三角形移到目标位置时，先松开鼠标左键，再放开<Ctrl>键，此时便在指定位置出现一个所选工作表的副本。所复制的工作表由 Excel 自动命名，其命名规则是在源工作表名后加上一个带括号的编号。例如，如果源工作表名为"Sheet1"，则第一次复制的工作表名为"Sheet1（2）"，第二次复制的工作表名为"Sheet1（3）"，……以此类推。

通过移动工作表可以改变工作表的原有顺序。移动工作表的操作方法与复制工作表的类似，所不同的是，按住鼠标左键时不用按<Ctrl>键。

（2）在不同工作簿之间移动和复制工作表

如果你需要汇总集团公司下属企业上交的财务报表，其中一种做法是将下属企业上交的报表放置在一个工作簿中，然后对同一个工作簿的多张报表进行汇总。

在不同工作簿之间移动和复制工作表时，要先打开多个工作簿文件，然后选定要复制或移动的工作表标签，从快捷菜单中选择"移动或复制工作表"命令，打开图 2-19 所示的"移动或复制工作表"对话框。

在"将选定工作表移至工作簿"编辑框中，选择目的工作簿，"下列选定工作表之前"编辑框用于选择将工作表复制到目的工作簿的位置。即若选定框中某一工作表，则被复制或移动的工作表将位于该工作表之前；若选定"移到最后"选项，则被复制或移动的工作表将位于编辑框中所有工作表之后。若选定"建立副本"复选框，则执行复制工作表的命令；若不选该复选框则仅执行移动工作表的命令。根据需要选择相应的选项，然后单击"确定"按钮以完成复制或移动工作表的操作。

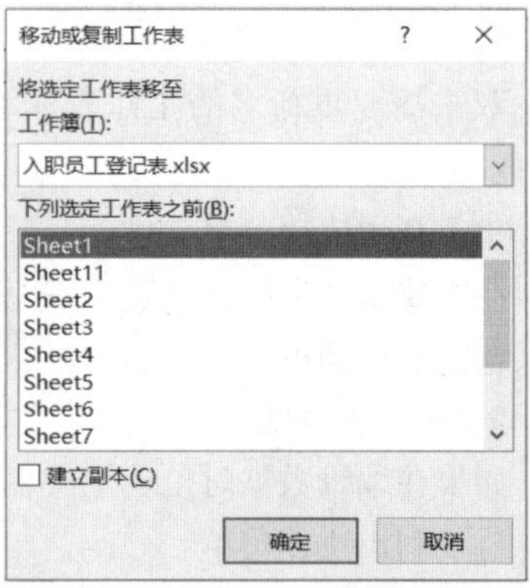

图 2-19　"移动或复制工作表"对话框

5．隐藏或取消隐藏工作表

如果不希望某些工作表被别人看见，则可将其隐藏，但是不能隐藏工作簿所包含的所有工作表，而至少应有一个可见工作表。激活要隐藏的工作表，然后选择"开始"|"格式"|"隐藏和取消隐藏"命令，即可完成隐藏或取消隐藏工作表的操作。

利用快捷菜单也可完成隐藏或取消隐藏工作表的操作。

6．保护工作表

工作表编辑完成后，如果不希望查阅者修改，可以设置对工作表进行保护。

（1）全部保护

选择"审阅"｜"保护工作表"命令，打开"保护工作表"对话框，如图 2-20 所示。

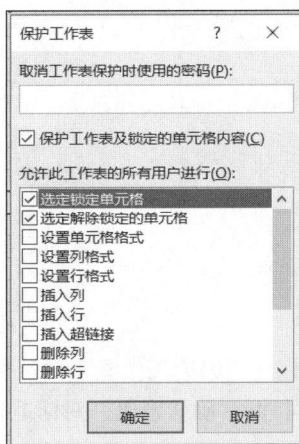

图 2-20　"保护工作表"对话框

根据需要设置允许用户进行的操作，然后在"取消工作表保护时使用的密码"文本框中输入密码。单击"确定"按钮，弹出"确认密码"对话框，在"重新输入密码"文本框中再次输入密码。单击"确定"按钮，即可完成工作表保护的设置。设置了工作表保护后，如果用户想要更改工作表中的数据，系统就会弹出警告对话框。

（2）设置允许用户编辑区域

设置允许用户编辑区域可以达到保护工作表中的部分或单元格区域的目的。在工作表未被保护时，选择"审阅"｜"允许用户编辑区域"命令，打开"允许用户编辑区域"对话框。单击"新建"按钮，打开"新区域"对话框，在"引用单元格"中输入允许用户编辑的区域，单击"确定"按钮返回，再选择"保护工作表"按钮即可。

2.3.2　实训任务

任务下达

将图 2-10 所示的"费用分配表"B3:B5 单元格区域和 C6:E6 单元格区域设置为允许用户编辑区域，并设置对工作表进行保护。

实训 3

任务解析

费用分配表中每月变动的部分是各种产品的产量（B3:B5 单元格区域）和每月发生的各项费用总计（C6:E6 单元格区域），其余单元格都设置了公式，可以根据源数据进行自动计算。

任务指引

① 打开"费用分配表"，选择 B3:B5 单元格区域和 C6:E6 单元格区域。

② 选择"审阅"｜"允许编辑区域"命令，打开"允许用户编辑区域"对话框。单击"新建"按钮，打开"新区域"对话框。默认标题"区域 1"可修改；"引用单元格"文本框中已根据选定区域自动显示单元格地址，如果之前未选择区域，也可以在此时选择；如图 2-21a 所示，在"区域

密码"框中可设置密码，单击"确定"按钮，如图 2-21b 所示。

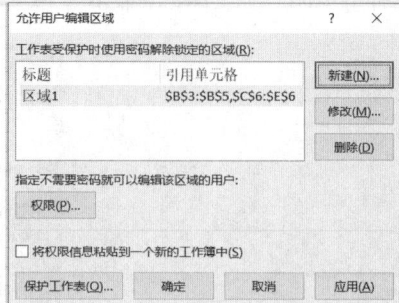

图 2-21a　设置区域密码　　　　　　　图 2-21b　允许用户编辑区域

③ 单击"保护工作表"按钮，打开"保护工作表"对话框，设置"取消工作表保护时使用的密码"为"1"，单击"确定"按钮，打开"确认密码"对话框，重新输入密码"1"，单击"确定"按钮返回。

④ 在费用分配表中，单击 C3 单元格，编辑数据时，系统会弹出图 2-22 所示的提示框。

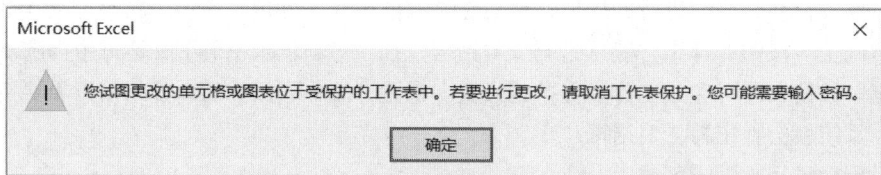

图 2-22　设置工作表保护后的提示

设置工作表保护之后，"保护工作表"功能按钮就会变为"撤销工作表保护"按钮。

本项目知识点总结

本项目介绍了 Excel 以下知识点。
- 单元格的相对引用、绝对引用和混合引用
- 自动求和的几种方法
- 数组公式
- 设置单元格格式
- 工作表的基本操作

通关测试

1. 在图 2-23 中，假设 A3 单元格中的计算公式分别为"=A1+A2""=$A$1+$A$2""=$A1+A$2"，

如果把 A3 单元格中的公式分别复制到 A4 和 B3 单元格,则 A4 和 B3 单元格中将出现怎样的结果,为什么?

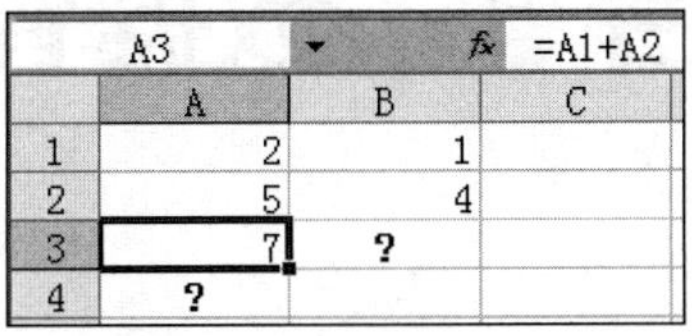

A3		f_x	=A1+A2
	A	B	C
1	2	1	
2	5	4	
3	7	?	
4	?		

图 2-23 相对引用、绝对引用与混合引用

2. 利用数组公式制作一张"九九乘法"表,如图 2-24 所示。

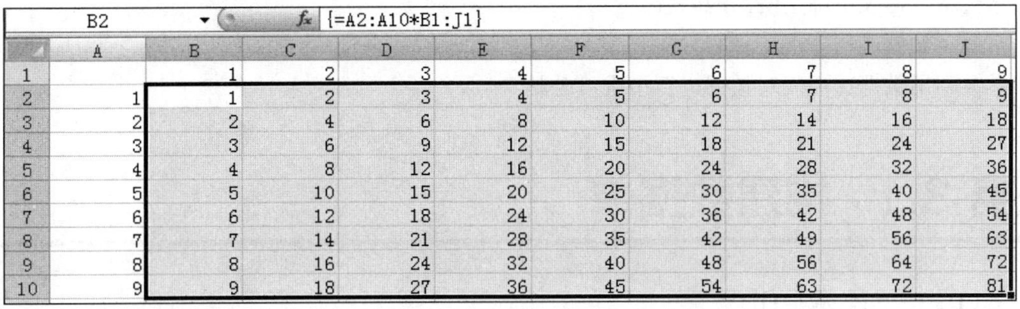

B2		f_x	{=A2:A10*B1:J1}						
	A	B	C	D	E	F	G	H	I	J
1		1	2	3	4	5	6	7	8	9
2	1	1	2	3	4	5	6	7	8	9
3	2	2	4	6	8	10	12	14	16	18
4	3	3	6	9	12	15	18	21	24	27
5	4	4	8	12	16	20	24	28	32	36
6	5	5	10	15	20	25	30	35	40	45
7	6	6	12	18	24	30	36	42	48	54
8	7	7	14	21	28	35	42	49	56	63
9	8	8	16	24	32	40	48	56	64	72
10	9	9	18	27	36	45	54	63	72	81

图 2-24 利用数组公式制作"九九乘法"表

项目 3　数据管理

项目目标

识别标准的数据单格式

掌握对数据进行排序的方法

学会从数据表中筛选所需的内容

掌握对数据进行分类汇总的方法

学会利用数据透视表对数据进行多维度分析

任务 3.1　构建数据单

3.1.1　基本知识

1. 认识数据单

在 Excel 中，一张二维表称作一个数据单，每一个数据单都包含多行和多列，如图 3-1 所示。数据单是在 Excel 中保存企业数据的一种规范形式，其中的每一行称为一个记录，每一列称为一个字段，且每个字段的第 1 行为字段名。

Excel 中对数据单提供了强大的排序、筛选、分类汇总和数据透视等功能，但只有规范的数据单才可以成为被操作对象。

2. 规范的数据单

Excel 中对数据单的格式有严格要求，具体如下。

（1）每个数据单都有一个标题行，紧随其后的是数据行。例如，图 3-1 中第一行是标题行，标题行中"商品名称、型号、进货厂商、单价、采购数量、采购费用、进货日期"均为字段名。

商品名称	型号	进货厂商	单价	采购数量	采购费用	进货日期
沙发	S—023	宏达家具公司	1200	6	7200	2020/3/25
餐桌	Z—018	恒久家具城	480	9	4320	2020/5/15
沙发	S—089	宏达家具公司	800	4	3200	2020/6/6
椅子	Y—056	蓝天家具城	630	8	5040	2020/8/12
餐桌	Z—036	明源家具厂	450	10	4500	2020/9/6
凳子	D—025	宏达家具公司	400	5	2000	2020/11/23
凳子	D—058	恒久家具城	340	7	2380	2020/12/16
沙发	S—021	蓝天家具城	1100	6	6600	2020/12/16
沙发	S—076	宏达家具公司	1000	3	3000	2021/2/27
椅子	Y—067	明源家具厂	600	12	7200	2021/3/12
沙发	S—089	明源家具厂	1200	10	12000	2021/3/25
凳子	D—026	宏达家具公司	450	9	4050	2021/4/7
凳子	D—058	蓝天家具城	380	8	3040	2021/4/20
餐桌	Z—046	明源家具厂	460	6	2760	2021/5/3
椅子	Y—088	宏达家具公司	610	4	2440	2021/5/16
椅子	Y—067	恒久家具城	650	6	3900	2021/5/29
沙发	S—089	恒久家具城	1100	8	8800	2021/6/11
沙发	S—021	蓝天家具城	900	3	2700	2021/6/24
椅子	Y—088	宏达家具公司	600	9	5400	2021/7/7
凳子	D—026	明源家具厂	400	12	4800	2021/7/20
餐桌	Z—046	明源家具厂	480	5	2400	2021/8/2
凳子	D—025	宏达家具公司	380	7	2660	2021/8/15
凳子	D—058	恒久家具城	410	8	3280	2021/8/28

字段名

记录

图 3-1　商品进货记录表

（2）字段名必须是文本，而且同一列数据必须具有同样的类型和含义。

（3）各个记录行、列必须紧密相接，标题行与数据行、数据行与数据行之间不能有空行。

（4）每个单元格中的字段值前后不得有空格。

并非所有的表格都是数据单，图 2-17 所示的"销售毛利分析表"就不是一个规范的数据单。其中有两处不规范之处：其一，第 2 行为标题行，但 A2 单元格中有双标题，不符合数据单的规范要求；其二，表中的每个数值均需要由左边和顶部两个维度来共同描述。

如果不满足数据单的规范要求，就不能对其进行排序、筛选、分类汇总、数据透视等操作。

3.1.2　实训任务

任务下达

将图 2-17 所示的"销售毛利分析表"修改为规范的数据单。

任务解析

规范的数据单中不能有复合标题，且每一列数据均可以由其字段名表示其含义。

任务指引

① 将复合标题"年份"和"产品"分为两个独立字段。

② 将表中内容按字段名重新排列，如图 3-2 所示。

年份	产品	收入	成本	毛利
2018	甲产品			
2018	乙产品			
2018	丙产品			
2019	甲产品			
2019	乙产品			
2019	丙产品			
2020	甲产品			
2020	乙产品			
2020	丙产品			

图 3-2　规范的数据单

任务 3.2　排序

3.2.1　基本知识

为了方便查找数据，往往需要按照某个或某些特定字段的字段值的升序或降序对一个数据单中的所有记录的先后次序进行排列，我们称之为排序。作为排序依据的特定字段称为关键字。

"数据"选项卡中的"排序与筛选"功能组中提供了三个与排序相关的功能按钮，它们分别为升序按钮、降序按钮和排序按钮。

1．按单个关键字排序

利用"升序"或"降序"按钮可以轻松实现按单个关键字排序。

【**动手练 3-1**】在商品进货记录表中，按"进货日期"的升序排列记录。

① 在数据单中，单击"进货日期"列中的任一单元格。

② 选择"数据"|" ↓↓ 升序"命令，这时数据单中的记录按"进货日期"的升序完成排序。

> **提示**
> • 在 Excel 中进行升序排序时，数字和日期按由小到大进行排序；字母按 A~Z 进行排序；汉字要先转化为汉语拼音，再按字符比较规则进行比较。
> • 字段值为空的记录将排在最后。

2．按多个关键字排序

当根据某一关键字对工作表中的数据进行排序时，如果有几个记录的关键字值是相同的，那么排列结果又当如何呢？这时就需要根据其他关键字对数据再进行排序，即进行多个关键字排序。

Excel 中可以设置多个排序关键字，分别称为"主要关键字"和"次要关键字"。当主要关键字值相同时，就根据次要关键字值排序；如果次要关键字值也一致，那么就会根据再下一个次要关键字值来排序。

【**动手练 3-2**】在商品进货记录表中，先按"商品名称"进行降序排序，如果商品名称一致，就按"型号"进行降序排序，如果型号又一致，再按"进货日期"的升序进行排序。

① 选定数据单中的任意一个单元格，选择"数据"|"排序"命令，打开"排序"对话框。

② 在"主要关键字"下拉列表中选择"商品名称"，"排序依据"为"单元格值"，"次序"为"降序"。

③ 单击"添加条件"按钮，添加其他排序条件，如图 3-3 所示。

④ 单击"确定"按钮，即可完成多个关键字排序，结果如图 3-4 所示。

商品名称	型号	进货厂商	单价	采购数量	采购费用	进货日期
椅子	Y－088	宏达家具公司	610	4	2440	2021/5/16
椅子	Y－088	宏达家具公司	600	9	5400	2021/7/7
椅子	Y－067	明源家具厂	600	12	7200	2021/3/12
椅子	Y－067	恒久家具城	650	6	3900	2021/5/29
椅子	Y－056	蓝天家具城	630	8	5040	2020/8/12
沙发	S－089	宏达家具公司	800	4	3200	2020/6/6
沙发	S－089	明源家具厂	1200	10	12000	2021/3/25
沙发	S－089	恒久家具城	1100	8	8800	2021/6/11
沙发	S－076	宏达家具公司	1000	3	3000	2021/2/27
沙发	S－023	明源家具厂	1200	6	7200	2020/3/25
沙发	S－021	蓝天家具城	1100	6	6600	2020/12/16
沙发	S－021	蓝天家具城	900	3	2700	2021/8/4
凳子	D－058	恒久家具城	340	7	2380	2020/12/16
凳子	D－058	蓝天家具城	380	8	3040	2021/4/20
凳子	D－058	宏达家具公司	410	8	3280	2021/8/28
凳子	D－026	宏达家具公司	450	9	4050	2021/4/7
凳子	D－026	明源家具厂	400	12	4800	2021/7/20
凳子	D－025	宏达家具公司	400	5	2000	2020/11/23
凳子	D－025	宏达家具公司	380	7	2660	2021/8/15
餐桌	Z－046	明源家具厂	460	6	2760	2021/5/3
餐桌	Z－046	明源家具厂	480	5	2400	2021/8/2
餐桌	Z－036	宏达家具公司	450	10	4500	2020/9/6
餐桌	Z－018	恒久家具城	480	9	4320	2020/5/15

图 3-3　按多个关键字排序　　　图 3-4　按多个关键字排序后的结果

汉语字典支持按字母和按笔画两种查找方式，在 Excel 中同样可以实现。在图 3-3 所示的排序对话框中单击"选项"按钮，即可打开"排序选项"对话框，如图 3-5 所示。可以看出，排序时可以选择是否区分大小写，排序方法可以选择按字母排序或按笔画排序。

图 3-5　排序选项

想一想

- 如何按商品名称的笔画进行排序？
- 利用排序按钮是否能实现按多个关键字排序？

3.2.2　实训任务

任务下达

在商品进货记录表中，对"商品名称"列按照"沙发、餐桌、椅子、凳子"的顺序进行排列。

实训2

任务解析

利用 Excel 中的排序功能，只能按既定的排序规则排序，如"沙发、餐桌、椅子、凳子"升序排列的次序为"餐桌、凳子、沙发、椅子"。但通过设置自定义序列可以自行设置排序规则。

任务指引

① 单击数据单中的任一单元格，选择"数据"|"排序"命令，打开"排序"对话框。

② 针对主要关键字"商品名称"，将"排序依据"选为"单元格值"，将"次序"选为列表中的"自定义序列"，打开"自定义序列"对话框。

③ 在左侧列表中选择"新序列"，在右侧输入序列"沙发、餐桌、椅子、凳子"。每输入一个项目，都需要按回车键。

④ 单击"添加"按钮，将该序列添加到自定义序列中。单击"确定"按钮返回排序对话框，如图 3-6 所示。

⑤ 单击"确定"按钮，商品进货记录表就可以实现按指定顺序进行排序。

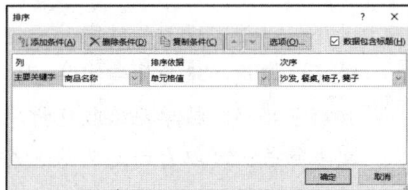

图 3-6　按指定顺序进行排序

任务 3.3　筛选

3.3.1　基本知识

对数据进行管理的主要目的之一是希望从海量的数据中挑选出符合要求的记录。Excel 中的筛选功能就可以让工作表只显示满足条件的记录，而隐藏其他记录，因此筛选是一种用于查找数据的快速方法。

筛选包括自动筛选和高级筛选两种方法，在"数据"选项卡中的"排序和筛选"功能组中分别显示为 🔽 和 🔽 高级。

1．自动筛选

如果筛选条件比较简单，就可以使用自动筛选功能。

（1）按某个关键字值进行自动筛选

【**动手练 3-3**】在商品进货记录表中只查询商品名称为"沙发"的记录。

① 单击数据单中的任一单元格，选择"数据"|"自动筛选"命令，这时工作表中每个字段名旁边都出现了一个倒三角形下拉按钮。

② 单击"商品名称"字段的下拉按钮，如图 3-7 所示。

动手练 3-3

图 3-7　单击"商品名称"字段的筛选按钮

下拉列表中包括以下几项内容。

升序：以该字段为关键字升序排列记录。

降序：以该字段为关键字降序排列记录。

按颜色排序：按单元格颜色排序。

文本筛选：可以自由定义筛选条件。

全选：如果要恢复原来的工作表，只要单击设置过筛选的自动筛选按钮，从中选择"全部"选项，即可显示全部记录。

各关键字值：选择某个值，即筛选出等于该值的记录。

③ 去掉"全选"选中标记，只选中"沙发"复选框，单击"确定"按钮，筛选结果如图 3-8 所示。从图 3-8 中可以看出，系统自动隐藏了不满足条件的记录，而只显示满足条件的记录。同时，商品名称下拉按钮显示为"过滤器"形状，数据列表中的行号颜色也会发生改变。

④ 重新单击"商品名称"字段的下拉按钮，从列表中选中"全部"选项，显示全部记录。也可以从列表中选择"从'商品名称'中清除筛选"选项，恢复显示全部记录。

再次选择"数据"|"自动筛选"命令，就会退出自动筛选状态。

以该字段为关键字进行筛选后变为"过滤器"形状

	A	B	C	D	E	F	G
1	商品名称	型号	进货厂商	单价	采购数量	采购费用	进货日期
2	沙发	S—023	宏达家具公司	1200	6	7200	2020/3/25
4	沙发	S—089	宏达家具公司	800	4	3200	2020/6/6
9	沙发	S—021	蓝天家具城	1100	6	6600	2020/12/16
10	沙发	S—076	宏达家具公司	1000	3	3000	2021/2/27
12	沙发	S—089	明源家具厂	1200	10	12000	2021/3/25
18	沙发	S—089	恒久家具城	1100	8	8800	2021/6/11
19	沙发	S—021	蓝天家具城	900	3	2700	2021/6/24

图 3-8　按某个关键字值自动筛选

（2）按组合条件进行自动筛选

【动手练 3-4】在商品进货记录表中查询 2020 年下半年采购费用在 5000 元以上的记录。

① 单击"进货日期"字段的筛选按钮，从下拉列表中选择"日期筛选"|"介于"命令，打开"自定义自动筛选方式"对话框，设置筛选条件，如图 3-9a 所示。

② 单击"确定"按钮，系统会自动筛选出 2020 年下半年的进货记录。

③ 单击"采购费用"字段的筛选按钮，从下拉列表中选择"数字筛选"|"大于"命令，打开"自定义自动筛选方式"对话框，设置筛选条件为"采购费用大于5000"，如图 3-9b 所示。

图 3-9a　设置日期筛选条件　　　　图 3-9b　设置采购费用筛选条件

④ 按照以上设置的筛选条件进行筛选，结果如图 3-10 所示。

	A	B	C	D	E	F	G
1	商品名称	型号	进货厂商	单价	采购数量	采购费用	进货日期
5	椅子	Y—056	蓝天家具城	630	8	5040	2020/8/12
9	沙发	S—021	蓝天家具城	1100	6	6600	2020/12/16

图 3-10　按组合筛选条件进行筛选的结果

可见，通过组合条件可以实现比较复杂的查询需求。

【动手练 3-5】在商品进货记录表中查询采购数量前 20% 的记录。

① 单击"采购数量"字段的筛选按钮，从下拉列表中选择"数字筛选"|"前10项"命令，打开"自动筛选前 10 个"对话框。

② 设置筛选条件，如图 3-11a 所示。

③ 单击"确定"按钮，即可筛选出全部记录中排在前 20% 的记录，如图 3-11b 所示。

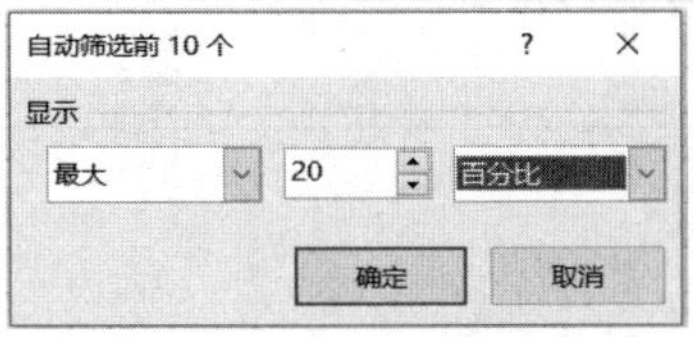

图 3-11a　自动筛选前 10 个

	A	B	C	D	E	F	G
1	商品名称	型号	进货厂商	单价	采购数量	采购费用	进货日期
6	餐桌	Z-036	明源家具厂	450	10	4500	2020/9/6
11	椅子	Y-067	明源家具厂	600	12	7200	2021/3/12
12	沙发	S-089	明源家具厂	1200	10	12000	2021/3/25
21	凳子	D-026	明源家具厂	400	12	4800	2021/7/20

图 3-11b　采购数量前 20% 的记录

2．高级筛选

自动筛选的结果显示在原数据单中，不符合条件的记录会被自动隐藏。如果需要将筛选结果放在其他单元格区域，仍然保留原数据单，就需要使用高级筛选功能。

利用高级筛选功能查询数据首先要建立一个条件区域，然后才能进行数据的查询。这个条件区域并不是数据单的一部分，所以不能与数据单连接在一起，而必须至少用一个空记录将它们分隔开。

条件区域至少由两行或多行组成。其中第 1 行为数据单中的字段名，其他行均为条件行。写在同一行中的条件之间是"与"的关系，写在不同行之间的条件是"或"的关系。

【动手练 3-6】用高级筛选功能筛选出商品单价小于等于 1100 元，同时进货日期在 2021 年 3 月 1 日以前的沙发，筛选出的记录独立于现有数据单显示。

动手练 3-6

① 设置条件区域。筛选条件与三个字段相关：商品名称、单价和进货日期。将这三个字段复制到 A26:C26 单元格区域。在下一行对应位置，构建筛选条件，如图 3-12 所示。

② 选中要进行筛选的数据区域中的任意一个单元格，然后选择"数据"|"高级"命令，打开"高级筛选"对话框，如图 3-13 所示。

26	商品名称	单价	进货日期
27	沙发	<=1100	<2021-3-1

图 3-12　设置高级筛选条件区

图 3-13　"高级筛选"对话框

③ 在"列表区域"系统自动显示数据单区域（因为打开高级筛选之前我们已经把鼠标光标定位在数据单内）；在条件区域选择筛选条件所在位置，本例为 A26:C27 单元格区域；选中"将筛选结果复制到其他位置"选项，在"复制到"文本框中指定筛选结果放置的位置，只需要给出区域的左上角单元格即可，本例指定 A29 单元格。

④ 单击"确定"按钮，筛选结果如图 3-14 所示。

	A	B	C	D	E	F	G
1	商品名称	型号	进货厂商	单价	采购数量	采购费用	进货日期
2	沙发	S-023	宏达家具公司	1200	6	7200	2020/3/25
3	餐桌	Z-018	恒久家具城	480	9	4320	2020/5/15
4	沙发	S-089	宏达家具公司	800	4	3200	2020/6/6
5	椅子	Y-056	蓝天家具城	630	8	5040	2020/8/12
6	餐桌	Z-036	明源家具厂	450	10	4500	2020/9/6
7	凳子	D-025	宏达家具公司	400	5	2000	2020/11/23
8	凳子	D-058	恒久家具城	340	7	2380	2020/12/16
9	沙发	S-021	蓝天家具城	1100	6	6600	2020/12/16
10	沙发	S-076	宏达家具公司	1000	3	3000	2021/2/27
11	椅子	Y-067	明源家具厂	600	12	7200	2021/3/12
12	沙发	S-089	明源家具厂	1200	10	12000	2021/3/25
13	凳子	D-026	宏达家具公司	450	9	4050	2021/4/7
14	凳子	D-058	蓝天家具城	380	8	3040	2021/4/20
15	餐桌	Z-046	明源家具厂	460	6	2760	2021/5/3
16	椅子	Y-088	宏达家具公司	610	4	2440	2021/5/16
17	椅子	Y-067	恒久家具城	650	6	3900	2021/5/29
18	沙发	S-089	恒久家具城	1100	8	8800	2021/6/11
19	沙发	S-021	蓝天家具城	900	3	2700	2021/6/24
20	椅子	Y-088	宏达家具公司	600	9	5400	2021/7/7
21	凳子	D-026	明源家具厂	400	12	4800	2021/7/20
22	餐桌	Z-046	明源家具厂	480	5	2400	2021/8/2
23	凳子	D-025	宏达家具公司	380	7	2660	2021/8/15
24	凳子	D-058	恒久家具城	410	8	3280	2021/8/28
25							
26	商品名称	单价	进货日期				
27	沙发	<=1100	<2021-3-1				
28							
29	商品名称	型号	进货厂商	单价	采购数量	采购费用	进货日期
30	沙发	S-089	宏达家具公司	800	4	3200	2020/6/6
31	沙发	S-021	蓝天家具城	1100	6	6600	2020/12/16
32	沙发	S-076	宏达家具公司	1000	3	3000	2021/2/27

图 3-14　高级筛选结果

3.3.2　实训任务

任务下达

与【动手练 3-6】筛选要求相同。但筛选结果要求按顺序显示"进货厂商""商品名称"和"采购数量"三个字段。

实训 3

任务解析

上例中将筛选结果"复制到"的位置指定为一个单元格，那么复制出来的内容将会包括数据列表中符合筛选条件的记录的所有字段。如果将筛选结果"复制到"的范围设置为事先键入了字段名的一个范围（这些字段名必须互相邻接，但它们的顺序可以与数据单中原有的顺序不同），那么筛选出来的内容只包括数据列表中符合筛选条件的记录的那几个特定字段。

任务指引

① 设置条件区域。与【动手练 3-6】的一致。

② 设置结果放置区域的字段内容及排列次序。在 A29:C29 单元格区域中设置"进货厂商""商品名称"和"采购数量"。

③ 在"高级筛选"对话框中指定"复制到"的位置为"$A$29：$C$29"，如图 3-15a 所示。

④ 单击"确定"按钮，得到筛选结果，如图 3-15b 所示。

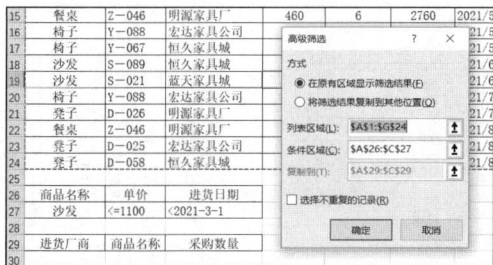

图 3-15a　筛选特定的字段并依序排列

	A	B	C
29	进货厂商	商品名称	采购数量
30	宏达家具公司	沙发	4
31	蓝天家具城	沙发	6
32	宏达家具公司	沙发	3

图 3-15b　指定筛选结果

任务 3.4　分类汇总

3.4.1　基本知识

Excel 提供了分类汇总的功能，用户使用该功能不需要创建公式，因为 Excel 将自动创建公式，并对某个字段提供诸如"求和"和"平均值"之类的函数，实现对分类汇总值的计算，而且将计算结果分级显示出来。

在执行分类汇总命令之前，首先必须对数据进行排序，将其中关键字相同的一些记录集中在一起。Excel 中既可以按照单个字段进行单层分类汇总，也可以按照多个字段进行多层分类汇总。

1．单层分类汇总

【动手练 3-7】仍以商品进货记录表为例，要求按商品名称统计采购数量和采购费用。

① 选中商品名称列中任一单元格，选择"数据"|"升序"命令，按分类汇总关键字进行排序。

② 选择"数据"|"分类汇总"命令，打开"分类汇总"对话框，在"分类字段"下拉列表中选择"商品名称"选项；在"汇总方式"下拉列表中选择"求和"选项；在"选定汇总项"列表中选中"采购数量"和"采购费用"复选框，如图 3-16a 所示。

动手练 3-7

提示

替换当前分类汇总：无论设置了几次分类汇总，只要选中该复选框，就会以此次分类汇总结果覆盖前面的分类汇总结果。

每组数据分页：选择该项，则会将每一组分类汇总以分页的方式打印出来。

汇总结果显示在数据下方：该选项必须在选择了"替换当前分类汇总"复选框前提下才能选择。若选择该项，则会将汇总行和总计行显示在每一组数据的下方；若不选择该项，则会将汇总行和总计行显示在每一组数据的上方。

---

③ 单击"确定"按钮，得到汇总结果，如图 3-16b 所示。

将鼠标光标放置在分类小计行，如 F6 单元格，可以看出 Excel 自动插入了一个函数"=SUBTOTAL(9,F2:F5)"。

图 3-16a　设置分类汇总条件　　　　图 3-16b　分类汇总后的结果

知识点：SUBTOTAL (function_num,ref1)分类汇总函数

作用：返回一个数据列表或数据库的分类汇总

参数说明：

function_num：从 1 到 11 的数字，用来指定分类汇总所采用的汇总函数。功能号 9 表示求和。

ref1：要进行分类汇总的单元格区域或引用。

2．运用大纲功能显示或隐藏各级明细数据

虽然已经用分类汇总功能产生了分类汇总结果，但是如果产品种类非常多，要查看所有的汇总结果，就必须移动滚动条。为了查看方便，可以利用大纲功能将汇总结果中暂时不需要的数据隐藏起来，以减小界面的占用空间。

Excel 在建立汇总的同时，也建立了大纲。如图 3-17 所示，若单击左上角的[1]，系统仅显示“总计”一行；单击左上角的[2]，系统会按商品类别显示分类统计数据；单击左上角的[3]，系统会显示全部数据。

可以单击[+]按钮展开其下级数据，展开后[+]变为[-]，如图 3-17 所示。

如果要取消分类汇总，只要在“分类汇总”对话框中单击“全部删除”按钮即可。

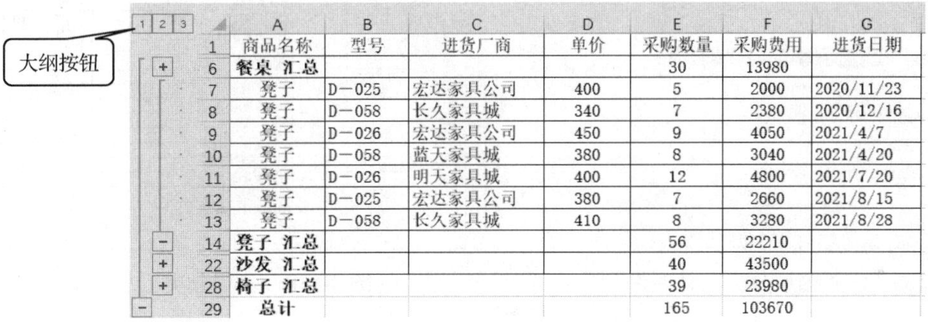

	A	B	C	D	E	F	G
1	商品名称	型号	进货厂商	单价	采购数量	采购费用	进货日期
6	餐桌 汇总				30	13980	
7	凳子	D－025	宏达家具公司	400	5	2000	2020/11/23
8	凳子	D－058	长久家具城	340	7	2380	2020/12/16
9	凳子	D－026	宏达家具公司	450	9	4050	2021/4/7
10	凳子	D－058	蓝天家具城	380	8	3040	2021/4/20
11	凳子	D－026	明天家具城	400	12	4800	2021/7/20
12	凳子	D－025	宏达家具公司	380	7	2660	2021/8/15
13	凳子	D－058	长久家具城	410	8	3280	2021/8/28
14	凳子 汇总				56	22210	
22	沙发 汇总				40	43500	
28	椅子 汇总				39	23980	
29	总计				165	103670	

图 3-17　展开或隐藏汇总数据

3.4.2　实训任务

实训 4

任务下达

以“商品名称”和“进货厂商”为参考字段，对“采购费用”进行分类汇总。

任务解析

本任务要求进行多层分类汇总。有两个汇总参考字段，我们暂且称之为高层参考字段和低层参考字段。本例高层参考字段为“商品名称”，需要将其设置为排序主要关键字，低层参考字段为“进货厂商”，需要将其设置为排序次要关键字。

任务指引

① 先按照参考字段进行排序。排序时选择主要关键字为“商品名称”、次要关键字为“进货厂商”。

② 进行第 1 次分类汇总。按照主要关键字"商品名称"进行第 1 次分类汇总。

③ 进行第 2 次分类汇总。在第 1 次分类汇总的基础上，按照次要关键字"进货厂商"进行第 2 次分类汇总。注意，在"分类汇总"对话框中，取消"替换当前分类汇总"复选框，如图 3-18a 所示。

④ 单击"确定"按钮，多层分类汇总结果如图 3-18b 所示。

图 3-18a　设置内层分类汇总条件

图 3-18b　多层分类汇总结果

任务 3.5　数据透视表

3.5.1　基本知识

数据透视表是一种对大量数据进行快速汇总和交叉列表的交互式表格，可以通过转化行和列来查看源数据的不同汇总结果，可以通过显示不同页面来筛选数据，还可以根据需要来显示单元格区域中的不同数据。由此可以看出，数据透视表是一项功能强大、应用灵活的数据管理工具。

1．数据透视表的结构框架

数据透视表有四个要素：列、行、页和数据项，如图 3-19 所示。四个要素的含义如下。

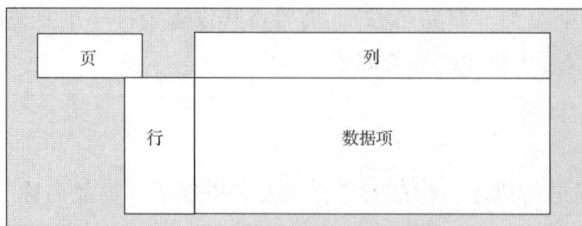

图 3-19　数据透视表四要素

行与列：通常放置用来查找数据的主要依据。行位置放置主要汇总参考字段；列位置放置第二汇总参考字段。

页：非可选项，可以自由设置需要查看的内容。

数据项：是由列和行产生的单元格数据。如果放置数值型字段默认运算为求和；如果放置文本型字段默认运算为计数。

2．创建数据透视表

【**动手练 3-8**】仍以上述商品进货记录表为例，现在管理者希望了解从不同供应商采购的各种不同型号的商品的采购数量和采购成本各是多少。

动手练 3-8

① 从工作表中选中任意一个非空单元格，选择"插入"|"数据透视表"命令，打开"创建数据透视表"对话框，如图 3-20 所示。

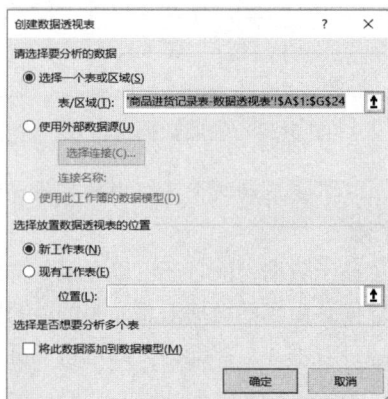

图 3-20　"创建数据透视表"对话框

数据透视表的数据来源有以下两种类型。

表/区域：设置数据来源为工作表中的数据列表。

外部数据源：设置数据来源为 Excel 外部的文件或数据库，如 SQL Server、Access 等类型的数据文件。

放置数据透视表的位置：可以选择将数据透视表放置在现有工作表中或是新工作表中。

② 单击"确定"按钮，进入数据透视表布局设计界面，如图 3-21 所示。

图 3-21　数据透视表布局设计界面

窗口左边显示数据透视表的框架，右边是"数据透视表字段"窗格。

③ 选择"进货厂商"字段并将其拖动至"筛选"列表中；选择"商品名称"字段并将其拖动至"行"列表中；选择"型号"字段并将其拖动至"列"列表中；选择"采购数量"和"采购费用"字段并将其拖动至"值"列表中。

在布局的过程中，相应的数据透视表便随之生成，如图 3-22 所示。

图 3-22　生成数据透视表

当用户需要改变显示结果时，只需要拖动四个区域中的字段，就可以得到不同的显示结果。

3．追踪数据透视表的数据来源

数据透视表不仅可以分类汇总显示数据，而且还可以显示其详细的数据来源以及相关数据的详细信息。要查看某个单元格中的数据是由哪些数据汇总而来的，只需双击该单元格即可。例如，如果要了解 F6 单元格中的数据来源，双击 F6 单元格，即可自动插入一个工作表，并将详细数据显示在其中。

4．选择显示特定的数据内容

如果只需查看某个特定的数据，如只查询商品名称为"沙发"的数据，可以单击"商品名称"右侧的下箭头按钮▼，在弹出的下拉列表中取消"全部"复选框，然后选中"沙发"复选框，单击"确定"按钮，就会只显示沙发的汇总数据。

想一想

- 如何去掉图 3-22 中的总计列和最后的两个总计行？
- 如何隐藏商品名称为"凳子"的记录？
- 如何将采购费用汇总方式由求和改为求平均值？
- 如何查看沙发按照不同进货厂商的采购费用数据？

3.5.2　实训任务

任务下达

以数据透视图的方式展示从不同供应商处采购的各种商品的采购费用。

实训 5

任务解析

相对于数字而言，图表的形式更为直观和易于理解。Excel 除了提供了"数据透视表"功能之外，还提供了"数据透视图"功能。

任务指引

① 从工作表中选中任意一个非空单元格，选择"插入"|"数据透视图"|"数据透视图"命令，打开"创建数据透视图"对话框。

② 单击"确定"按钮，进入数据透视图布局设计界面。与数据透视表布局界面不同的是多了一个图形展示区。

③ 选择"进货厂商"字段并将其拖动至"筛选"列表中；选择"商品名称"字段并将其拖动至"轴（类别）"列表中；选择"型号"字段并将其拖动至"图例（系列）"列表中；选择"采购费用"字段并将其拖动至"值"列表中。

在布局的过程中，相应的数据透视图便随之生成，如图 3-23 所示。

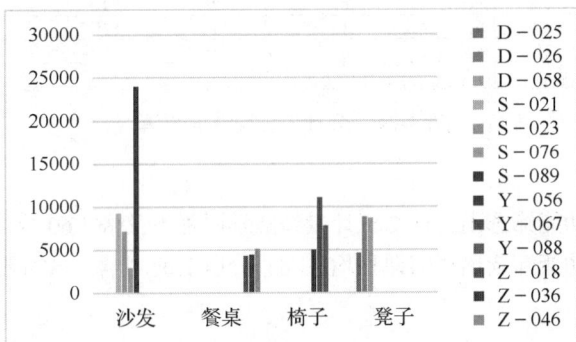

图 3-23 数据透视图

选中已做好的数据透视图，选择"设计"|"更改图表类型"命令，打开"更改图表类型"对话框。选择喜欢的图表类型，即可更改数据透视图的显示形式。

本项目知识点总结

本项目介绍了 Excel 以下知识点。

- 数据单
- 排序
- 自动筛选和高级筛选
- 分类汇总
- 数据透视表和数据透视图

通关测试

已知某学院会计专业本学期成绩单如图 3-24 所示。

按要求完成以下任务。

1. 排序

先按照总分降序排序，总分如果相同再按照大学英语课程得分的降序排序。

	A	B	C	D	E	F	G	H
1	学号	班级	姓名	性别	大学英语	财务会计	计量经济学	Excel财务应用
2	20200101	会计1班	王腾	男	82	78	75	90
3	20200102	会计1班	胡星	女	85	89	82	92
4	20200103	会计1班	张一山	男	68	75	70	85
5	20200104	会计1班	严鹏	男	72	82	77	87
6	20200105	会计1班	毕依晨	女	93	96	90	95
7	20200106	会计1班	黄桂芳	女	86	89	92	76
8	20200107	会计1班	沈萍	女	54	68	70	80
9	20200108	会计1班	李嘉欣	女	78	80	75	66
10	20200109	会计1班	梁天	女	90	95	88	86
11	20200201	会计2班	刘毅	男	91	92	95	98
12	20200202	会计2班	宋宇宁	男	66	75	77	82
13	20200203	会计2班	潘虹	女	84	87	80	90
14	20200204	会计2班	王丽	女	87	90	92	87
15	20200205	会计2班	许晴	女	72	76	85	66
16	20200206	会计2班	杜雪	女	69	72	78	55
17	20200207	会计2班	张冰冰	女	77	82	84	70
18	20200208	会计2班	黄旭	男	81	85	72	68
19	20200209	会计2班	杨超	女	85	90	88	85
20	20200210	会计2班	陈怡	女	74	85	90	84

图 3-24　会计专业学生成绩单

2．筛选

（1）利用自动筛选功能筛选出会计 2 班计量经济学课程不及格（60 分以下）的同学。

（2）利用高级筛选功能筛选出每门课程均在 85 分以上的同学，只需要体现学号、班级和姓名三项内容。

3．分类汇总

按照班级对各科成绩进行汇总，汇总方式为求平均。

4．数据透视

按班级和性别统计 Excel 财务应用课程的最高分、最低分和平均分。

项目4 用图表说话

项目目标

认知不同图表类型的作用

掌握绘制图表的基本方法

学会编辑和格式化图形对象

学习用复合图表来阐释要表达的内容

任务 4.1 创建图表

4.1.1 基本知识

相对于数字来说,图表具有简洁、直观的特点,因此在日常经济管理工作中得到了广泛应用。

图表以图形的形式来表示工作表内的数据,它能直观、形象地表示数据间的复杂关系,使数据的比较或趋势一目了然,从而更容易证明我们的观点,具有很强的说服力。

特别需要强调的是,图表是不能脱离数据而独立存在的。

1. 认识图表要素

在制作图表之前,让我们先来认识一下图表中的各种基本元素,如图 4-1 所示。

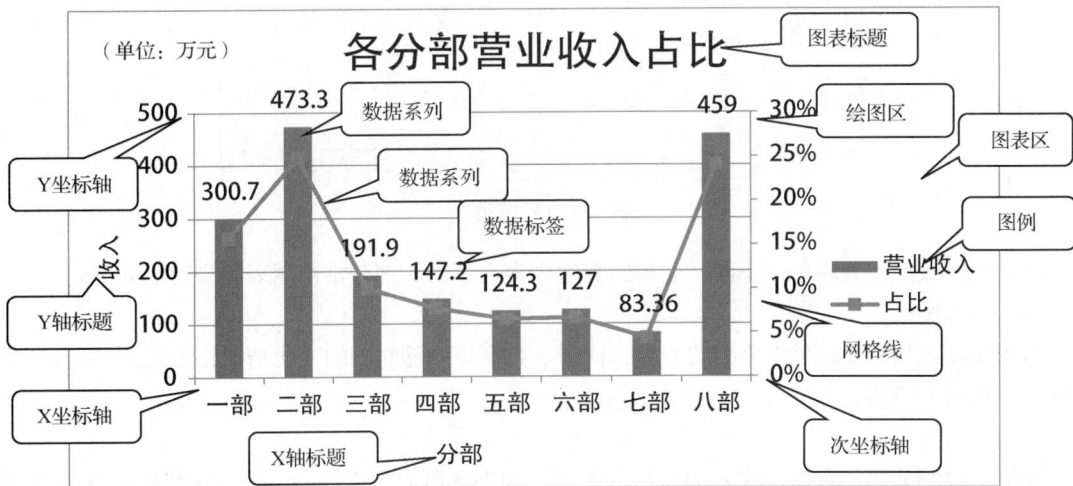

图 4-1 图表要素

图表区:即整个图表,包含所有数据系列、坐标轴、图表标题和图例。

坐标轴:分为主坐标轴和次坐标轴。主坐标轴包括 X 坐标轴和 Y 坐标轴;次坐标轴在绘图区中主坐标轴 Y 轴的对面,当图表中的数据系列数值相差过大而需要设置不同的刻度时使用。例如，图 4-1 中营业收入和占比两个数据系列数值相差巨大，需要用不同的刻度度量才能出现在同一个图表中。

标题：包括图表标题、X 轴标题、Y 轴标题。标题是对相关内容的说明。

数据系列：组成 Excel 图形的主要数据。不同的数据系列可以选用不同的图形来展现。

数据标签：在数据系列上标注该数据项准确的数值。

图例：指明图表中每种颜色所代表的数据系列。

网格线：是坐标轴上刻度线的延伸，并穿过绘图区。用来对齐图像或文本的辅助线条。

图形中以上图表要素都是独立对象，选中该对象，就可以对其进行编辑和格式化。

2．认识图表类型

对于相同的数据，如果选择不同的图表类型，那么得到的图表的外观差异会很大。为了选择最有利于表达我们观点的图表形式，我们需要认识 Excel 中常见的图表类型及其用途。

Excel 2016 提供了 15 种图表类型，如图 4-2 所示。左侧列示了 15 种图表类型，选中某种图表类型，右侧就会出现该图表类型的子类型。

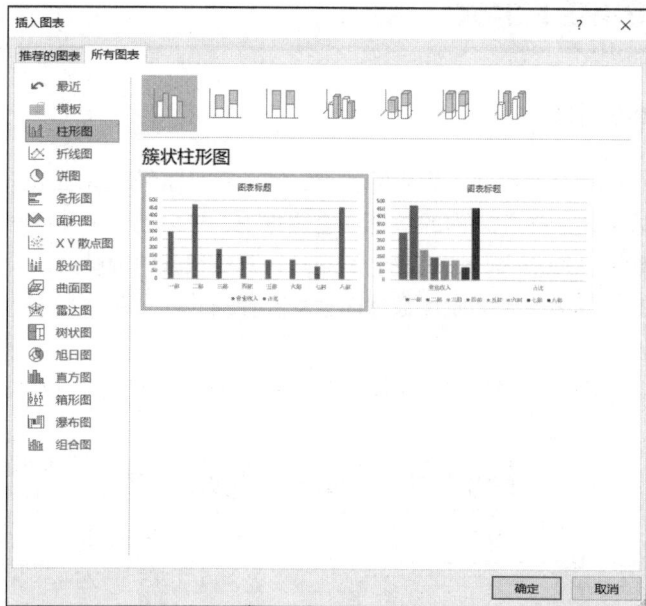

图 4-2　图表类型

不同的图表类型表现形式不同，适用的表达内容也不同。部分常用图表类型说明如下。

（1）柱形图

柱形图主要用来反映数据序列的差异，或者各数据序列随时间的变化情况，如各分店的销售数据比对、近五年销售收入等。

（2）折线图

将同一序列的数据在图中表示的点用直线连接起来就形成了折线图。折线图特别适合当 X 轴作为时间轴时，反映数据的变动情况和变动趋势。

（3）饼图

饼图只能用来显示一个序列，它反映了该序列中各数据在总体中所占的比例。

（4）条形图

条形图适用于表示单一序列。堆积条形图适合用来显示单个项目与整体的关系。

（5）面积图

面积图将每一序列数据用直线段连接起来，并将每条线以下的区域用不同颜色进行填充。与折线图相比，面积图强调随时间的变化幅度，而不是变化速度。

（6）XY 散点图

XY 散点图用几种不同颜色的点代表几种不同的序列。除散点图外，其他图表类型都是一个轴表示值，另一个轴表示序列或分类。而散点图的 X 轴和 Y 轴均表示数值。

（7）雷达图

雷达图是由一个中心向四周辐射出代表多个分类的多条数值坐标轴，把同一个数据系列的值用折线连接起来形成的。雷达图用来比较若干数据系列的总体水平值。通常使用雷达图诊断企业的经营情况。

在上述图表类型中，每个图表类型又根据表现形式的不同分为不同的子类型。例如，柱形图包括簇状柱形图、堆积柱形图、百分比堆积柱形图、三维簇状柱形图、三维堆积柱形图、三维百分比堆积柱形图和三维柱形图七个子类型。

【动手练 4-1】 请识别图 4-3a、图 4-3b、图 4-3c 和图 4-3d 分别是选择哪种图表类型绘制的。

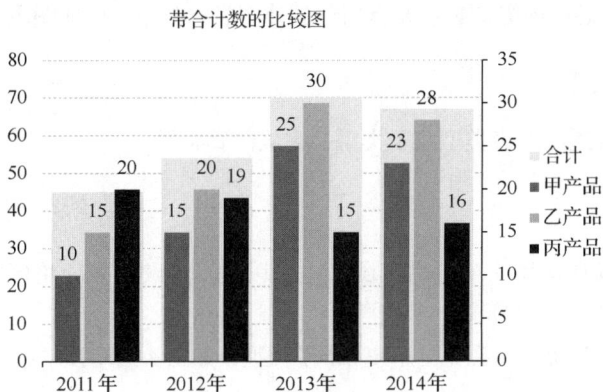

图 4-3a

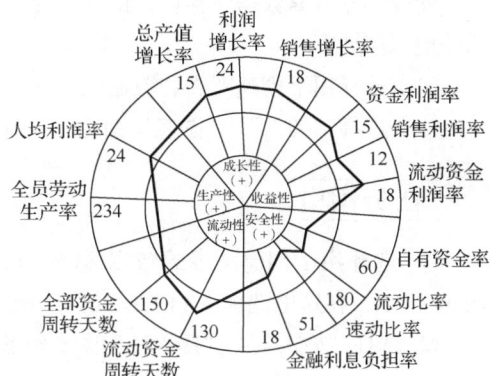

图 4-3b

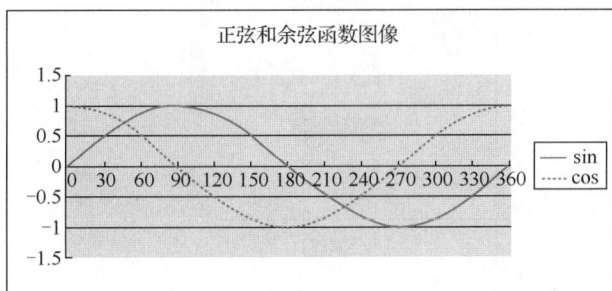

图 4-3c

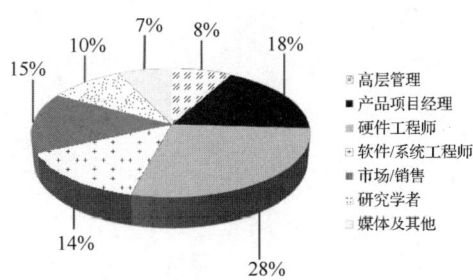

图 4-3d

① 首先建立一个数据系列，然后选择"插入"|"图表"命令，打开"插入图表"对话框，单击"所有图表"选项卡，在左侧列表中选择不同的图表类型，在右侧可以查看图表子类型。

② 通过比较分析，可以判定图 4-3a 为柱形图，图 4-3b 为雷达图，图 4-3c 为散点图，图 4-3d 为饼图。

3．创建图表的方法

创建图表有以下两种方法。

（1）利用"插入"|"图表"命令建立图表

选择"插入"|"图表"命令，自行选择图表类型及子类型建立图表。也可以选择"插入"|"推荐的图表"命令，按系统推荐的图表类型创建图表。

（2） 利用 F11 快捷键创建图表工作表

选中要创建图表的数据区域，按下快捷键"F11"，即可在工作簿中插入一个图表工作表"Chart1"。

4.1.2 实训任务

任务下达

实训 1

根据各分公司销售情况一览表建立图表。

任务解析

图表不能脱离数据而存在，因此，建立图表的前提是必须要有用于创建图表的数据。创建图表的一般程序如下。

（1）选择用于创建图表的数据区域。

（2）选择"插入"|"图表"命令。选择合适的图表类型及子类型，完成图表雏形。

任务指引

① 选择用于创建图表的数据区域（可以是连续的单元格区域，也可以是不连续的单元格区域）。例如，在这里选择 A2:E5 单元格区域，如图 4-4 所示。

② 选择"插入" | "插入柱形图或条形图"命令，系统展开其下的子类型，如图 4-5 所示。

	A	B	C	D	E
1	各分公司销售情况一览表				
2		一季度	二季度	三季度	四季度
3	北京	2200	3420	3248	3846
4	上海	3100	5240	5232	5013
5	天津	1980	3653	3333	4444

图 4-4　选择数据区域

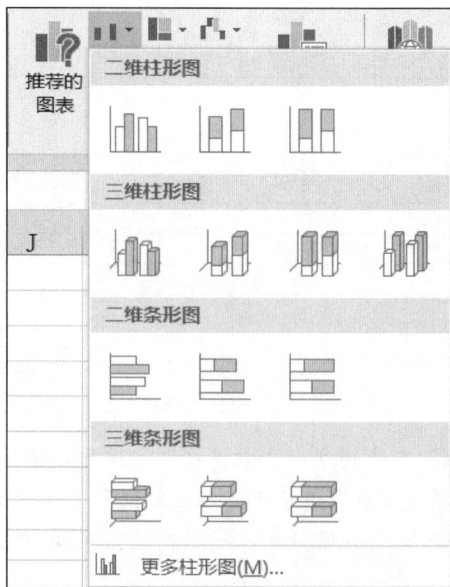

图 4-5　柱形图或条形图子类型

③ 选中其中的二维柱形图中的簇状柱形图（左边第 1 个），系统会自动生成图表，如图 4-6 所示。

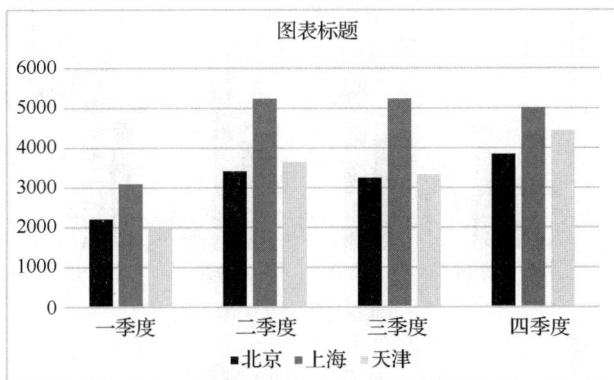

图 4-6　默认生成的图表

④ 单击"图表标题"对象，修改为"分公司销售情况一览"。

任务 4.2　编辑图表

4.2.1　基本知识

系统自动建立的图表可能并不令人满意，或者显示的效果并不理想，此时就需要对图表进行适当的编辑，以达到最佳的效果。对图表进行编辑就是对图表的各个对象进行一些必要的修饰。

对图表进行编辑时，必须有一定的针对性，也就是要先选定图表或某个图表要素。要选定图表只需单击图表区域，这时该图表的周围会出现一个黑色的矩形框，在黑色矩形框周边有八个白色方块（称为控点），这时就可以对图表进行编辑了。单击图表中的某个要素项即可以对该要素进行编辑。

选中图表对象时，系统在功能区中会自动增加两项与图表处理相关的选项卡，分别为"设计"选项卡和"格式"选项卡。

1. 图表的设计

"设计"选项卡中的功能如图 4-7 所示。

图 4-7　"设计"选项卡

图表设计主要包括以下五个方面的内容。

（1）图表布局

在图表布局中，可以添加图表元素并设置这些元素的显示形态和显示方式。

图表元素包括图表标题、数据标签、数据表、图例、线条、趋势线、涨/跌柱线。

例如，选中图 4-6 所示的图表，选择"设计"|"添加图表元素"|"数据标签"|"数据标签

外"命令，结果如图 4-8 所示。

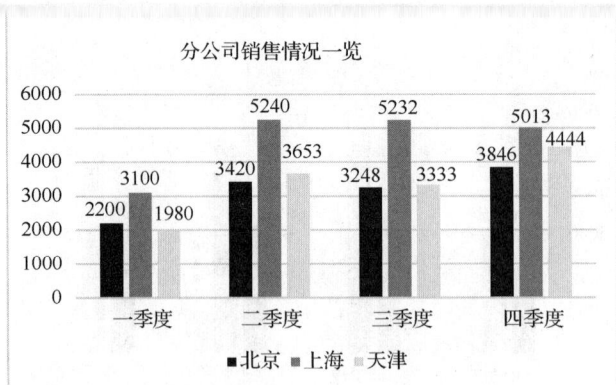

图 4-8　为图表添加了数据标签

图表布局中还有一项"快速布局"功能，里面提供了不同的图表样式，可以快速改变选中图表的现有布局。

（2）图表样式

利用图表样式可以更改数据系列的颜色，也可以选择系统提供的样式用于选定图表。

（3）数据

数据中包含两项功能：一是选择图表中的数据系列是来自于数据行还是来自于数据列；二是可以编辑构成图表的数据源。

① 确定数据系列来自于数据行还是数据列

创建图表时，默认以"数据列"作为数据系列，选择"切换行/列"命令，那么图表就会变换为以"数据行"作为数据系列，对图 4-6 所示的图表选择"切换行/列"命令后的结果显示如图 4-9所示。

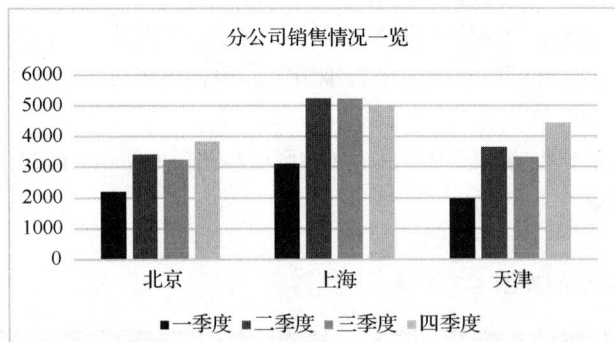

图 4-9　选择"切换行/列"命令后的结果

② 编辑数据源

图表来自于数据表，当数据表变动时，可以添加新的数据到图表中，也可以删除现有图表中的数据系列。

单击"选择数据"命令，打开"选择数据源"对话框，如图 4-10 所示。可以对图表数据区域、图例项即数据系列项、水平轴标签进行增加、修改和删除操作。

（4）类型

可以为选定图表更改其他图表类型。

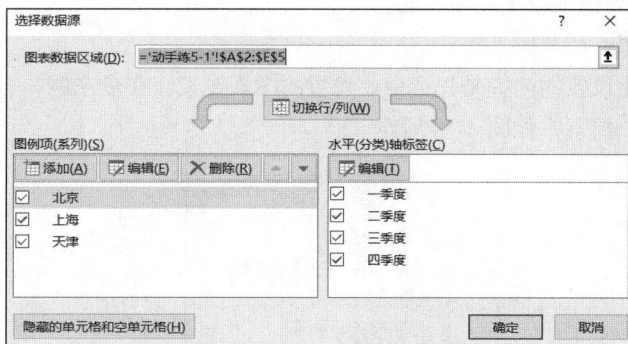

图 4-10 "选择数据源"对话框

（5）位置

自动生成的图表默认与数据表放置于同一张工作表中。除此以外，还有两种选择：一是指定放置于该工作簿的其他某个工作表中；二是放置于一张新的图表工作表中。图表工作表名称为"Chart1"，是工作簿中专门用于存放图表的独立工作表。

【动手练 4-2】向图 4-6 所示的图表中添加"重庆"分公司的数据。

① 首先在 A6:E6 单元格区域中增加重庆分公司各季度的销售数据。

② 选中图表对象，选择"设计"｜"选择数据"命令，打开"选择数据源"对话框。

③ 重新选择数据区域 A2:E6，单击"确定"按钮。结果如图 4-11 所示。

动手练 4-2

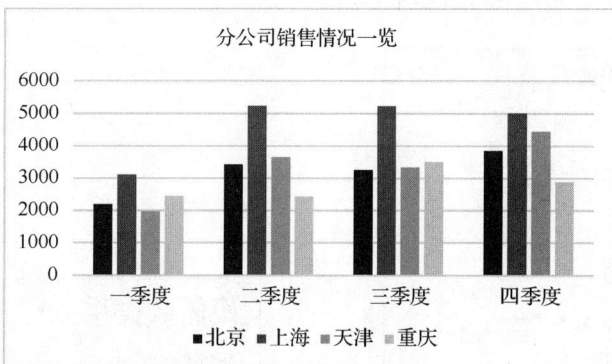

图 4-11 添加数据

> 如果要删除图表中的某一个数据系列，在图表中选定该数据系列，然后按 <Delete>键即可。

提示

2．图表的格式化

"格式"选项卡中的功能如图 4-12 所示。

图 4-12 "格式"选项卡

"格式"选项卡主要提供以下三项功能。

（1）选择图表要素

对图表进行格式化设置的前提是先选中要设置的图表要素。在最左侧，有一个下拉列表，打开列表显示图表中的各个要素，如图 4-13 所示。

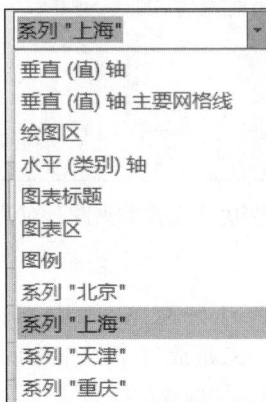

图 4-13　选择图表要素

选中某图表要素后，该图表要素对象周围会出现控点。

（2）设置内容格式

选中图表要素后，选择"设置所选内容格式"命令，打开"设置××格式"窗格。选中的图表要素对象不同，窗格中显示的设置内容也不同。图 4-14a 和图 4-14b 是分别选中"坐标轴"要素和"数据系列"要素的窗格，可见其内容完全不同。

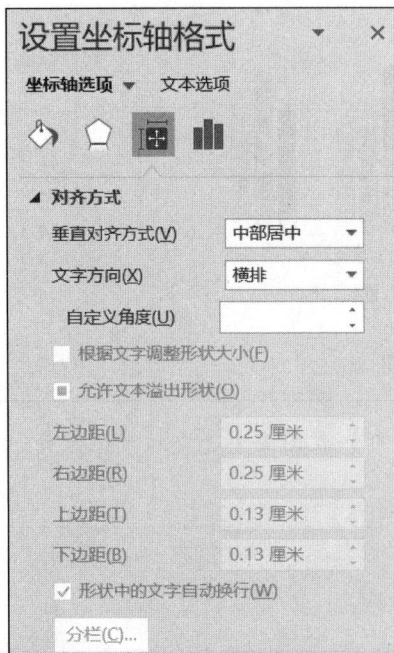

图 4-14a　设置坐标轴格式

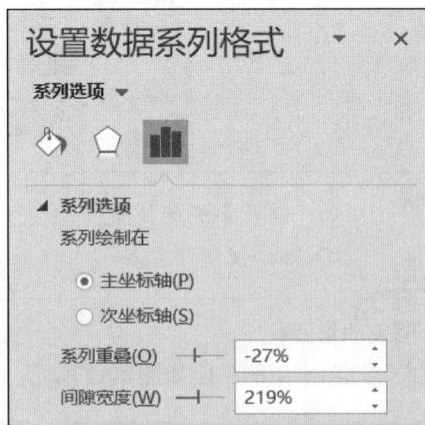

图 4-14b　设置数据系列格式

（3）插入形状

可以在图表中插入文本框、箭头、艺术字等各种绘图对象，并设置这些对象的格式。

4.2.2 实训任务

实训 2

任务下达

在【动手练 4-2】案例中，用各分公司的年度合计数制作饼图，并将其中占比最大的饼块分离。

任务解析

图表是基于数据的，用合计数制作饼图，必须先求出合计数。

选择不相邻数据的方法是先选中第 1 区域，按住<Ctrl>键再选择第 2 区域。

设置图表要素格式前要先选中该要素。

任务指引

① 首先，在 F2 单元格中输入"合计"，选择 B3:F6 单元格区域，单击∑ 自动求和按钮，求出各分公司合计数。

② 选择 A3:A6 单元格区域，按住<Ctrl>键，再选择 F3:F6 单元格区域。选择"插入"|"插入饼图或圆环图"|"三维饼图"命令，当即生成三维饼图。

③ 单击"图表标题"对象，将其修改为"分公司销售占比"，将标题字体设置为"黑体""16"号大小。

④ 单击数据系列，选择"设计"|"添加图表元素"|"数据标签"|"其他数据标签选项"命令，打开"设置数据标签格式"窗格。

⑤ 选择标签包括"百分比"复选框以及标签位置"居中"单选项，如图 4-15a 所示。

⑥ 单击占比最大的上海分公司销售额图块，图块周围出现控点，按住鼠标左键将其拖曳出来即可。完成后的效果如图 4-15b 所示。

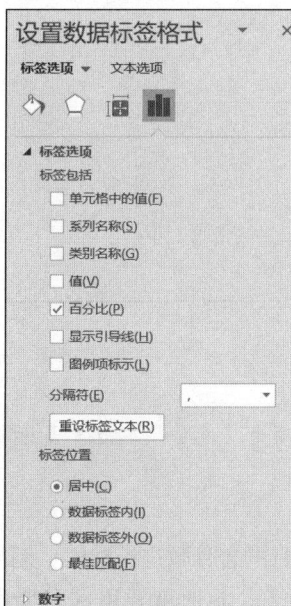

图 4-15a　设置数据标签格式

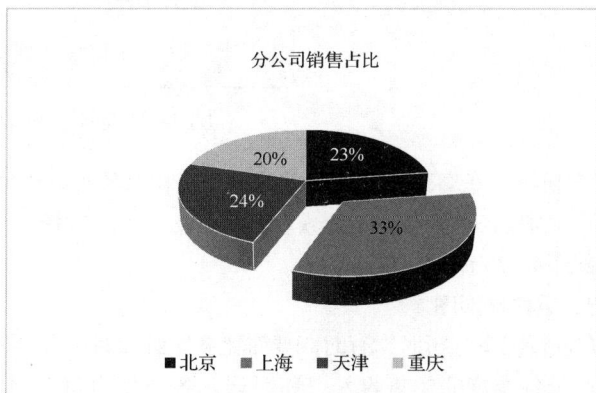

图 4-15b　完成饼图

任务4.3 图表进阶

4.3.1 基本知识

掌握了创建和编辑图表的基本操作之后，我们再来看几个实际应用的案例，以帮助大家深入理解，灵活运用图表。

1．制作图表的基本程序

无论图表复杂程度如何，制作图表的基本程序都是一致的。

（1）获得用于创建图表的数据表。

（2）创建基本图表。

（3）对图表进行设计及格式化。

2．迷你图

迷你图是一种微型图表，只存在于工作表中的某个单元格内，可用于直观地表示和显示数据趋势。迷你图可以通过不同颜色吸引用户对重要项目（如季节性变化或经济周期）的注意，并能突出显示最大值和最小值。

【动手练4-3】如图4-17所示，在F3:F6单元格区域中制作柱形迷你图，在G3:G6单元格区域中制作折线迷你图。在柱形迷你图中用不同颜色标记出最高点。

动手练4-3

① 选择F3:F6单元格区域。最好选择数据区域附近的空白单元格制作迷你图。

② 选择"插入"|"迷你图"|"柱形迷你图"命令，打开"创建迷你图"对话框。在"数据范围"文本框中输入"B3:E6"，在"位置范围"文本框中输入"$F$3:$F$6"，如图4-16所示，即分别选择数据范围B3:E6单元格区域以及放置迷你图的位置F3:F6单元格区域。单击"确定"按钮，即可在F3:F6单元格区域中创建相应的柱形迷你图。

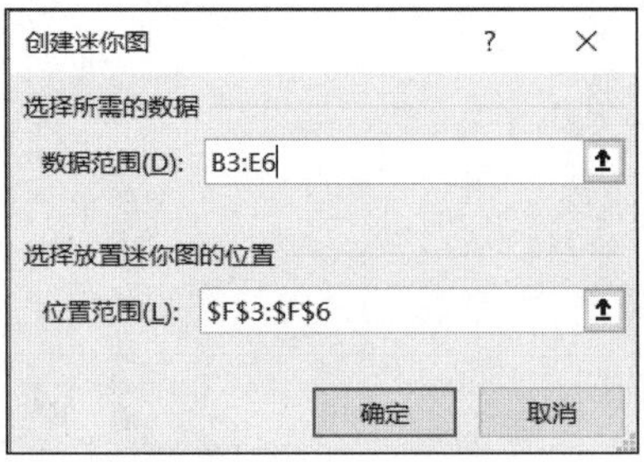

图4-16 创建迷你图

③ 同理，在G3:G6单元格区域中创建相应的折线迷你图。

④ 选择F3:F6单元格区域中的柱形迷你图，选择"设计"选项卡，选中"高点"复选框，完成后如图4-17所示。

3．重叠柱形图

在进行财务分析时，有时既要对比各明细项目，又要对明细项目的合计数进行对比。例如，不仅要展示各季度的销售收入，还要展示各季度中每个月的销售收入，这时就要用到多项目对比分析。

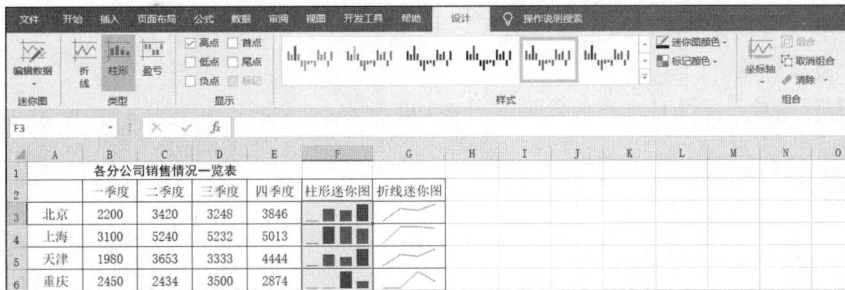

图 4-17　完成后的柱形迷你图和折线迷你图

【动手练 4-4】蓝海商贸城主营甲产品、乙产品、丙产品三种产品，近四年销售数据如图 4-18 所示。制作图形对比各年度各种产品的销售情况。

动手练 4-4

图 4-18　蓝海商贸城销售情况

（1）制作图表

选择 A1:E5 单元格区域，选择"插入"|"插入柱形图或条形图"|"簇状柱形图"命令，生成簇状柱形图，如图 4-19a 所示。

（2）编辑图表

① 将甲产品、乙产品、丙产品三个数据系列放置于次坐标轴

a. 单击选中"甲产品"数据系列，单击鼠标右键，从快捷菜单中选择"设置数据系列格式"命令，打开"设置数据系列格式"窗格，选中系列绘制在"次坐标轴"选项。

b. 同理，将"乙产品"数据系列也放置于次坐标轴。

c. 将甲产品和乙产品数据系列放置于次坐标轴之后，丙产品数据系列在绘图区恰好被覆盖。此时要选择丙产品数据系列，需要单击"格式"选项卡，然后在其左上角下拉列表中选择"丙产品"数据系列，将其也放置于次坐标轴。设置完成后，如图 4-19b 所示。

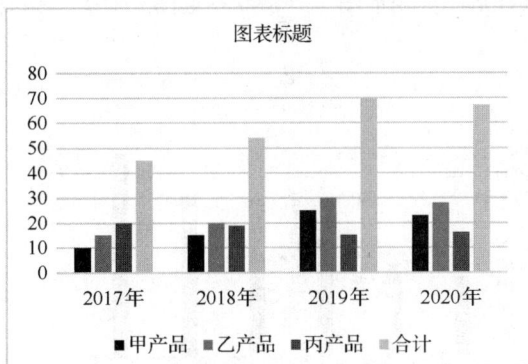

图 4-19a　生成的簇状柱形图

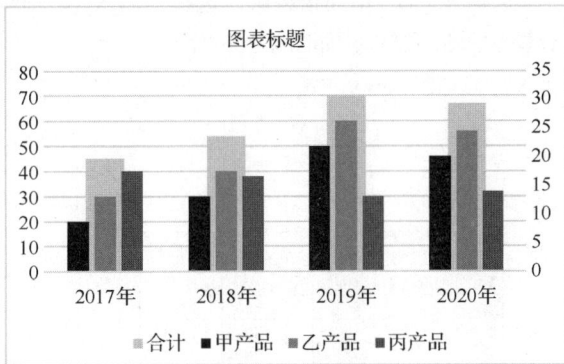

图 4-19b　将三个数据系列放置于次坐标轴

② 设置"合计"数据系列的分类间距

选中"合计"数据系列，单击鼠标右键，从快捷菜单中选择"设置数据系列格式"命令，打开

"设置数据系列格式"窗格，设置"间隙宽度"为"50%"，如图 4-19c 所示。

③ 删除图表标题

删除图表标题后，重叠柱形图的效果如图 4-19d 所示。

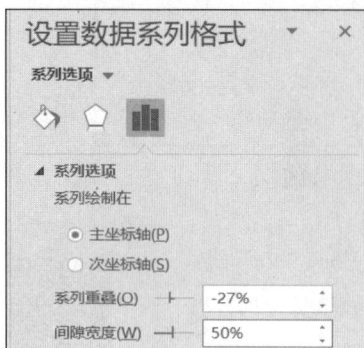

图 4-19c　设置数据系列分类间距

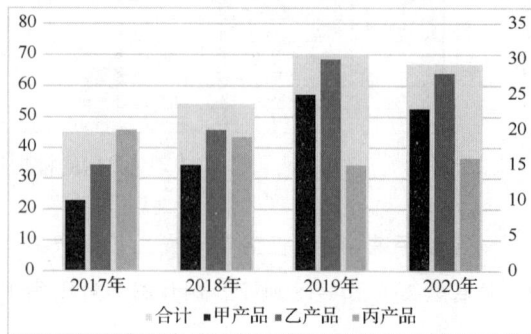

图 4-19d　重叠柱形图

4.3.2　实训任务

任务下达

从相关专业统计机构获悉，某产品交易规模及环比增长数据如图 4-20a 所示。请制作合适的图表直观展示这一变化情况。

实训 3

任务解析

图表中需要呈现两组数据，一组是代表交易规模变化的数据，另外一组是代表环比增长的数据，且这两组数据之间数值差异较大，不适合在同一坐标轴上展现，而需要设置次坐标轴。对于两个不同的数据系列可以选择用不同的图表类型进行展现。

任务指引

1．制作基本柱形图

选择 A1:D7 单元格区域，选择"插入"|"插入柱形图或条形图"|"簇状柱形图"命令，完成基本柱形图的制作，如图 4-20b 所示。

	A	B	C	D
1	年度	季度	交易规模	环比增长
2	2019	一季度	1802	16.90%
3		二季度	2098	16.40%
4		三季度	2668	27.20%
5		四季度	3537	32.60%
6	2020	一季度	3650	3.20%
7		二季度	4517	23.75%

图 4-20a　原始数据

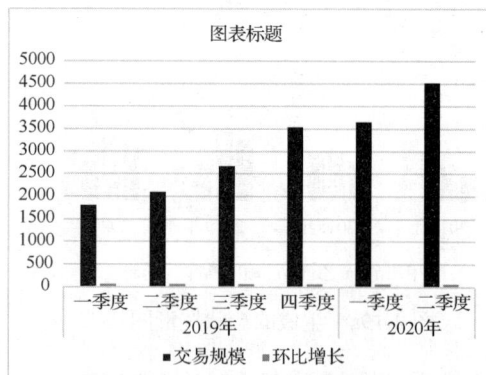

图 4-20b　基本柱形图

2．设计"交易规模"数据系列

① 选中图表对象，选择"格式"选项卡。在最左端当前所选内容下拉列表中选择"系列：交易规模"选项。

② 选择"设置所选内容格式"命令，打开"设置数据系列格式"窗格，选中系列绘制在"次坐标轴"选项。

③ 选择"设计"选项卡，选择"更改图表类型"命令，打开"更改图表类型"对话框，将"交易规模"的图表类型更改为"带数据标记的折线图"，如图 4-21 所示。单击"确定"按钮返回。

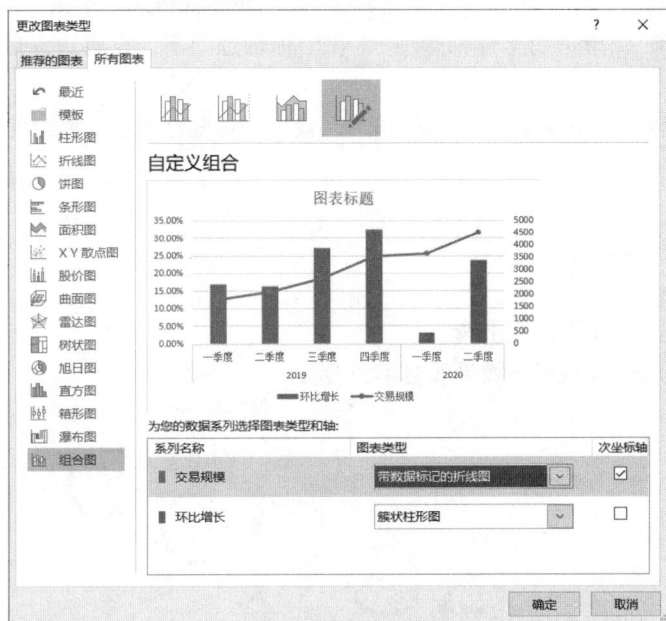

图 4-21　设置"交易规模"系列为带数据标记的折线图

④ 选择"设置所选内容格式"命令，打开"设置数据系列格式"窗格。选择"系列选项"中的第 1 项 "填充与线条"。单击 标记，在"标记选项"下，选择"内置"，类型"圆形"，大小"30"磅，如图 4-22a 所示。在"填充"下，选择"纯色填充"，颜色选择"白色"，如图 4-22b 所示。在"边框"下，选择"实线"，宽度为"3 磅"，如图 4-22c 所示。随着选项设置，图形也在动态发生变化。

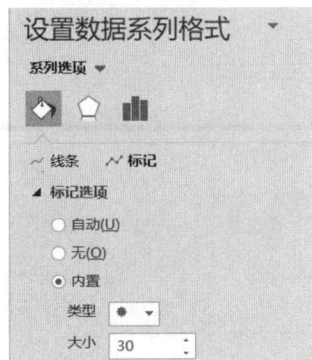

图 4-22a　设置标记　　　　图 4-22b　设置填充　　　　图 4-22c　设置边框

⑤ 单击 ～ **线条**，设置线条宽度为"3 磅"，复合类型为"由粗到细"。

⑥ 选择"设计"|"添加图表元素"|"数据标签"|"居中"命令，为交易规模添加数据标签。

3．设计"环比增长"数据系列

① 单击选中"环比增长"数据系列。

② 选择"设计"|"添加图表元素"|"数据标签"|"数据标签外"命令，为环比增长添加数据标签。

4．设置坐标轴

① 设置主坐标轴。选中主坐标轴（垂直轴），设置坐标轴格式。单击"填充与线条"选项，设置线条为"无线条"；单击"坐标轴选项"，在坐标轴选项下，设置边界最大值为"1"；标签为"无"。

② 设置次坐标轴。选中次坐标轴（垂直轴），设置坐标轴格式：主要刻度线类型为"无"；线条颜色为"无"，标签为"无"。

5．设置绘图区

选择绘图区横线，删除。

6．设置图例

选中图例，将其拖动至图形左上角。

删除图表标题，全部完成后，效果如图 4-23 所示。

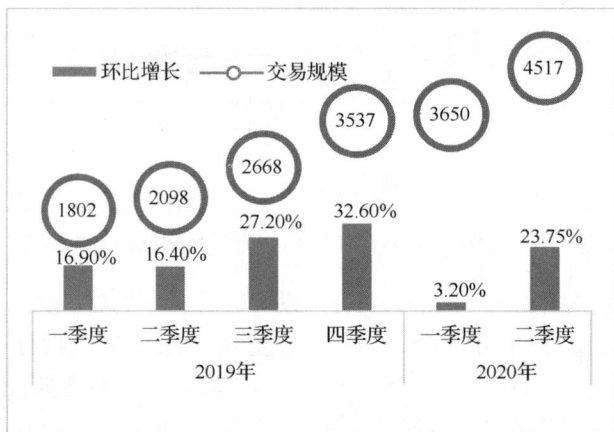

图 4-23　图表进阶案例效果

本项目知识点总结

本项目介绍了 Excel 以下知识点。

- 创建图表
- 图表设计
- 图表格式化

通关测试

1. 已知佳能集团 2020 年下属六个分公司的销售情况如图 4-24a 所示。要求制作图形反映各分公司营收占比情况。完成效果参照图 4-24b。

	A	B
1		营业收入（万元）
2	一公司	300.7
3	二公司	473.3
4	三公司	191.9
5	四公司	147.2
6	五公司	124.3
7	六公司	127
8	合计	1364.4

图 4-24a 佳能集团各分公司销售情况

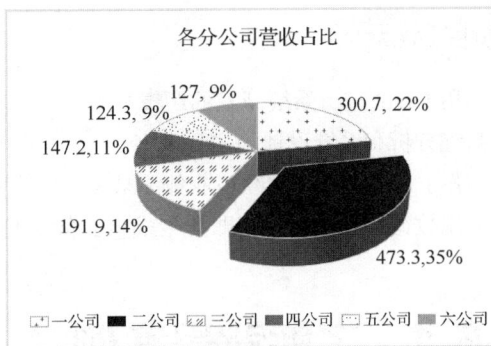

图 4-24b 佳能集团各分公司营收占比图

2. 已知某公司前八个月营业收入数据如图 4-25a 所示。要求制作图形展示各月营业收入和占比情况。完成效果参照图 4-25b。

	A	B	C
1		营业收入（万元）	占比
2	一月	300.7	
3	二月	373.3	
4	三月	191.9	
5	四月	147.2	
6	五月	124.3	
7	六月	127	
8	七月	83.36	
9	八月	359	

图 4-25a 某公司营业收入数据

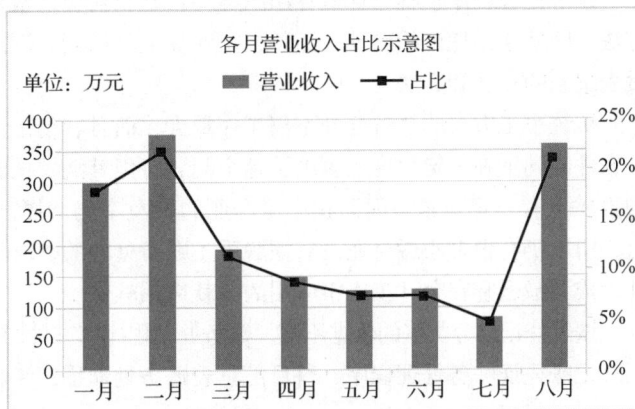

图 4-25b 某公司各月营业收入占比示意图

项目 5　Excel 在账务处理中的应用

项目目标

了解利用 Excel 进行系统开发的逻辑

理解系统分析和系统设计的主要内容

学会利用 Excel 进行日常经济业务记录

学会利用数据管理功能进行账簿生成与业务查询

任务 5.1　了解背景案例

5.1.1　基本知识

账务处理程序也称会计核算组织程序，是指对会计数据进行记录、归类、汇总、列报的步骤和方法，即从原始凭证的整理、汇总，记账凭证的填制、汇总，日记账、明细分类账的登记，到会计报表编制的步骤和方法。

传统手工方式的账务处理不仅工作量大，而且容易出错，大大影响了会计人员的工作效率。财务软件的问世在一定程度上解决了这个问题，但其购置成本和后期升级维护需要资金，对应用人员的素质也有一定要求，因而在小微企业的普及率仍待提高。而我国小微企业占企业总数的 80% 以上，所以仍有很多小微企业没有摆脱手工账务处理的弊端。通用表处理软件 Excel 因其易得、易用性，成为最适宜在会计工作中应用的一款应用软件。

按照登记总分类账的依据不同，账务处理程序有三种形式：记账凭证账务处理程序（见图 5-1）、汇总记账凭证账务处理程序、科目汇总表账务处理程序（见图 5-2）。

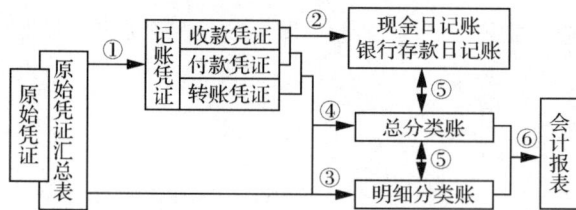

图 5-1　记账凭证账务处理程序

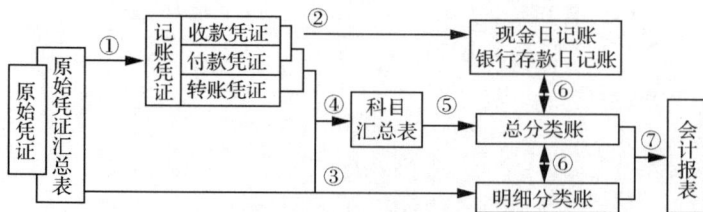

图 5-2　科目汇总表账务处理程序

5.1.2　实训任务

任务下达

安达公司是一家小型家电产品经销商，年营业额在 1000 万元左右。目前该公司主要销售家用吸尘器和智能机器人两种产品。该公司设办公室、销售部、采购部、服务部和财务部等部门。

安达公司财务部核算正在由粗放管理向精细管理转型，决定利用 Excel 进行日常账务处理，摆脱手工处理效率低下、信息查询不便等弊端。具体要求如下。

- 关注每个管理部门费用发生的详细情况，为做好今后的费用控制提供依据。
- 往来业务按客户或供应商详细核算，以解决应收长期挂账、收款不力的问题。
- 按照产品核算收入和成本支出，掌握现有产品的盈利情况。

安达公司 2021 年 1 月 1 日各科目余额如表 5-1 所示。

表 5-1　安达公司 2021 年 1 月 1 日各科目的余额

科目代码	科目名称	借	贷	备注
1001	库存现金	24000		
1002	银行存款	350000		
100201	工商银行	300000		
100202	兴业银行	50000		
1122	应收账款	6000		应收顺达公司 6000 元
1405	库存商品	195000		家用吸尘器 200 台，每台进价 300 元 智能机器人 100 台，每台进价 1350 元
2001	短期借款		100000	
2202	应付账款		40000	应付凯越公司 17000 元 应付海天公司 23000 元
2211	应付职工薪酬			
2501	长期借款		80000	
4001	实收资本		300000	
4101	盈余公积		55000	
4103	本年利润			
4104	利润分配			
6001	主营业务收入			
6401	主营业务成本			
6601	销售费用			
6602	管理费用			

2021 年 1 月发生的经济业务如下。

（1）1 月 3 日，从工商银行提取现金 3000 元。

借：库存现金 3000

　　贷：银行存款——工商银行 3000

（2）1 月 6 日，采购 100 台家用吸尘器，不含税单价为 300 元/台，已入库，用工行存款支付。

借：库存商品 30000

　　应交税费——应交增值税——进项税额 3900

贷：银行存款——工商银行	33900

（3）1月8日，发放本月工资38000元，用工行存款支付。

借：应付职工薪酬	38000
贷：银行存款——工商银行	38000

（4）1月10日，用现金购买办公用品410元。其中，办公室260元，财务部150元。

借：管理费用——办公室	260
——财务部	150
贷：库存现金	410

（5）1月12日，用工行支票偿还前欠凯越公司货款17000元。

借：应付账款——凯越公司	17000
贷：银行存款——工商银行	17000

（6）1月15日，向顺达公司销售家用吸尘器260台，不含税单价为400元/台，对方用工行转账支票支付货款。

借：银行存款——工商银行	117520
贷：主营业务收入——家用吸尘器	104000
应交税费——应交增值税（销项税额）	13520

（7）1月18日，向百货大楼销售智能机器人82台，不含税单价为1800元/台，对方货款未付。

借：应收账款——百货大楼	166788
贷：主营业务收入——智能机器人	147600
应交税费——应交增值税（销项税额）	19188

（8）1月20日，报销交通费800元，用现金支付。其中，销售部500元，办公室300元。

借：销售费用	500
管理费用——办公室	300
贷：库存现金	800

（9）1月25日，计提本月工资费用。其中，办公室8000元、销售部20000元、采购部6000元、服务部3000元、财务部7000元。

借：销售费用	20000
管理费用——办公室	8000
管理费用——财务部	7000
管理费用——采购部	6000
管理费用——服务部	3000
贷：应付职工薪酬	44000

（10）1月28日，结转本月销售成本。其中家用吸尘器260台，每台进价为300元；智能机器人82台，每台进价为1350元。

借：主营业务成本——家用吸尘器	78000
——智能机器人	110700
贷：库存商品——家用吸尘器	78000
——智能机器人	110700

（11）结转收入。

借：主营业务收入——家用吸尘器	104000
——智能机器人	147600

贷：本年利润	251600

（12）结转成本。

借：本年利润	233910
贷：管理费用	24710
销售费用	20500
主营业务成本——家用吸尘器	78000
——智能机器人	110700

任务解析

本项目目标是利用 Excel 为安达公司设计一个账务处理系统，能够详细记录其日常发生的经济业务，并输出其管理层需要的管理信息。在进行系统开发之前，首先要进行 Excel 账务处理系统的需求分析和系统设计。

1．需求分析

需求分析的目的是确定 Excel 账务处理系统包含哪些功能，确定系统的边界，即定义系统能做什么。Excel 账务处理系统的功能包括系统初始化、凭证录入、账证查询和编制报表等。

2．系统设计

系统功能确定下来之后，就要考虑如何实现系统功能。需要考虑的问题如下。

（1）系统中需要包含哪些信息？哪些是基本信息？哪些是生成信息？

系统中的信息包括两类：基本信息和生成信息，如图 5-3 所示。

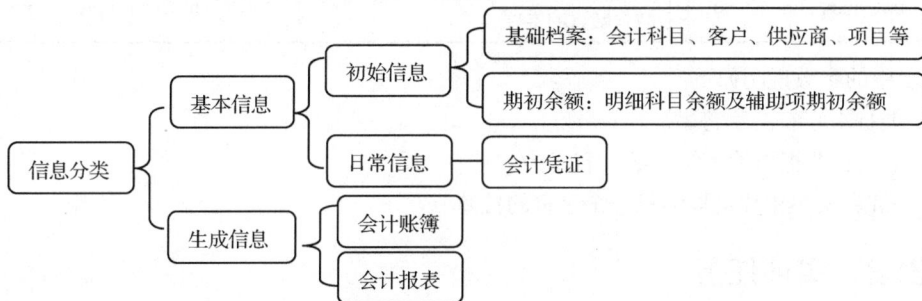

图 5-3　账务系统信息分类

（2）这些信息如何存放？

需要确定的内容如下。

① 用一个工作表的不同单元格区域存放不同的信息，还是用不同的工作表存放不同的信息？

② 每个工作表或单元格区域存放哪些内容？

③ 各个工作表或单元格区域之间的数据关联关系是什么？

考虑到 Excel 在数据管理方面的特点及优势，经过分析，拟在 Excel 账务处理文件中建立"会计凭证及科目余额"工作表用于存放账务处理基本信息，该工作表中存放以下几项内容。

• 各账户期初余额、本期发生额、本年累计发生额和期末余额。

• 科目代码、部门、客户或供应商、项目等基础档案。

• 记录企业日常经济业务发生的会计凭证。

全部会计账簿均可根据"会计凭证及科目余额"工作表（见图 5-8）中的基本信息生成。

① 新建工作簿文件，将其命名为"项目 5 账务处理"。

② 双击 Sheet1 工作表标签，将其命名为"会计凭证及科目余额"。

任务 5.2　账务处理初始设置

5.2.1　基本知识

从图 5-3 中得知，初始信息主要包括会计科目、客户、供应商、项目等各项基础档案及各账户期初余额。

文本函数中有三个函数用于获取字符串中的部分字符，其用法如表 5-2 所示。

表 5-2　获取字符串中部分字符的文本函数

函数名	作用	用法举例
LEFT(text,num_chars)	从文本字符串的第一个字符开始返回指定个数的字符	LEFT("This is an apple",4)=This
RIGHT(text,num_chars)	根据所指定的字符数返回文本字符串中最后一个或多个字符	RIGHT("This is an apple",5)=apple
MID(text, start_num, num_chars)	返回文本字符串中从指定位置开始的特定数目的字符	MID("This is an apple",6,2)=is

表 5-2 中的参数说明如下。

text：要提取字符的字符串。

num_chars：要提取的字符个数，省略为"1"。

start_num：文本中要提取的第一个字符的位置。

5.2.2　实训任务

在"会计凭证及科目余额"工作表中录入账务处理相关初始信息，包括企业常用会计科目及名称、辅助核算信息，如部门、客户或供应商档案等。

在采用手工方式处理会计业务时，直接使用的是会计科目名称。如果采用 Excel 处理会计业务，需要为会计科目进行编码，科目编码将成为会计科目的唯一标识。为了规范会计核算，财政部对一级会计科目的编码和名称进行了统一规定。各单位根据实际情况可以增设明细科目。预留"会计凭证及科目余额"工作表中 A1:J20 单元格区域，用于存放科目编码、科目名称、总账科目、期初余额、本期借方、本期贷方、期末余额及本年累计借方发生额和本年累计贷方发生额。为简化业务处理，仅保留了与背景案例相关的会计科目。如图 5-4 所示。

科目编码	科目名称	总账科目	期初余额	本期借方	本期贷方	期末余额	本年累计借方发生额	本年累计贷方发生额
1001	库存现金	1001	24000.00					
100201	工商银行	1002	300000.00					
100202	兴业银行	1002	50000.00					
1122	应收账款	1122	6000.00					
1405	库存商品	1405	195000.00					
2001	短期借款	2001	-100000.00					
2202	应付账款	2202	-40000.00					
2211	应付职工薪酬	2211						
22210101	进项税额	2221						
22210102	销项税额	2221						
2501	长期借款	2501	-80000.00					
4001	实收资本	4001	-300000.00					
4101	盈余公积	4101	-55000.00					
4103	本年利润	4103						
6001	主营业务收入	6001						
6401	主营业务成本	6401						
6601	销售费用	6601						
6602	管理费用	6602						

辅助核算信息

部门	项目	客户/供应商
办公室	家用吸尘器	顺达公司
销售部	智能机器人	凯越公司
采购部		海天公司
服务部		百货大楼
财务部		

图 5-4　账务初始化信息

（1）科目编码

凭证录入环节所使用的科目必须是末级科目，因此，"科目编码"一列中只存放企业最末级明细科目编码，以便录入凭证时调用。科目编码不需要参与数学运算，因此被定义为文本类型。

（2）总账科目

总账是根据总分类科目提供总括核算资料的一种分类账簿。为了便于日后生成总账，需要设置"总账科目"列。国家规定的一级会计科目编码为四位，依据这一规律，可以利用 Excel 文本函数 LEFT 从科目编码一列轻松提取总账科目。

（3）辅助核算信息

经济业务发生时，在计入会计科目的同时，还需要记录相应的辅助核算信息，如发生应收账款时希望记录到客户，确认销售收入时希望知道是哪个产品带来的收入等，因此需要将这些辅助核算信息也预先建立在初始信息中，以便日后调用。在"会计凭证及科目余额"工作表中的 K2:K7、L2:L4 和 M2:M6 单元格区域中分别输入部门、项目、客户/供应商等相关辅助核算信息。

（4）输入科目期初余额

在"安达公司会计科目及余额表"中，仅设计了一列用于存放各科目的期初余额。为了区别余额方向，可以设定：借方余额用正数表示，贷方余额用负数表示。账务处理系统中所有金额列均保留两位小数。

任务指引

对照图 5-4，建立"安达公司会计科目及余额表"及各项辅助信息。

① 设置标题。在 A1 单元格中输入"安达公司会计科目及余额表"，选择 A1:I1 单元格区域，单击"开始"选项卡中的 合并后居中 按钮。同理，在 K1 单元格中输入"辅助核算信息"，选择 K1:M1 单元格区域，设置合并后居中。

② 录入字段名。在 A2:I2 单元格区域中，依次录入"科目编码、科目名称、总账科目、期初余额、本期借方、本期贷方、期末余额、本年累计借方发生额、本年累计贷方发生额"。在 K2:M2 单元格区域中，依次录入"部门、项目、客户/供应商"。选中行号 2，设置对齐方式为水平居中。

③ 录入科目编码。选择 A3:A20 单元格区域，单击鼠标右键，从快捷菜单中选择"设置单元格格式"命令，打开"设置单元格格式"对话框。单击"数字"选项卡，选择分类为"文本"，单击"确定"按钮返回。录入各科目编码。

提示　Excel 中默认单元格类型为数值型。如果事先不设置 A 列为文本类型，那么在 A 列中输入科目代码前需要先输入"'"。

④ 录入科目名称。准确录入一级科目名称（按照国家会计准则规定）及企业自行定义的明细科目名称。

⑤ 提取总账科目。总账科目用 LEFT 函数从科目编码列中获取。在 C3 单元格输入公式"=LEFT(A3,4)"，并向下填充至 C20 单元格即可。

⑥ 录入期初余额。录入期初余额时，借方余额用正数表示，贷方余额用负数表示。

⑦ 设置金额列格式。选择 D3:I20 单元格区域，单击增加小数位数按钮，设置金额保留两位小数。

⑧ 录入辅助核算内容。在 K 列、L 列、M 列分别录入部门、项目、客户或供应商信息。

任务 5.3　凭证录入及查询

5.3.1　基本知识

凭证录入和查询分属于两种不同性质的工作。凭证录入属于基本信息，而凭证查询属于生成信息。我们来学习与本任务相关的几个查找与引用函数，其函数名和用法如表 5-3 所示。

表 5-3　查找与引用函数

函数名	用法
HLOOKUP(lookup_value, table_array, row_index_num, [range_lookup])	搜索数组区域首行满足条件的元素，确认待检索单元格在单元格区域中的列序号，再进一步返回选定单元格的值。默认情况下，表以升序排序
VLOOKUP(lookup_value, table_array, col_index_num, [range_lookup])	搜索数组区域首列满足条件的元素，确认待检索单元格在单元格区域中的行序号，再进一步返回选定单元格的值。默认情况下，表以升序排序
LOOKUP(lookup_value, lookup_vector, [result_vector])	在单行单元格区域或单列单元格区域中查找值，然后返回第二个单行单元格区域或单列单元格区域中相同位置的值

以 HLOOKUP 函数为例进行函数参数说明。

lookup_value：必需。要在表格的第一行中查找的值。

table_array：必需。在其中查找数据的信息表。如果 range_lookup 为 TRUE，则 table_array 的第一行的数值必须按升序排列，否则，HLOOKUP 函数不能给出正确的数值；如果 range_lookup 为 FALSE，则 table_array 不必进行排序。

row_index_num：必需。是 table_array 中将返回匹配值的行号。

range_lookup：可选。一个逻辑值，指定希望 HLOOKUP 函数查找精确匹配值还是近似匹配值。如果为 TRUE 或省略，则返回近似匹配值。换言之，如果找不到精确匹配值，则返回小于 lookup_value 的最大值。如果为 FALSE，则 HLOOKUP 函数将查找精确匹配值。如果找不到精确匹配值，则返回错误值 #N/A。

1．凭证录入

会计凭证是记录经济业务，明确经济责任的书面证明，是登记账簿的依据。"项目 5 账务处理"工作簿中设置了专门用于记录会计凭证的工作表——"会计凭证及科目余额"工作表，其中第 25 行设置了用于存放会计凭证各项信息的字段，分别为：凭证号、日期、摘要、总账科目、科目代码、科目名称、借方、贷方、数量、单价、客户/供应商、部门、项目，共 13 列，如图 5-8 所示。

会计凭证是账务处理的唯一数据来源，因此，为了保证凭证各项信息输入正确，需要尽可能利用 Excel 中提供的功能进行数据输入的正确性控制。

【动手练 5-1】录入安达公司 2021 年 1 月会计凭证。

（1）在第 25 行输入会计凭证各字段名并设置加粗及水平居中对齐

在 A25:M25 单元格区域中，依次录入"凭证号、日期、摘要、总账科目、科目代码、科目名称、借方、贷方、数量、单价、客户/供应商、部门、项目"。

单击行号 25，单击"开始"选项卡中的加粗按钮 **B**、水平居中按钮 ≡。

（2）凭证号

选择 A26:A64 单元格区域，单击鼠标右键，从快捷菜单中选择"设置单元格格式"命令，打开"设置单元格格式"对话框。单击"数字"选项卡，选择分类为"文本"，单击"确定"按钮返回。

（3）日期

选择 B26:B64 单元格区域，单击鼠标右键，从快捷菜单中选择"设置单元格格式"命令，打开"设置单元格格式"对话框。单击"数字"选项卡，选择分类为"日期"，默认日期格式为"2012/3/14"，单击"确定"按钮返回。

（4）科目代码

设置的科目代码只能来源于"安达公司会计科目及余额表"中的"科目编码"列。

① 选择 E26 单元格，选择"数据"|"数据验证"命令，打开"数据验证"对话框。

② 在"设置"选项卡中的"允许"下拉列表中选择"序列"，在"来源"文本框中选择科目编码所在 A3:A20 单元格区域，系统自动以绝对地址形式显示，如图 5-5 所示。

③ 在"出错警告"选项卡中，设置输入无效数据时系统提示的出错警告，如图 5-6 所示。

图 5-5　设置科目代码数据验证

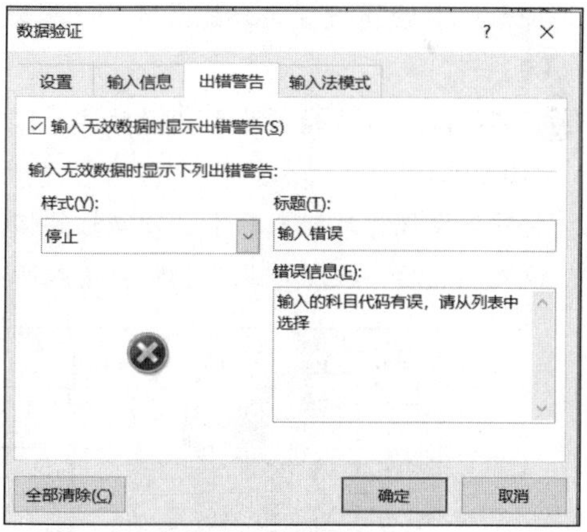

图 5-6　设置出错警告

④ 单击"确定"按钮，E26 单元格旁边出现下拉箭头，列表框中列示所有科目代码，只能从中选择或输入列表中已有的科目编码，否则系统将提示出错警告信息。

⑤ 拖动 E26 单元格右下角的填充柄将该单元格设置的数据验证复制到 E27:E64 单元格区域。

也可以先选定要设置的单元格区域，再设置数据验证，这样设置好之后就不用复制了。

同理，总账科目仍然用 LEFT 函数从科目代码中获取。

（5）科目名称

设置的科目名称根据科目代码从"安达公司会计科目及余额表"中自动获取。

① 选择 F26 单元格，选择"公式"|"插入函数"命令，在"查找与引用"分类中选择

VLOOKUP 函数，打开"函数参数"对话框。

② 设置各项参数，如图 5-7 所示。其中 Lookup_value 是需要在 Table_array 首列中进行搜索的值；Col_index_num 标明了满足条件的单元格在 Table_array 中的列序号。

③ 单击"确定"按钮，F26 单元格中返回值为"#N/A"，表示在函数或公式中没有可用数值。本例中是因为 E26 单元格暂时为空造成的。

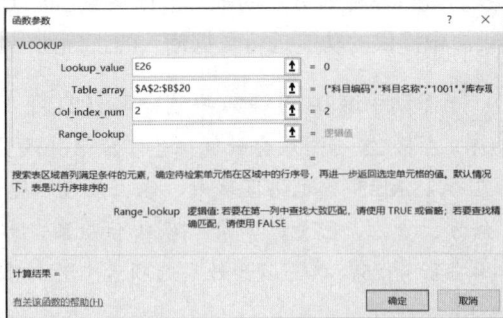

函数参数

VLOOKUP

Lookup_value	E26	= 0
Table_array	$A$2:$B$20	= {"科目编码","科目名称";"1001",…库存现…}
Col_index_num	2	= 2
Range_lookup		= 逻辑值

搜索表区域首列满足条件的元素，确定待检索单元格在区域中的行序号，再进一步返回选定单元格的值。默认情况下，表是以升序排序的。

Range_lookup 逻辑值：若要在第一列中查找大致匹配，请使用 TRUE 或省略；若要查找精确匹配，请使用 FALSE

计算结果：

有关该函数的帮助(H)   确定   取消

图 5-7 用 VLOOKUP 函数根据科目代码获得科目名称

想一想

■ 为什么 A2:B20 单元格区域要用绝对地址引用方式？而 E26 单元格用相对地址引用方式？

---

④ 将 F26 单元格中的公式复制到 F27:F64 单元格区域。

（6）借方、贷方、单价

将借方、贷方、单价设置为保留两位小数。

（7）数量

将数量设置为保留整数即可。

（8）客户/供应商

将客户/供应商设置为只能来源于"辅助核算信息"M3:M6 单元格区域。

（9）部门

将部门设置为只能来源于"辅助核算信息"K3:K7 单元格区域。

（10）项目

将项目设置为只能来源于"辅助核算信息"L3: L4 单元格区域。

设置完成后，按照企业背景资料输入所有凭证，如图 5-8 所示。

凭证号	日期	摘要	总账科目	科目代码	科目名称	借方	贷方	数量	单价	客户/供应商	部门	项目
1	2021/1/3	从工行提现金	1001	1001	库存现金	3000.00						
1	2021/1/3	从工行提现金	1002	100201	工商银行		3000.00					
2	2021/1/6	采购家用吸尘器	1405	1405	库存商品	30000.00		100	300.00			家用吸尘器
2	2021/1/6	采购家用吸尘器	2221	22210101	进项税额	3900.00						
2	2021/1/6	采购家用吸尘器	1002	100201	工商银行		33900.00					
3	2021/1/8	发放职工工资	2211	2211	应付职工薪酬	38000.00						
3	2021/1/8	发放职工工资	1002	100201	工商银行		38000.00					
4	2021/1/10	购买办公用品	6602	6602	管理费用	260.00					办公室	
4	2021/1/10	购买办公用品	6602	6602	管理费用	150.00					财务部	
4	2021/1/10	购买办公用品	1001	1001	库存现金		410.00					
5	2021/1/12	用工行支票偿还欠款	2202	2202	应付账款	17000.00				凯越公司		
5	2021/1/12	用工行支票偿还欠款	1002	100201	工商银行		17000.00					
6	2021/1/15	销售产品	1002	100201	工商银行	117520.00						
6	2021/1/15	销售产品	6001	6001	主营业务收入		104000.00	260	400.00			家用吸尘器
6	2021/1/15	销售产品	2221	22210102	销项税额		13520.00					
7	2021/1/18	销售产品	1122	1122	应收账款	166788.00				百货大楼		
7	2021/1/18	销售产品	6001	6001	主营业务收入		147600.00	82	1800.00			智能机器人
7	2021/1/18	销售产品	2221	22210102	销项税额		19188.00					
8	2021/1/20	报销交通费	6601	6601	销售费用	500.00						
8	2021/1/20	报销交通费	6602	6602	管理费用	300.00					办公室	
8	2021/1/20	报销交通费	1001	1001	库存现金		800.00					
9	2021/1/25	计提职工工资	6601	6601	销售费用	20000.00						
9	2021/1/25	计提职工工资	6602	6602	管理费用	8000.00					办公室	
9	2021/1/25	计提职工工资	6602	6602	管理费用	7000.00					财务部	
9	2021/1/25	计提职工工资	6602	6602	管理费用	6000.00					采购部	
9	2021/1/25	计提职工工资	6602	6602	管理费用	3000.00					服务部	
9	2021/1/25	计提职工工资	2211	2211	应付职工薪酬		44000.00					
10	2021/1/28	结转销售成本	6401	6401	主营业务成本	110700.00		82	1350.00			智能机器人
10	2021/1/28	结转销售成本	6401	6401	主营业务成本	78000.00		260	300.00			家用吸尘器
10	2021/1/28	结转销售成本	1405	1405	库存商品		110700.00	82	1350.00			智能机器人
10	2021/1/28	结转销售成本	1405	1405	库存商品		78000.00	260	300.00			家用吸尘器
11	2021/1/31	结转收入	6001	6001	主营业务收入	147600.00						智能机器人
11	2021/1/31	结转收入	6001	6001	主营业务收入	104000.00						家用吸尘器
11	2021/1/31	结转收入	4103	4103	本年利润		251600.00					
12	2021/1/31	结转成本	4103	4103	本年利润	233910.00						
12	2021/1/31	结转成本	6401	6401	主营业务成本		110700.00					智能机器人
12	2021/1/31	结转成本	6401	6401	主营业务成本		78000.00					家用吸尘器
12	2021/1/31	结转成本	6602	6602	管理费用		24710.00					
12	2021/1/31	结转成本	6601	6601	销售费用		20500.00					

图 5-8 "会计凭证及科目余额"工作表

2. 凭证查询

对于存储在 Excel 中的数据，可以实现多维度的查询。可以按单个字段查询，如按凭证号查询、按凭证日期查询；可以设置组合条件查询，如查询用库存现金支出在 500 元以上的凭证；还可以设置模糊查询，如查询摘要中含"收入"两个字的凭证等。

5.3.2　实训任务

任务下达

根据图 5-8 所示的"会计凭证及科目余额"工作表，按以下条件查询凭证。

（1）查询 2021 年 1 月上旬的凭证。

（2）查询用库存现金支付的金额在 500 元以上的凭证。

（3）查询摘要中含"费"字的凭证。

任务解析

会计凭证是按照标准的数据单形式建立的，因此，可以利用筛选功能实现按给定条件查询凭证。

任务指引

将鼠标光标定位在"会计凭证及科目余额"工作表中的任何一个单元格。选择"数据"｜"筛选"命令，此时工作表字段名旁出现下拉箭头，表示进入自动筛选状态。

（1）查询 2021 年 1 月 1 日—1 月 15 日的凭证

① 单击"日期"列筛选按钮，从"日期筛选"项中选择"介于"或者最下面的"自定义筛选"命令，如图 5-9 所示，打开"自定义自动筛选方式"对话框。

② 设置显示"日期在 2021/1/1 之后或与之相同"并且"日期在 2021/1/16 之前"的记录，如图 5-10 所示。

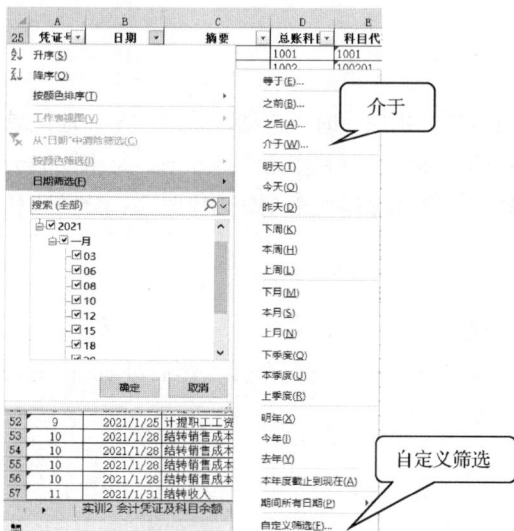

图 5-9　日期筛选

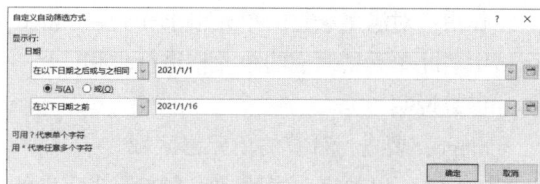

图 5-10　设置自定义筛选条件

③ 单击"确定"按钮，屏幕上就会只显示 2021 年 1 月 1 日—1 月 15 日的凭证。

④ 恢复显示所有记录。

（2）查询用库存现金支付的金额在 500 元以上的凭证

① 单击"科目代码"列筛选按钮，从中选择科目"1001"，屏幕上会显示符合条件的三条记录。

② 单击"贷方"列筛选按钮，选择"数字筛选"中的"大于或等于"项，设置自定义筛选值为"500"，这时，屏幕上只会保留一条符合条件的记录，凭证号为"8"。

（3）查询摘要中含"费"字的凭证

① 单击"摘要"列筛选按钮，从"文本筛选"中选择"包含"项，如图 5-11 所示。打开"自定义自动筛选方式"对话框，设置包含"费"。

② 单击"确定"按钮，筛选结果如图 5-12 所示。

图 5-11　选择"文本筛选"
下的"包含"项

图 5-12　筛选结果

任务 5.4　生成会计账簿

5.4.1　基本知识

会计账簿是由具有一定格式、相互联结的账页所组成的，用来序时、连续、系统、全面地记录和反映一个企业、机关和事业单位等经济活动全部过程的簿籍。设置和登记会计账簿，是重要的会计核算基础工作，是连结会计凭证和会计报表的中间环节。会计账簿按用途分为序时账、分类账和备查账。

知识点：SUMIF(range,criteria,sum_range)函数

作用：对满足条件的单元格求和。在 range 区域找到与 criteria 匹配的单元，然后对 sum_range 区域中与此单元格对应的单元格进行求和。

参数说明：

range：要进行计算的单元格区域。

criteria：以数字、表达式或文本形式定义的条件。

sum_range：求和计算的实际单元格。

【动手练 5-2】某公司销货记录如图 5-13 中的 A1:B10 单元格区域所示。统计 30g 的润肤霜的销量。

动手练 5-2

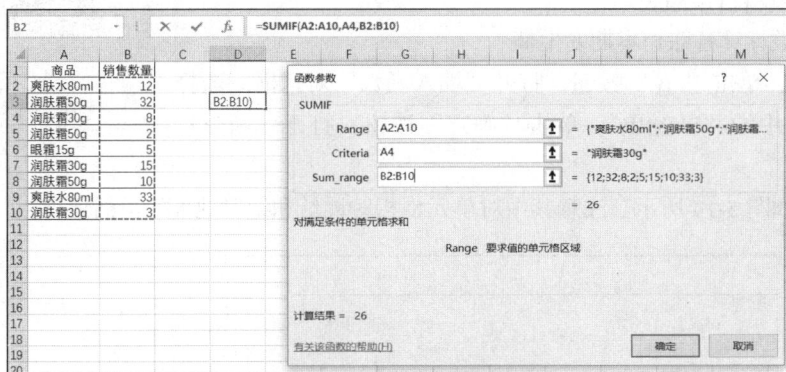

图 5-13　利用 SUMIF 进行销量统计

① 单击要存放销售统计结果的 D3 单元格，单击 "f_x" 按钮，打开 "插入函数" 对话框。

② 选择类别为 "数学与三角函数"，选择函数 "SUMIF"，单击 "确定" 按钮，打开 "函数参数" 对话框。

③ 设置 Range 为 "A2:A10"、Criteria 为 "A4"、Sum_range 为 "B2:B10"，如图 5-13 所示。

④ 单击 "确定" 按钮，即可得到统计结果。

5.4.2　实训任务

任务下达

（1）生成本期发生额及科目余额表。

（2）生成总分类账。

（3）生成明细分类账。

任务解析

（1）科目余额表

科目余额表是基本会计记账表格，一般包括各科目的期初余额、本期发生额和期末余额。科目余额表是编制财务报表的主要数据来源之一。

（2）总分类账

总分类账是根据总分类科目开设账户，用来登记全部经济业务，进行总分类核算，提供总括核算资料的分类账簿。企业在实现信息化办公之后，可以用科目余额表代替总账。

（3）明细分类账

按明细分类账户登记的账簿叫作 "明细分类账"，简称 "明细账"。明细账用于分类登记某一类经济业务，提供有关明细核算资料。明细账按账页格式不同可分为三栏式、数量金额式和多栏式三种形式。下面以生成数量金额式库存商品明细账为例进行介绍。

根据 "会计凭证" 工作表生成明细账有两种方法：一种是利用筛选功能将符合条件的记录筛选出来形成明细账；另外一种是利用数据透视表生成明细账。

1. 生成本期发生额及科目余额表

（1）利用 SUMIF 函数计算各账户本期发生额

① 单击 E3 单元格，单击 "f_x" 按钮，打开 "插入函数" 对话框。选择 "数学与三角函数" 分类中的 "SUMIF"，单击 "确定" 按钮，打开 "函数参数" 对话框。

② 输入各项参数，如图 5-14 所示。注意其中对单元格相对地址和绝对地址的灵活运用。

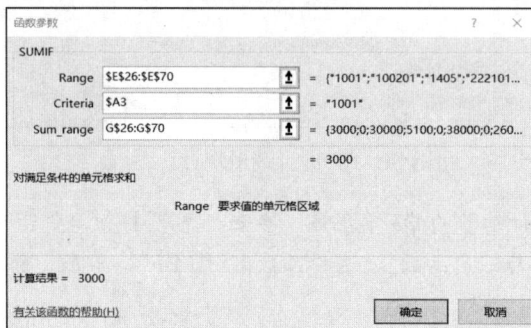

图 5-14　用条件求和函数计算各账户本期发生额

③ 将 E3 单元格公式复制到 F3 单元格。然后选择 E3:F3 单元格区域，拖动填充柄将公式复制到 E20:F20 单元格区域。

（2）计算各明细账户的期末余额

按照科目性质，资产类、成本类余额在借方；负债类、权益类余额在贷方，期间损益结转后损益类科目无余额，计算期末余额时要注意这个规律。

将 G3 单元格公式设置为 "=D3+E3-F3"，并将 G3 单元格中的公式复制到 G4:G20 单元格区域。

计算完成后的科目余额表如图 5-15 所示。

	A	B	C	D	E	F	G	H	I
1				安达公司会计科目余额表					
2	科目编码	科目名称	总账科目	期初余额	本期借方	本期贷方	期末余额	本年累计借方发生额	本年累计贷方发生额
3	1001	库存现金	1001	24000.00	3000.00	1210.00	25790.00	3000.00	1210.00
4	100201	工商银行	1002	300000.00	117520.00	91900.00	325620.00	117520.00	91900.00
5	100202	兴业银行	1002	50000.00	0.00		50000.00	0.00	0.00
6	1122	应收账款	1122	6000.00	166788.00	0.00	172788.00	166788.00	0.00
7	1405	库存商品	1405	195000.00	30000.00	188700.00	36300.00	30000.00	188700.00
8	2001	短期借款	2001	-100000.00	0.00	0.00	-100000.00	0.00	0.00
9	2202	应付账款	2202	-40000.00	17000.00	0.00	-23000.00	17000.00	0.00
10	2211	应付职工薪酬	2211		38000.00	44000.00	-6000.00	38000.00	44000.00
11	22210101	进项税额	2221		3900.00		3900.00	3900.00	0.00
12	22210102	销项税额	2221			32708.00	-32708.00	0.00	32708.00
13	2501	长期借款	2501	-80000.00	0.00		-80000.00	0.00	0.00
14	4001	实收资本	4001	-300000.00	0.00	0.00	-300000.00	0.00	0.00
15	4101	盈余公积	4101	-55000.00			-55000.00	0.00	0.00
16	4103	本年利润	4103		233910.00	251600.00	-17690.00	233910.00	251600.00
17	6001	主营业务收入	6001		251600.00	251600.00	0.00	251600.00	251600.00
18	6401	主营业务成本	6401		188700.00	188700.00	0.00	188700.00	188700.00
19	6601	销售费用	6601		20500.00	20500.00	0.00	20500.00	20500.00
20	6602	管理费用	6602		24710.00	24710.00	0.00	24710.00	24710.00

图 5-15　科目余额表

对于 1 月的科目余额表，可以设置本年累计借方发生额 "H3=E3"；本年累计贷方发生额 "I3=F3"，并将 H3 和 I3 单元格中的公式复制到 H20:I20 单元格区域。

2. 生成总分类账

利用 Excel 中的“数据透视表”功能可以轻松生成总分类账文件。

实训 5-2 生成总分类账

① 将鼠标光标定位在 A2:G20 单元格区域任意一个单元格上，选择“插入”|“数据透视表”命令，打开“创建数据透视表”对话框。

② 选择“新工作表”选项，单击“确定”按钮，打开“数据透视表字段”窗格。

③ 将“总账科目”拖动到“行”标签下，将“期初余额”“本期借方”“本期贷方”“期末余额”拖动到“值”标签下，并确保这几项的运算均为“求和”，如图 5-16 所示。

④ 随着数据透视表布局完成，屏幕上就会生成总分类账，如图 5-17 所示。修改表名为“总分类账”。

图 5-16 数据透视表布局

	A	B	C	D	E
1					
2					
3	行标签	求和项:期初余额	求和项:本期借方	求和项:本期贷方	求和项:期末余额
4	1001	24000	3000	1210	25790
5	1002	350000	117520	91900	375620
6	1122	6000	166788	0	172788
7	1405	195000	30000	188700	36300
8	2001	-100000	0	0	-100000
9	2202	-40000	17000	0	-23000
10	2211		38000	44000	-6000
11	2221		3900	32708	-28808
12	2501	-80000	0	0	-80000
13	4001	-300000	0	0	-300000
14	4101	-55000	0	0	-55000
15	4103		233910	251600	-17690
16	6001		251600	251600	0
17	6401		188700	188700	0
18	6601		20500	20500	0
19	6602		24710	24710	0
20	总计	0	1095628	1095628	0

图 5-17 生成总分类账

3. 生成明细分类账

可以利用筛选功能根据会计凭证记录生成明细分类账，也可以利用数据透视表功能生成明细分类账。

实训 5-3 利用筛选功能生成库存商品明细账

（1）利用筛选功能生成库存商品明细账

① 利用自动筛选功能生成库存商品明细账

单击“科目代码”旁的筛选按钮，从中选择“1405”，即生成库存商品明细账，如图 5-18 所示。

	A	B	C	D	E	F	G	H	I	J	K	L	M
25	凭证号	日期	摘要	总账科目	科目代码	科目名称	借方	贷方	数量	单价	客户/供应	部门	项目
28	2	2021/1/6	采购家用吸尘器	1405	1405	库存商品	30000.00		100	300.00			家用吸尘器
55	10	2021/1/28	结转销售成本	1405	1405	库存商品		110700.00	82	1350.00			智能机器人
56	10	2021/1/28	结转销售成本	1405	1405	库存商品		78000.00	260	300.00			家用吸尘器

图 5-18 利用自动筛选功能生成库存商品明细账

② 利用高级筛选功能生成库存商品明细账

如果我们希望筛选出特定的字段或者将生成的明细账单独形成一个区域，就要使用高级筛选功能。

a. 构建高级筛选的条件。将“会计凭证”数据单中的“科目代码”字段名复制到 A72 单元格。在 A73 单元格中输入库存商品的科目代码“1405”。这样在 A72:A73 单元格区域中就建好了高

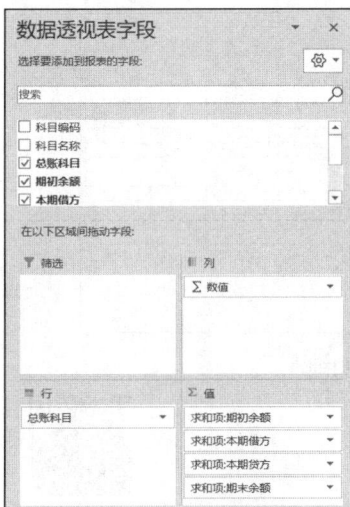

级筛选的条件。

b. 指定筛选的内容及排列次序。将"会计凭证"数据单中的"日期、凭证号、摘要、数量、单价、借方、贷方"几个字段名复制到 A75:G75 单元格区域。

c. 将鼠标光标定位在"会计凭证及科目余额表"数据单中任一单元格上，选择"数据"|"高级"命令，打开"高级筛选"对话框。输入各项参数，如图 5-19 所示。

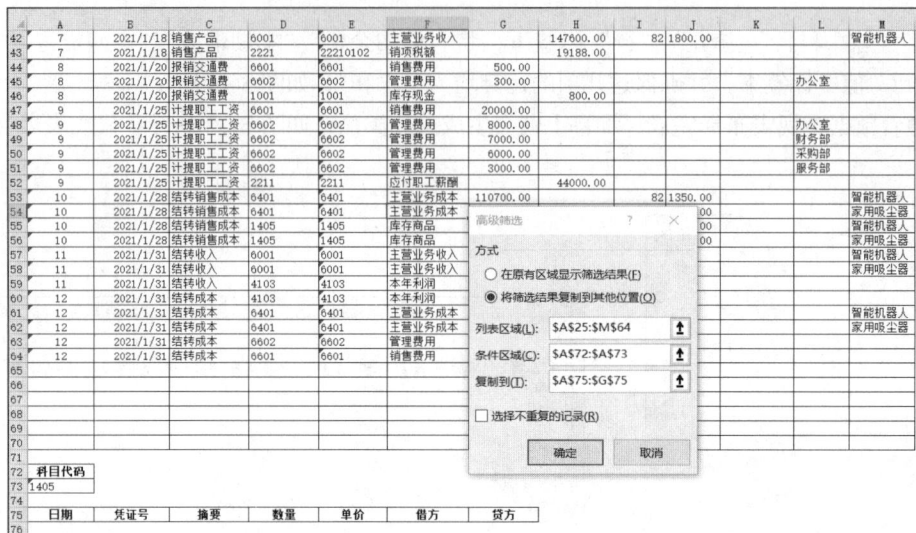

图 5-19　利用高级筛选功能生成库存商品明细账

d. 单击"确定"按钮，即可生成库存商品明细账。

（2）利用数据透视表生成库存商品明细账

① 选择"插入"|"数据透视表"命令，数据透视表布局内容如图 5-20 所示。

② 生成的库存商品明细账如图 5-21 所示。

实训 5-4　利用数据透视表生成库存商品明细账

图 5-20　利用数据透视表生成库存商品
明细账布局

图 5-21　生成的库存商品明细账

本项目知识点总结

本项目介绍了 Excel 以下知识点。

- Excel 文本函数：LEFT、RIGHT、MID
- Excel 查找函数：HLOOKUP、VLOOKUP、LOOKUP
- Excel 条件求和函数：SUMIF
- 数据验证
- 数据管理：自动筛选、高级筛选、数据透视表

通关测试

深圳思科公司为增值税一般纳税人，增值税税率为 13%，所得税税率为 25%，材料核算采用先进先出法。相关信息如下。

1. 账户设置及期初余额

详见通关测试 5-1 中的"会计科目及余额表"，该公司原材料期初库存量为 500 吨。

2. 2021 年 1 月发生以下经济业务

（1）2 日，购入原材料 160 吨，用工行存款支付货款 160000 元、进项税额 20800 元，材料未到。

借：在途物资	160000	
应交税费——应交增值税（进项税额）	20800	
贷：银行存款——工行		180800

（2）3 日，收到材料 110 吨，已验收入库，材料成本为 110000 元，货款已于上月支付。

借：原材料	110000	
贷：在途物资		110000

（3）4 日，用工行的银行汇票支付材料价款，该公司收到开户银行转来的银行汇票多余款收账通知，通知上填写的多余款为 232 元，购入材料 99800 元，支付的增值税税额为 12974 元，原材料已验收入库。

借：原材料	99800	
应交税费——应交增值税（进项税额）	12974	
银行存款——工行	232	
贷：其他货币资金——银行汇票		113006

（4）5 日，基本生产领用原材料 600 吨，领用计入产品成本的低值易耗品 50000 元。

借：生产成本——基本生产成本	700000	
贷：原材料		650000
低值易耗品		50000

（5）6 日，向龙华公司销售产品一批，价款为 300000 元，销项税额为 39000 元。货已发出，款未收到（本批产品实际成本为 180000 元，月末结转）。

79

借：应收账款——龙华公司   339000

    贷：主营业务收入   300000

      应交税费——应交增值税（销项税额）   39000

（6）7 日，该公司将交易性金融资产 25000 元卖出，收回本金 25000 元，投资收益 5000 元，均存入工行。

借：银行存款——工行   30000

    贷：交易性金融资产   25000

      投资收益   5000

（7）11 日，归还短期借款本金 150000 元，当月利息为 2500 元，用工行存款支付。

借：短期借款   150000

   财务费用   2500

    贷：银行存款——工行   152500

（8）14 日，分配工资费用 300000 元。其中，生产工人工资 275000 元，车间管理人员工资 10000 元，行政管理人员工资 15000 元。

借：生产成本——基本生产成本   275000

   制造费用   10000

   管理费用   15000

    贷：应付职工薪酬——工资   300000

（9）16 日，销售产品一批，价款为 700000 元，销项税额为 91000 元，货款已收到并存入工行（本批产品实际成本为 420000 元，月末结转）。

借：银行存款——工行   791000

    贷：主营业务收入   700000

      应交税费——应交增值税（销项税额）   91000

（10）18 日，计提折旧 95000 元。其中，计入制造费用 75000 元，计入管理费用 20000 元。

借：制造费用   75000

   管理费用   20000

    贷：累计折旧   95000

（11）31 日，结转制造费用。

借：生产成本——基本生产成本   85000

    贷：制造费用   85000

（12）31 日，结转完工产品成本 1060000 元。

借：库存商品   1060000

    贷：生产成本——基本生产成本   1060000

（13）31 日，结转本月销售成本 600000 元。

借：主营业务成本   600000

    贷：库存商品   600000

（14）31 日，结转本月损益。

借：主营业务收入   1000000

   投资收益   5000

    贷：本年利润   1005000

借：本年利润   637500
    贷：主营业务成本   600000
        管理费用   35000
        财务费用   2500

要求：

为思科公司设计一套账套处理系统，对日常发生的经济业务进行详细记录，并以此为基础，实现对经济业务的查询生成总账和各类明细账。

项目 6 Excel 在报表编制及汇总中的应用

项目目标

学会利用 Excel 编制对外财务报告

学会利用 Excel 编制内部管理报表

学会利用 Excel 进行报表汇总

任务 6.1 编制对外财务报告

6.1.1 基本知识

会计报表包括对外财务报告和对内管理报表。对外财务报告主要包括资产负债表、利润表、现金流量表和所有者权益变动表。

1. 资产负债表

资产负债表中主要包括各总账科目的期末余额和年初余额。可以从已经生成的会计科目余额表中获取数据。

【动手练 6-1】 报表编制数据准备。

（1）新建工作簿文件，并将其命名为"项目 6 报表编制"。

（2）将项目 5 中的"会计凭证及科目余额"表复制到"项目 6 报表编制"工作簿中。

① 打开"项目 5 账务处理"工作簿，选中"实训 4 计算本期发生额及余额"表，单击鼠标右键，从快捷菜单中选择"移动或复制"命令，打开"移动或复制工作表"对话框。

动手练 6-1

② 在"工作簿"下拉列表中，选择已创建的"项目 6 报表编制"，选择位置在 Sheet1 工作表之前，选中"建立副本"复选框，如图 6-1 所示。

③ 单击"确定"按钮，将"项目 5 账务处理"文件中的"实训 4 计算本期发生额及余额"表复制到"项目 6 报表编制"文件中。

④ 双击"项目 6 报表编制"文件中的"实训 4 计算本期发生额及余额"工作表标签，将其命名为"动手练 6-1 会计凭证及科目余额"。

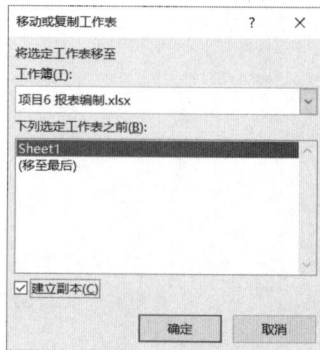

图 6-1 复制工作表

【动手练 6-2】 完成资产负债表中流动资产部分期末余额的编制。

（1）建立资产负债表报表模板

① 双击 Sheet1 工作表，修改工作表名称为"资产负债表"。

② 按照国家会计制度规定，建立资产负债表基本格式，如图 6-2 所示。

（2）定义货币资金的期末余额

货币资金的期末余额的计算公式为：

货币资金的期末余额=库存现金科目期末余额+银行存款科目期末余额+其他货币资金科目期末余额

① 单击 B5 单元格，单击∑自动求和按钮，此时 B5 单元格中显示"SUM()"，且鼠标光标停留在 SUM 参数位置。

② 单击"动手练 6-1 会计凭证及科目余额"表，选中 G3:G5 单元格区域，此时编辑栏中显示"=SUM('动手练 6-1 会计凭证及科目余额'!G3:G5)"。

③ 单击 ✔确认，B5 单元格中出现货币资金期末数计算结果。

（3）定义应收账款的期末余额

① 单击 B8 单元格，单击"实训 6-1 会计凭证及科目余额"表，选中 G3 单元格。

② 单击"动手练 6-1 会计凭证及科目余额"表，选中 G6 单元格，此时编辑栏中显示"='动手练 6-1 会计凭证及科目余额'!G6"，单击 ✔确认。

（4）定义流动资产合计的期末余额

单击 B15 单元格，单击∑自动求和按钮，选择 B5:B14 单元格区域，单击 ✔确认。

（5）同理，完成流动资产部分其他项目期末余额的编制。

	A	B	C	D	E	F
1			资　产　负　债　表			
2	编制单位：安达有限责任公司		2021年1月31日			单位：元
3	资产	期末余额	年初余额	负债及所有者权益	期末余额	年初余额
4	流动资产			流动负债		
5	货币资金	400210		短期借款		
6	交易性金融资产			应付票据		
7	应收票据			应付账款		
8	应收账款	172788		预收款项		
9	预付账款			应付职工薪酬		
10	应收股利			应交税费		
11	其他应收款			应付利息		
12	存货			应付股利		
13	一年内到期的非流动资产			其他应付款		
14	其他流动资产			一年内到期的非流动负债		
15	流动资产合计	572998		其他流动负债		

图 6-2　资产负债表的编制

2．利润表

利润表中主要包括本期金额和上期金额，本期金额同样可以从"动手练 6-1 会计凭证及科目余额"表中轻松获得。

6.1.2　实训任务

任务下达

编制安达公司现金流量表。

任务解析

在项目 5 安达公司的账务处理系统设计中，并没有考虑编制现金流量表的需求。为了获得编制现金流量表的数据，需要在凭证录入环节对涉及现金流量的科目确定现金流量表对应的项目归属。

任务指引

（1）相关设置

① 在“动手练 6-1 会计凭证及科目余额”表中 N2:N22 单元格区域输入现金流量各明细项目。

② 在会计凭证中增加“现金流量项目”列。在“动手练 6-1 会计凭证及科目余额”表 N25 单元格中输入“现金流量项目”。

③ 选择 N26 单元格，选择“数据”|“数据验证”命令，打开“数据验证”对话框。设置允许“序列”，来源对应选择 N3:N22 单元格区域，如图 6-3 所示。单击“确定”按钮返回。

④ 选中 N2 单元格填充柄，向下填充到 N27:N64 单元格区域。

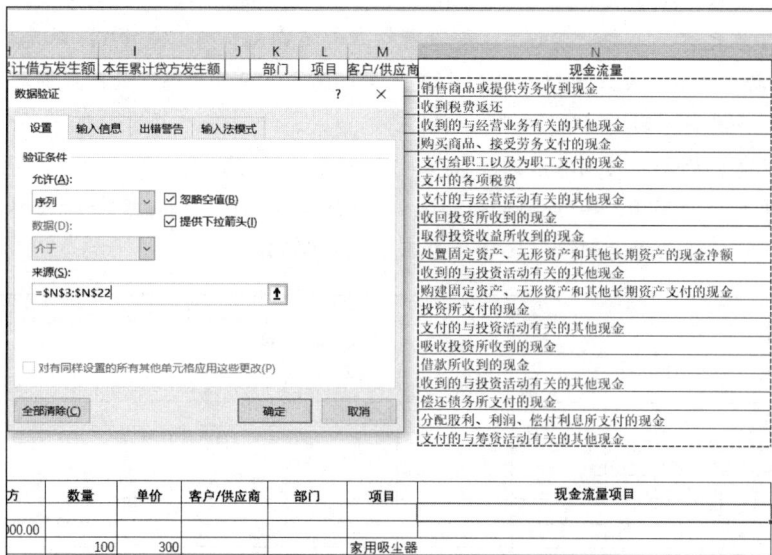

图 6-3　为现金流量项目一列设置数据验证

（2）补充录入日常业务现金流量

① 筛选出会计凭证记录中涉及现金流量的业务。将鼠标光标放置于会计凭证记录中的任何一个单元格中，选择“数据”|“筛选”命令，这时字段名旁边出现自动筛选箭头。

② 单击“总账科目”字段筛选按钮展开筛选条件，去掉“全选”标记，只选择“1001”和“1002”选项，单击“确定”按钮，将涉及现金流量的业务筛选出来。

③ 选择 N30 单元格，从下拉列表中选择“购买商品、接受劳务支付的现金”，同理选择其他业务的现金流量项目，完成后如图 6-4 所示。

	A	B	C	D	E	F	G	H	I	J	K	L	M	N
25	凭证号	日期	摘要	总账科目	科目代码	科目名称	借方	贷方	数量	单价	客户/供应	部门	项目	现金流量项目
26	1	2021/1/3	从工行提现金	1001	1001	库存现金	3000.00							
27	1	2021/1/3	从工行提现金	1002	100201	工商银行		3000.00						
30	2	2021/1/6	采购家用吸尘器	1002	100201	工商银行		33900.00						购买商品、接受劳务支付的现金
32	3	2021/1/8	发放职工工资	1002	100201	工商银行		38000.00						支付给职工以及为职工支付的现金
35	4	2021/1/10	购买办公用品	1001	1001	库存现金		410.00						支付的与经营活动有关的其他现金
37	5	2021/1/12	用工行支票偿还欠	1002	100201	工商银行		17000.00						购买商品、接受劳务支付的现金
38	6	2021/1/15	销售产品	1002	100201	工商银行	117520.00							销售商品或提供劳务收到现金
46	8	2021/1/20	报销交通费	1001	1001	库存现金		800.00						支付的与经营活动有关的其他现金

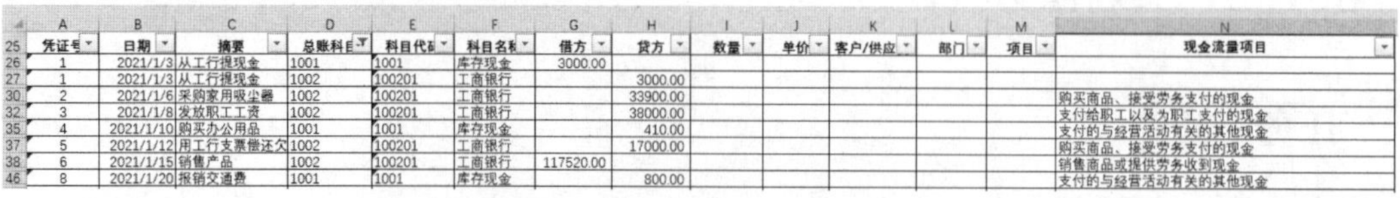

图 6-4　补充输入现金流量项目

提示

“从工行提现金”业务既涉及现金流入，同时也涉及现金流出，可以不做记录。

（3）生成现金流量表

① 选择“插入”|“数据透视表”命令，打开“创建数据透视表”对话框。单击“确定”按钮，打开“数据透视表字段”窗格。

② 将“现金流量项目”拖曳到“行”标签下，将“借方”和“贷方”拖曳到“值”标签下，生成数据透视表，如图 6-5 所示。

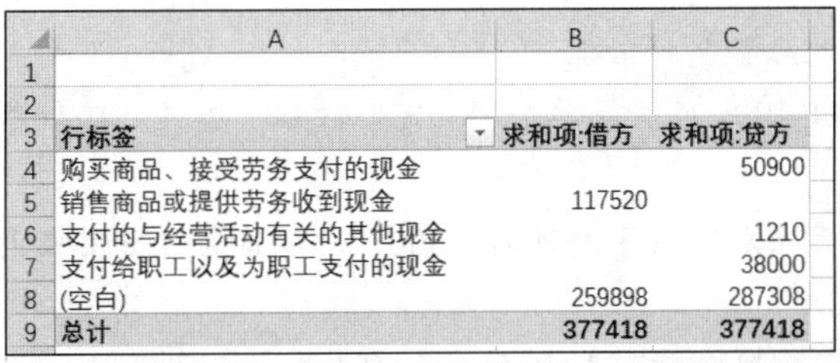

	A	B	C
1			
2			
3	行标签	求和项:借方	求和项:贷方
4	购买商品、接受劳务支付的现金		50900
5	销售商品或提供劳务收到现金	117520	
6	支付的与经营活动有关的其他现金		1210
7	支付给职工以及为职工支付的现金		38000
8	(空白)	259898	287308
9	总计	377418	377418

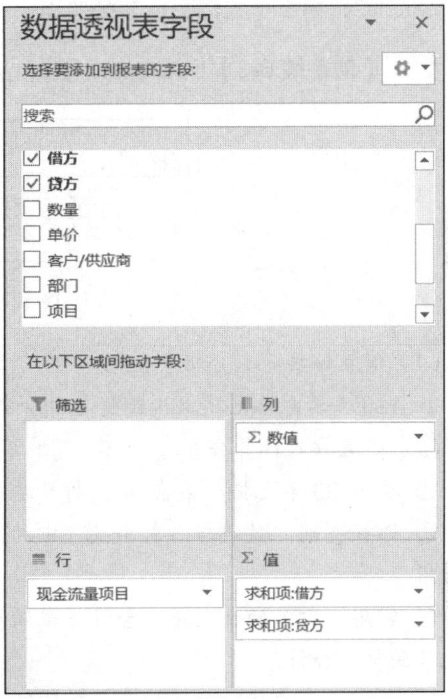

图 6-5 利用数据透视表生成现金流量表

当然也可以设计正规的现金流量表格式然后再取数生成。

任务 6.2 编制对内管理报表

6.2.1 基本知识

对内管理报表是企业内部管理层需要的各个视角的分析报表。编制管理报表的目的是根据企业管理层的需求对企业经营管理的方方面面进行专项分析，以发现管理中的问题，提高企业管理水平。销售毛利分析表用于分析企业的毛利是哪些产品贡献的；部门费用汇总表用于分析企业的费用都发生在哪些部门，是否有压缩空间。

在编制内部管理报表时，有时会用到多条件求和函数 SUMIFS。

SUMIFS(sum_range,criteria_range1,criteria1,[criteria_range2, criteria2], …)

多条件求和函数

作用：对一组给定条件指定的单元格求和。

参数说明：

sum_range：求和的实际单元格。

criteria_range1：第 1 个条件所在单元格区域。

criteria1：第 1 个关键字，可以是数字、表达式或文本。

criteria_range2：第 2 个条件所在单元格区域，非必要项。

criteria2：第 2 个关键字，非必要项。

【**动手练 6-3**】根据安达公司会计凭证记录，编制销售毛利分析表。参考结果如图 6-6 所示。

	A	B	C	D
1		销售毛利分析表		
2		收入	成本	毛利
3	家用吸尘器	104000	78000	26000
4	智能机器人	147600	110700	36900
5	合　计	251600	188700	62900

图 6-6　销售毛利分析表

（1）建立销售毛利分析表框架

在 A1:D5 单元格区域录入销售毛利分析表各个项目。

（2）设置收入计算公式

① 单击 B3 单元格，单击 *fx*，打开"插入函数"对话框。

② 选择类别"数学与三角函数"中的 SUMIFS 函数，单击"确定"按钮，打开"函数参数"对话框。

③ 家用吸尘器的收入是"会计凭证及科目余额"表中科目为"6001"，项目为"家用吸尘器"的记录的贷方合计。

Sum_range：选择"动手练 6-1 会计凭证及科目余额"表中的 H26:H64 单元格区域。

Criteria_range1：选择"动手练 6-1 会计凭证及科目余额"表中的 D26:D64 单元格区域。

Criteria1：选择"动手练 6-1 会计凭证及科目余额"表中的 D57 单元格。

Criteria_range2：选择"动手练 6-1 会计凭证及科目余额"表中的 M26:M64 单元格区域。

Criteria2：选择"动手练 6-1 会计凭证及科目余额"表中的 M56 单元格。

为方便将 B3 单元格中的公式复制到 B4 单元格，需要将 SUMIF 中的前 4 个参数设置为绝对地址表示形式，完成后如图 6-7 所示。

④ 单击"确定"按钮，B3 单元格中返回 104000。

⑤ 将 B3 单元格公式复制到 B4 单元格，即可求得智能机器人收入。

（3）设置成本计算公式

成本同样利用 SUMIFS 函数获取，与图 6-7 所示的参数设置不同的是第 3 个参数不再选择 D57 单元格，而是选择销售成本所在的单元格，如 D53 单元格即可。

（4）设置毛利计算公式

① 单击 D3 单元格，输入"=B3-C3"。

② 将 D3 单元格中的公式复制到 D4 单元格。

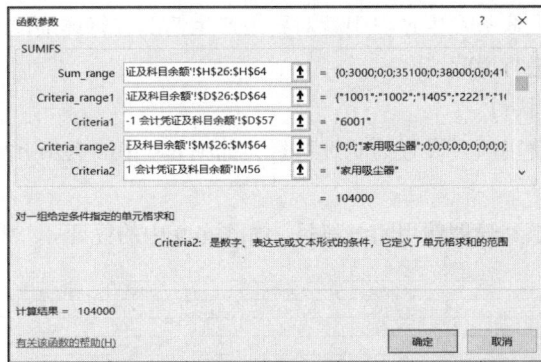

图 6-7 SUMIFS 函数参数设置

（5）设置合计计算公式

选择 B3:D5 单元格区域，单击 ∑ 自动求和按钮。

6.2.2 实训任务

任务下达

编制安达公司本月部门费用汇总表。要求统计本月每个部门各发生多少费用。

任务解析

如果企业管理费用、销售费用、财务费用三项费用居高不下，就有必要仔细分析这些费用到底发生在哪些部门，进而查明原因。

如果想了解管理费用明细，那么可以有两种设计方案：一种是在管理费用科目下按照费用项目设置明细科目；另外一种是将管理费用下的费用明细设置为项目。

任务指引

（1）基于原始数据的部门费用汇总

① 将鼠标光标放置于"动手练 6-1 会计凭证及科目余额"表 A25:M64 单元格区域中的任何一处。选择"插入"|"数据透视表"命令，打开"创建数据透视表"对话框，单击"确定"按钮。

② 在"数据透视表字段"布局对话框中，将字段"部门"拖入"行"标签，将字段"借方"拖入"值"标签，单击"确定"按钮，即可生成部门费用汇总表，如图 6-8 所示。

行标签	求和项:借方
办公室	8560
财务部	7150
采购部	6000
服务部	3000
(空白)	1082182
总计	1106892

图 6-8 部门费用汇总表

（2）部门费用分析表

通过图 6-8 所示的部门费用汇总表只能了解到各部门发生的费用总数，但如果想了解各部门各种费用发生情况，还需要在业务发生过程中就对费用产生情况进行详细记录。以下我们采用将费用明细设置为科目的方式来进行说明。

① 增设管理费用明细科目

在管理费用科目下将费用项目设置为明细科目，如图 6-9 中的 A20:B23 单元格区域所示。

② 日常经济业务记录

经济业务发生时，记录到管理费用明细科目，如图 6-9 中的凭证 4、凭证 8 和凭证 9。

19	6601	销售费用	6601		20500	20500	0	20500	20500			
20	660201	工资及福利	6602		24000	24000	0	24000	24000			
21	660202	办公费	6602		410	410	0	410	410			
22	660203	通信费	6602		0	0	0	0	0			
23	660204	交通费	6602		300	300	0	300	300			
24												

25	凭证号	日期	摘要	总账科目	科目代码	科目名称	借方	贷方	数量	单价	客户/供应商	部门	项目
33	4	2021/1/10	购买办公用品	6602	660202	办公费	260.00					办公室	
34	4	2021/1/10	购买办公用品	6602	660202	办公费	150.00					财务部	
45	8	2021/1/20	报销交通费	6602	660204	交通费	300.00					办公室	
48	9	2021/1/25	计提职工工资	6602	660201	工资及福利	8000.00					办公室	
49	9	2021/1/25	计提职工工资	6602	660201	工资及福利	7000.00					财务部	
50	9	2021/1/25	计提职工工资	6602	660201	工资及福利	6000.00					采购部	
51	9	2021/1/25	计提职工工资	6602	660201	工资及福利	3000.00					服务部	
63	12	2021/1/31	结转成本	6602	660201	工资及福利		8000.00				办公室	
64	12	2021/1/31	结转成本	6602	660201	工资及福利		7000.00				财务部	
65	12	2021/1/31	结转成本	6602	660201	工资及福利		6000.00				采购部	
66	12	2021/1/31	结转成本	6602	660201	工资及福利		3000.00				服务部	
67	12	2021/1/31	结转成本	6602	660202	办公费		260.00				办公室	
68	12	2021/1/31	结转成本	6602	660202	办公费		150.00				财务部	
69	12	2021/1/31	结转成本	6602	660204	交通费		300.00				办公室	

图 6-9　设置管理费用明细科目

③ 利用高级筛选功能筛选出管理费用的发生情况

a. 在 A78:B82 单元格区域中构建高级筛选条件，如图 6-10 所示。

b. 选择"数据"|"高级筛选"命令，设置高级筛选各项参数，如图 6-11 所示。

c. 将高级筛选结果放置于 A84:C84 单元格区域。

77		
78	科目名称	借方
79	工资及福利	>0
80	办公费	>0
81	通信费	>0
82	交通费	>0
83		

84	科目名称	借方	部门
85	办公费	260.00	办公室
86	办公费	150.00	财务部
87	交通费	300.00	办公室
88	工资及福利	8000.00	办公室
89	工资及福利	7000.00	财务部
90	工资及福利	6000.00	采购部
91	工资及福利	3000.00	服务部
92			

图 6-10　高级筛选条件及筛选结果

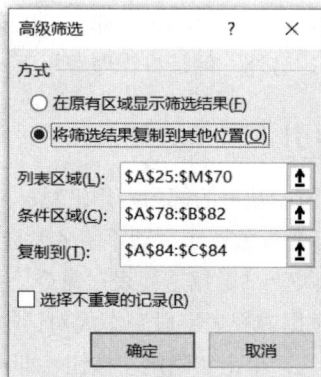

高级筛选

方式
- ○ 在原有区域显示筛选结果(F)
- ● 将筛选结果复制到其他位置(O)

列表区域(L)：$A$25:$M$70

条件区域(C)：$A$78:$B$82

复制到(T)：$A$84:$C$84

☐ 选择不重复的记录(R)

[确定]　[取消]

图 6-11　高级筛选设置

> **提示**
> - 在筛选条件中将管理费用各明细科目放置于不同行，各条件之间是"或"的关系。
> - 在 A84:C84 单元格区域中指定了筛选结果需要保留的字段。

④ 利用数据透视表功能制作管理费用分析表

a. 将鼠标光标放置于 A84:C91 单元格区域，选择"插入"|"数据透视表"命令。

b. 将"科目名称"拖入"行"标签，将"部门"拖入"列"标签，将"借方"拖入"值"标签，完成管理费用分析表的构建，如图 6-12 所示。

求和项:借方	列标签				
行标签	办公室	财务部	采购部	服务部	总计
办公费	260	150			410
工资及福利	8000	7000	6000	3000	24000
交通费	300				300
总计	8560	7150	6000	3000	24710

图 6-12　运用数据透视表生成管理费用分析表

任务 6.3　报表汇总

6.3.1　基本知识

对财务工作者来说，报表汇总是一项经常性工作。Excel 提供了灵活方便的汇总功能，能满足各种情况下报表汇总的需要。

需要汇总的源文件可能存在一个工作簿的不同工作表中，也可能存在不同的工作簿中；既可能是格式相同的报表，也可能是格式不完全相同的报表。

1．格式相同的报表汇总

如果需要汇总的报表格式完全相同，可以采用按位置汇总的方式汇总报表。

（1）对工作簿 1 的 Sheet1 和 Sheet2 工作表进行汇总，放在 Sheet3 工作表上

【动手练 6-4】长风公司下属有北京和上海两个分公司，图 6-13 所示是北京和上海两个分公司一季度的销售情况。汇总两个分公司的销售数据便得到长风公司一季度的汇总销售报表。

	A	B	C	D	E
1	北京分公司销售情况一览表				
2		一月	二月	三月	
3	A产品	2,200	3,420	3,248	
4	B产品	3,100	5,240	5,232	
5	C产品	1,980	3,653	3,333	
6	D产品	2,450	2,434	3,500	
7					

Sheet1 / Sheet2 / Sheet3

	A	B	C	D	E
1	上海分公司销售情况一览表				
2		一月	二月	三月	
3	A产品	3,846	5,800	6,430	
4	B产品	5,013	3,450	2,345	
5	C产品	4,444	4,536	5,432	
6	D产品	2,874	2,342	4,453	
7					

Sheet1 / Sheet2 / Sheet3

图 6-13　分公司销售情况

① 在 Sheet3 工作表的 B3 单元格中输入等号“=”，切换到 Sheet1 工作表，并选定 B3 单元格。

② 在公式编辑栏中输入加号“+”，再切换到 Sheet2 工作表，并选定 B3 单元格。

③ 按<Enter>键后，自动返回到 Sheet3 工作表，并得出计算结果，此时，Sheet3 工作表中 B3 单元格中的公式为“= Sheet1！B3+ Sheet2！B3”。

④ 利用填充柄将公式复制到其他单元格，即可得到长风公司一季度的汇总销售报表。

（2）将工作簿 1 的 Sheet1～Sheet10 工作表的相应单元格汇总到 Sheet11 工作表上

【动手练 6-5】如果长风公司下属十个分公司，各分公司的销售情况分别放在 Sheet1～ Sheet10 工作表上，要求将各分公司的销售情况汇总到工作表 Sheet11 上。

本例仍然是对格式相同的报表按位置进行汇总，如果还是采用【动手练 6-4】中的方法，Sheet11 工作表 B3 单元格中的公式为 "=Sheet1！B3+ Sheet2！B3+…+ Sheet10！B3"，输入烦琐，方法笨拙。此时可以考虑用求和函数处理。

① 选择 Sheet11 工作表的 B3 单元格，单击 "自动求和" 按钮，系统会自动插入 SUM 函数，鼠标光标停留在括号中的参数栏，如图 6-14 所示。

② 单击 Sheet1 工作表，然后在按住<Shift>键的同时单击 Sheet10 工作表，再单击 B3 单元格，此时编辑栏中的公式显示为 "=SUM(Sheet1:Sheet10!B3)"，如图 6-15 所示。

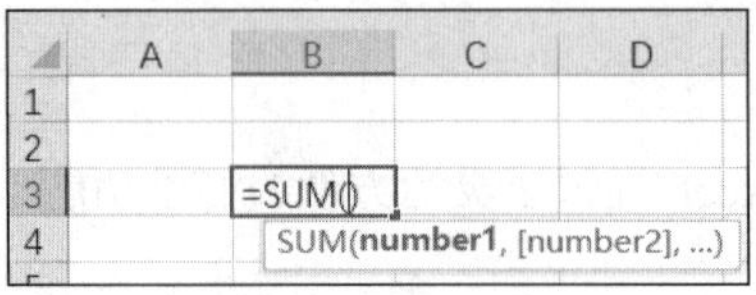

图 6-14　系统自动插入 SUM 函数

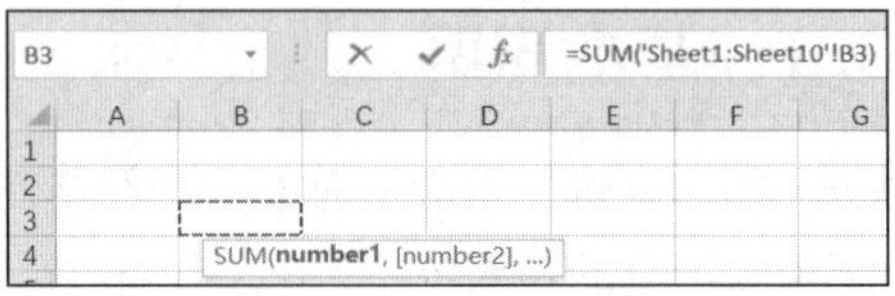

图 6-15　多张表对应单元求和

③ 单击输入键✔，自动返回到 Sheet11 工作表，并得到计算结果。

④ 拖动 B3 单元格填充柄，将公式复制到其他单元格即可。

提示

- Sheet1:Sheet10 实际上是工作表组。

（3）对工作簿 1 的 Sheet1 工作表和工作簿 2 的 Sheet1 工作表进行汇总

如果是对下属分公司的报表进行汇总，一般来说，下属分公司报送的报表是存放在不同的文件中的，汇总时既可以利用移动或复制工作表功能将工作表先归集于一个工作簿中再进行汇总，也可以直接对不同工作簿的工作表进行汇总。

长风公司北京分公司的销售情况放在工作簿 1 的 Sheet1 工作表上，而上海分公司的销售情况放在工作簿 2 的 Sheet1 工作表上，则汇总时，在目标单元格区域中输入等号 "="，切换到工作簿 1 的 Sheet1 工作表上，选定 B3 单元格，然后在公式编辑栏中输入加号 "+"，再切换到工作簿 2 的 Sheet1 工作表上，并选定 B3 单元格，按<Enter>键后，自动得到汇总后的计算结果。此时汇总表 B3 单元格中的公式为 "=[工作簿 1]Sheet1!$B$3+[工作簿 2]Sheet1!$B$3"。

2．格式不同的报表汇总

如果工作表格式不同，则需使用合并计算功能来完成汇总工作。在合并计算中，存放合并计算结果的工作表称为 "目标工作表"，其中接收合并数据的单元格区域称为 "目标区域"，而被合并计算的各个工作表称为 "源工作表"，其中被合并计算的数据区域称为 "源区域"。例如，图 6-16 所示的分别是长风公司下属的北京和上海两个分公司一季度的销售情况，并且各分公司销售的产品种类不尽相同。

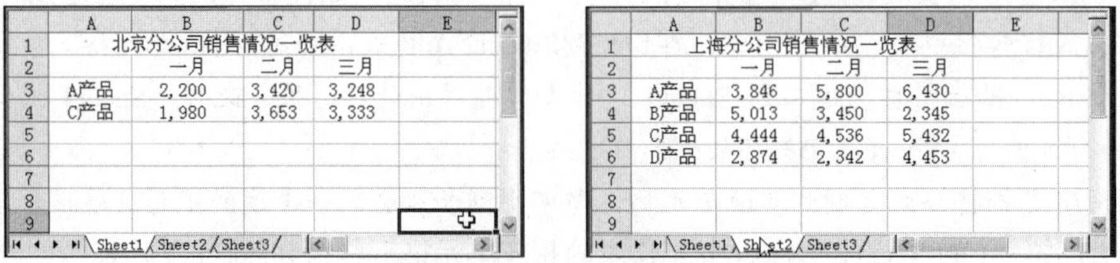

图 6-16　分公司销售情况

【动手练 6-6】按分类汇总。

动手练 6-6

① 选定 Sheet1 工作表，并在 A7 单元格中输入"长风公司一季度销售情况"。

② 单击 A8 单元格，选择"数据"|"合并计算"命令，打开"合并计算"对话框，如图 6-17 所示。

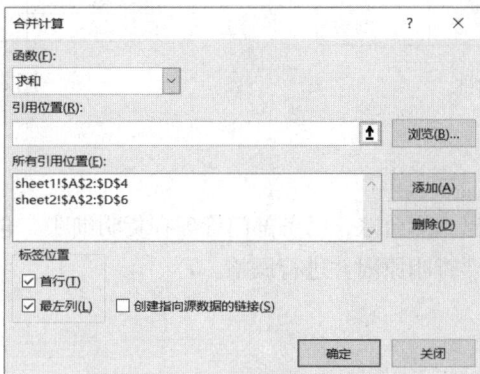

图 6-17　"合并计算"对话框

③ 在"函数"编辑框中，选择"求和"函数为合并计算数据的汇总函数。

④ 在"引用位置"编辑框中，选择 Sheet1 工作表中的 A2:D4 单元格区域。然后单击"添加"按钮，在"引用位置"编辑框中，选择 Sheet2 工作表中的 A2:D6 单元格区域。

⑤ 选中"标签位置"下的"首行"复选框和"最左列"复选框，单击"确定"按钮，即可在 Sheet1 工作表中显示合并计算结果，如图 6-18 所示。

图 6-18　合并计算结果

在合并计算中，利用链接功能可以实现合并数据的自动更新。也就是说，如果用户希望当源数据改变时合并结果也随之自动更新，则应在"合并计算"对话框中选中"创建指向源数据的链接"复选框。这样一来，当每次更新源数据时，就不必都要执行一次"合并计算"命令了。

提示　当源区域和目标区域在同一张工作表上时，链接是不能够建立的。

6.3.2　实训任务

任务下达

对比库存台账和存货明细账之间的差异。Sheet1 工作表中仓储部门的库存台账如图 6-19 所示，Sheet2 工作表中财务部门的存货明细账如图 6-20 所示。

	A	B	C	D
1	产品名称	数量	单价	金额
2	双门冰箱	100	6600	660000
3	单门冰箱	213	2100	447300
4	三门冰箱	45	7800	351000
5	小冰柜	86	1000	86000
6	车载冰箱	112	220	24640

图 6-19　库存台账

	A	B	C	D
1	产品名称	数量	单价	金额
2	三门冰箱	46	7800	358800
3	双门冰箱	100	6600	660000
4	单门冰箱	213	2100	447300
5	车载冰箱	110	220	24200
6	小冰柜	86	1000	86000

图 6-20　存货明细账

任务解析

企业仓储部门管理物料出入库台账，财务部门管理存货明细账。仓储部门和财务部门记录的数据应一致。如果有差异，需要查明原因并进行调整。

任务指引

① 选定 Sheet3 工作表 A1 单元格，选择"数据"|"合并计算"命令，打开"合并计算"对话框。

② 在函数下拉列表中选择"标准偏差"选项；选择引用位置，如图 6-21 所示；"标签位置"选择"最左列"。

③ 单击"确定"按钮，生成差异表，如图 6-22 所示。工作表中非"0"行所示的产品就是核对存在差异的产品。

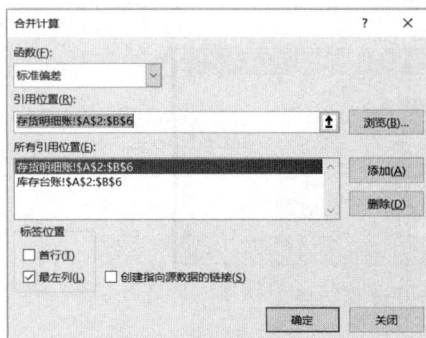

图 6-21　选择引用位置

	A	B
1	三门冰箱	0.707107
2	双门冰箱	0
3	单门冰箱	0
4	车载冰箱	1.414214
5	小冰柜	0
6		

图 6-22　差异表

任务 6.4　保存及查看报表

6.4.1　基本知识

1．保存文件

（1）文件类型

默认情况下，Excel 中保存的文件类型为".xlsx"，除此之外，还有其他文件类型，列示于表 6-1 中。

表 6-1　Excel 中的文件类型

文件类型	文件扩展名	用途
Excel 启用宏的工作簿	.xlsm	用于存储包含 VBA 宏代码的工作簿
Excel 模板	.xltx	用来创建具有相同特征的工作簿
Excel 启用宏的模板	.xltm	此模板中包含 VBA 宏代码
Excel 加载宏	.xlam	包含 Excel 扩展功能或用户自定义函数的文件
单个文件网页或网页	.mht 或.htm	保存为单个文件的网页或普通网页文件格式发布
文本文件	.txt	保存为分隔符为制表符或分隔符为空格的文本文件

（2）另存文件时设置文件密码

基于某些文件的重要性，需要给文档设置密码，以限制无关人员打开文件或修改文件。

① 在文件"另存为"对话框中，选择"工具"|"常规选项"命令，打开"常规选项"对话框，如图 6-23 所示。

② 在"打开权限密码"文本框中输入打开权限密码，在"修改权限密码"文本框中输入修改权限密码，单击"确定"按钮，打开"确认密码"对话框。

③ 在"重新输入密码"文本框中再次输入打开权限密码，单击"确定"按钮；在"重新输入修改权限密码"文本框中再次输入修改权限密码，单击"确定"按钮。

④ 单击"保存"按钮退出。

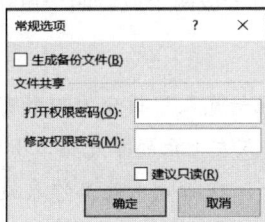

图 6-23　"常规选项"对话框

设置完成后，当再次打开该工作簿时，系统将弹出"密码"对话框，要求输入密码。

2．保护工作簿

若要防止其他用户查看隐藏的工作表，添加、移动或隐藏工作表以及重命名工作表，可以使用密码保护 Excel 工作簿的结构。

选择"审阅"|"保护工作簿"命令，打开"保护结构和窗口"对话框。输入密码，单击"确定"按钮后，打开"确认密码"对话框，再次输入密码，单击"确定"按钮返回。

想一想

■　保护工作簿与使用密码保护 Excel 文件有何区别？

3．查看报表

手工状态下，对于包含大量数据的报表，查看相距较远的两行或两列数据会颇有不便。利用 Excel 可以采用冻结窗格、拆分报表或新建窗口的方式轻松解决这个问题。

（1）冻结窗格

【动手练 6-7】以 B3 单元格为基准对进行冻结。

① 冻结窗格时，需要先选定单元格位置。本例选择 B3 单元格。

② 选择"视图"|"冻结窗格"命令，选择冻结方式：冻结窗格、冻结首行、冻结首列其一。

本例选择"冻结窗格"方式。

③ 执行冻结操作后，B3 单元格的左边和上面各出现一条黑线，指示冻结的位置，如图 6-24 所示。单击水平滚动条的右箭头，发现黑线右侧的 B、C、D 列分别被移出视野，而 A 列一直保持在视野内可视。同样，向下滚动鼠标时，B3 单元格上面两行也一直被冻结在窗格内。

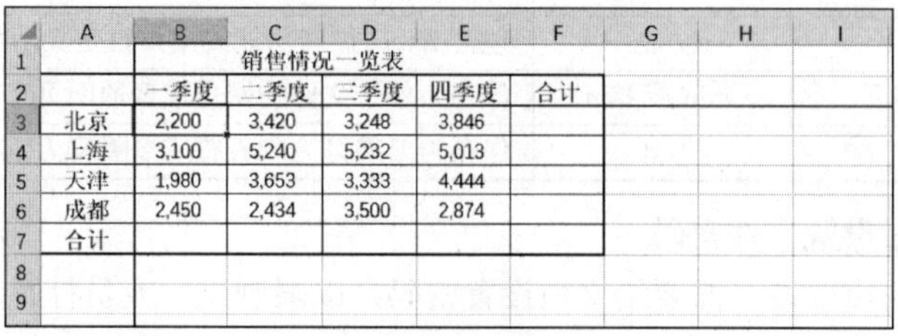

图 6-24　冻结窗格

- 冻结首行是指冻结当前屏幕显示的第 1 行；冻结首列是指冻结当前屏幕显示的第 1 列；冻结窗格是冻结当前选定单元格的上方和左边。
- 选择"冻结窗格"方式后，该功能项随即显示"取消冻结窗格"。

（2）拆分工作表

工作表的拆分是指把当前工作表拆分成两个或者四个窗格，每个窗格可以利用滚动条显示工作表的一部分。

【动手练 6-8】将"销售情况一览表"拆分为四个窗格。

① 首先确定拆分位置。选定拆分点左上角的单元格，如 D4 单元格。

② 选择"视图"｜"拆分"命令，在拆分点处工作表就被分为四个窗格，每个窗格中有独立的滚动条，如图 6-25 所示。

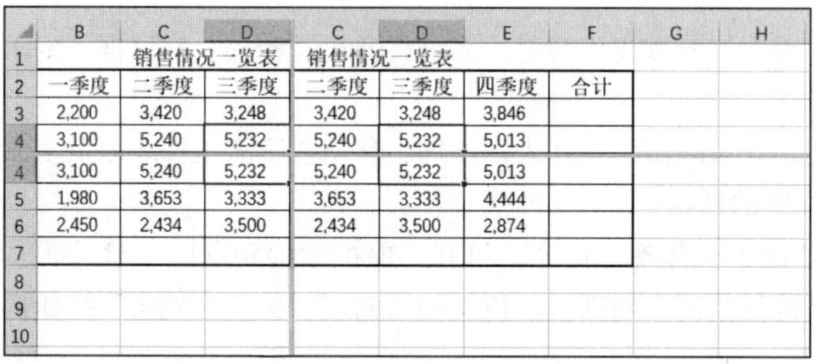

图 6-25　拆分工作表

如果需要取消拆分，只需再次执行"视图"｜"拆分"命令即可取消。

（3）新建窗口

无论是冻结窗格还是拆分工作表，都只能是针对一张工作表进行编辑，因此适用于报表数据行数过多或列数过多查看不便的情况。如果是要查看一个工作簿中不同的工作表或者不同工作簿中的工作表，那么以上两种方法就都无能为力了，而新建窗口的优势就显现出来了。

新建窗口可以为同一个工作簿打开第 2 个或更多的窗口。通过选择重排窗口方式可以将已打开的多个窗口展现在同一个界面中。

4．打印报表

Excel 为用户提供了丰富的打印功能：设置页面、设置打印区域、打印预览等。充分利用这些功能，可使打印效果与所期望的结果完全一致。

（1）打印设置

在打印工作表之前，可根据要求对想打印的工作表进行一些必要的设置。例如，设置打印的方向、纸张的大小、页眉或页脚、页边距以及控制是否打印网格线、行号列号或批注等，这些操作都可通过"页面布局"选项卡完成，如图 6-26 所示。

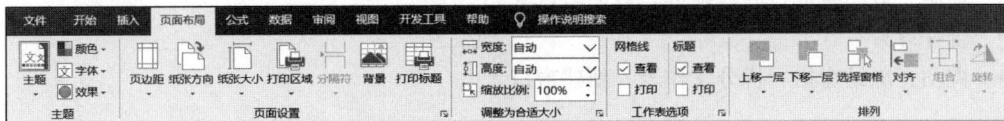

图 6-26　"页面布局"选项卡

（2）打印预览

选择"文件"|"打印"命令，可以设置打印范围、打印用纸等，还可以在窗口中预览打印的效果。如果对预览效果不满意，可以单击"页面设置"命令进行修改；如果满意可以直接打印。

6.4.2　实训任务

任务下达

将"数据单"文件中的"销售毛利分析表"和"销售毛利分析表-数据单"垂直并排在窗口中查看，比较两者的不同。

任务指引

① 打开"数据单"文件，选择"视图"|"新建窗口"命令，为"数据单"文件新建一个窗口，此时，标题栏显示 数据单:2 - Excel ，表示为数据单文件新建了第 2 个窗口。在"切换窗口"中可以看到"数据单：1"和"数据单：2"两个文件，前面有"✓"的表示是当前文件。

② 选择"视图"|"全部重排"命令，打开"重排窗口"对话框，如图 6-27 所示。

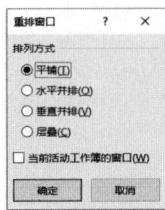

图 6-27　重排窗口

③ 选择"垂直并排"选项，单击"确定"按钮，显示效果如图 6-28 所示。

图 6-28　垂直并排效果

本项目知识点总结

本项目介绍了 Excel 以下知识点。

- 函数：SUMIFS
- 数据：数据验证、高级筛选、数据透视表
- 合并计算
- 视图：冻结窗格、拆分工作表、新建窗口

通关测试

1. 对任务 6.2 中的"部门费用分析表"通过设置项目的方式来进行设计，应如何操作？

2. 企业每月向职工发放工资的信息分别存放于 Sheet1～Sheet12 工作表，由于年中有员工退休、离职，也有新员工入职，每个月发放工资的员工是有差异的。年末企业希望将每个员工全年的工资进行汇总，你计划采用什么方法？

项目 7　Excel 在工资管理中的应用

学会利用 Excel 编制工资结算单

学会利用 Excel 编制工资费用分配表

学会利用 Excel 进行工资数据查询

任务 7.1　了解背景案例

7.1.1　基本知识

职工工资是劳动报酬的体现，也是企业成本的重要构成。工资计算及费用分摊、代扣个人所得税是每个企事业单位财务部门的一项重要日常工作，其正确与否涉及每个职工的切身利益和企业成本核算的准确性。手工工资核算工作量大、容易出错，而计算机系统处理速度快、精确度高的特性可以帮助财务人员从这项烦琐的事务性工作中释放出来，将工作重心放置于为企业经营决策提供有价值的信息。

7.1.2　实训任务

任务下达

创元公司下设企管部、销售部、采购部、生产部和财务部等部门，共 19 名员工，人员类别分为企业管理人员、销售人员、车间管理人员和生产人员，员工工资项目主要包括基本工资、岗位津贴、奖金、应发合计、请假扣款、社会保险、住房公积金、个人所得税、扣款合计、实发合计十个工资项目。要求：计算 2021 年 1 月职工工资及代扣税、生成工资结算单、进行工资费用分配及相关费用计提。

与薪资相关的基本信息及公司制度摘录如下。

1．职工基本信息

2021 年 1 月职工基本信息如表 7-1 所示。

表 7-1　职工基本信息表　　　　　　　　　　　　　　　　　单位：元

职工号	职工姓名	部门	职务	人员类别	基本工资
001	万茜	企管部	总经理	企业管理人员	7800
002	齐红	企管部	部门经理	企业管理人员	5000
003	陆毅	企管部	普通员工	企业管理人员	4000
004	李莉	财务部	部门经理	企业管理人员	6200
005	张琳	财务部	普通员工	企业管理人员	5000
006	殷若彤	财务部	普通员工	企业管理人员	3200

续表

职工号	职工姓名	部门	职务	人员类别	基本工资
007	王毅	采购部	部门经理	企业管理人员	5500
008	毛毛	采购部	普通员工	企业管理人员	3000
009	李永刚	采购部	普通员工	企业管理人员	3500
010	李红旗	生产部	部门经理	车间管理人员	5000
011	王文	生产部	普通员工	生产人员	3500
012	刘耀鸿	生产部	普通员工	生产人员	4000
013	陆洋	生产部	普通员工	生产人员	4000
014	周迅	生产部	普通员工	生产人员	4000
015	魏瑶	生产部	普通员工	生产人员	3200
016	黄磊	销售部	部门经理	销售人员	6000
017	蒋晓璐	销售部	普通员工	销售人员	5000
018	李晨	销售部	普通员工	销售人员	4500
019	周震南	销售部	普通员工	销售人员	3000

2．岗位津贴

职工岗位津贴视职工所担任的职务不同而有所不同，如表 7-2 所示。

表 7-2　岗位津贴与职务对照表　　　　　　　　　　　　　　单位：元

职务	岗位津贴
总经理	3000
部门经理	2000
普通员工	800

3．奖金

企管部、财务部、采购部奖金为 300 元，生产部奖金为 500 元，销售部奖金与销售业绩相关，完成基本销售额 25 万元的奖金为 500 元，超额完成的部分按超出金额的 1%计算提成，未完成基本销售额的无奖金。

4．请假制度

无论病假还是事假，均按照日基本工资扣款，工作日按 22 天计。

5．社会保险

社会保险按"基本工资+岗位津贴"的 10%扣除。

6．住房公积金

住房公积金按照"基本工资+岗位津贴"的 12%扣除。

7．个人所得税

　　　　应纳税所得额=基本工资+岗位津贴+奖金-请假扣款-社会保险-住房公积金

扣税基数为 5000 元，个人应纳税所得额扣除纳税基数后，超过部分按照五级超额累进税率计算，如表 7-3 所示。

表 7-3　五级超额累进税率表

级数	全年应纳税所得额	按月换算	税率	速算扣除数
1	不超过 36000 元	$X \leq 3000$ 元	3%	0
2	超过 36000 元至 144000 元	$3000X < X \leq 12000$ 元	10%	210
3	超过 144000 元至 300000 元	$12000X < X \leq 25000$ 元	20%	1410
4	超过 300000 元至 420000 元	$25000X < X \leq 35000$ 元	25%	2660
5	超过 420000 元	超过 35000 元	30%	4410

8．工资费用分配及相关费用计提

不同类别人员的工资费用应计入不同的会计科目，因此需要编制工资费用分配表，按照人员类别汇总职工工资，以作为工资费用分配的依据。

任务解析

1．需求分析

职工工资核算的任务就是以职工个人各项工资数据为基础，计算应发合计和实发合计，编制工资结算单，进行代扣个人所得税处理，进行工资费用分配，为企业成本核算提供依据。

2．系统设计

Excel 工资管理系统包括初始设置、工资数据录入、工资费用分配和相关数据查询等功能。

"工资管理"工作簿中计划设置三张表：第一张是销售业绩统计表，用于统计销售人员销售业绩并计算销售人员奖金；第二张是工资结算单，用于计算职工工资及代扣税；第三张是工资费用分配表，为财务部提供账务处理及成本核算的依据。

任务指引

① 新建工作簿文件。

② 增加两张工作表，将三张工作表分别命名为"销售业绩统计表""工资结算单"和"工资费用分配表"。

③ 将工作簿命名为"项目 7 工资管理"。

任务 7.2　工资管理初始设置

7.2.1　基本知识

1．逻辑函数

逻辑值只有两个：真（TRUE）和假（FALSE）。逻辑函数，顾名思义就是通过判断表达式的真假进而得出相应结论的函数。逻辑函数在 Excel 中有着广泛的应用，常用逻辑函数如表 7-4 所示。

表 7-4　常用逻辑函数

逻辑函数	作用
AND(logical1,logical2……)	检查所有参数是否均为 TRUE，如果所有参数均为 TRUE，则返回 TRUE
IF(logical_test,value_if_true,value_if_false)	判断参数 1 是否为真，如果参数 1 为真，返回第 2 个参数，否则返回第 3 个参数
IFERROR(value,value_if_error)	如果表达式错误，则返回第 2 个参数，否则返回表达式本身
NOT(logical)	对参数求反。参数为 TRUE 就返回 FALSE，参数为 FALSE 则返回 TRUE
OR(logical1,logical2……)	只要任一参数为 TRUE 就返回 TRUE，只有当所有参数为 FALSE 时才返回 FALSE

【动手练 7-1】逻辑函数用法举例。

为了对销售人员进行激励，某企业制定了销售奖励政策。

（1）销售人员销售业绩超过基本销售额 80000 元或者发展新客户超过 5 家可获得佣金，佣金按照实际销售业绩的 2%发放。

（2）销售人员销售业绩超过基本奖金额 100000 元并且发展新客户超过 5 家可获得奖金，奖金按照实际销售业绩的 1%发放。

动手练 7-1

目前已统计的销售人员销售业绩及发展客户数量如图 7-1 中 A9:C14 单元格区域所示，请在 D10:E14 单元格区域中计算销售人员应获得的佣金和奖金。

	A	B	C	D	E
1	奖励政策				
2	项目	目标	说明		
3	基本销售额（元）	80000	1.完成基本销售额或者发展5家新客户可以获		
4	发展新客户（家）	5	取佣金。		
5	佣金比率	2%			
6	基本奖金额（元）	100000	2.完成基本奖金额并且发展5家新客户可以获		
7	超额奖金比例	1%	得奖金。		
8					
9	销售员	销售业绩（元）	发展新客户（家）	佣金（元）	奖金（元）
10	王璐怡	103843	12	2076.86	1038.43
11	孟浩然	168200	2	3364	0
12	张媛媛	120945	5	2418.9	1209.45
13	李达	95046	3	1900.92	0
14	赵兆	65970	6	1319.4	0

图 7-1　逻辑函数的用法

（1）计算佣金

① 根据奖励政策，完成基本销售额或者发展 5 家新客户可以用"OR(B10>=\$B\$3,C10>= \$B\$4)"表述。计算该表达式是否为真，"是"则发放佣金，"否"则不发放佣金，用 IF 函数来做判断。

② 单击 D10 单元格，输入公式"=IF(OR(B10>=\$B\$3,C10>=\$B\$4),B10*\$B\$5,0)"，按回车键确认。

（2）计算奖金

① 根据奖励政策，完成基本奖金额并且发展 5 家新客户可以用"AND(B10>=\$B\$6,C10>= \$B\$4)"表述。计算该表达式是否为真，"是"则发放奖金，"否"则不发放奖金，用 IF 函数来做判断。

② 单击 E10 单元格，输入公式"=IF(AND(B10>=\$B\$6,C10>=\$B\$4),B10*\$B\$7,0)"，按回车键确认。

（3）复制公式到其他单元格

选中 D10:E10 单元格区域，并将其拖曳到 D14:E14 单元格区域，完成计算。

由于参数错误等原因公式或函数运算结果会出现错误值。例如，在 C2 单元格中定义了公式"=A2/B2"，如果在 B2 单元格中没有输入除数或者不小心删除了 B2 单元格，那么 C2 单元格中就会显示"#DIV/0!"的错误提示信息。这样不仅不美观，还容易引起歧义。为避免上述问题出现，可修订 C2 单元格中的公式为"=IFERROR(A2/B2,"")"，意为如果 A2/B2 返回错误值，那么 C2 单元格中返回空；如果 A2/B2 能正常计算，那么 C2 单元格中返回 A2/B2 的计算结果。

知识点：IFERROR(value,value_if_error)函数

作用：如果表达式是一个错误，则返回 value_if_error；否则返回表达式本身。

参数说明：

value：必需。检查该参数是否存在错误。

value_if_error：公式计算结果为错误时要返回的值。

2．数值的四舍五入和取整

在数学运算尤其是除法运算中，如果运算结果是无限循环小数，Excel 会保留 10 个数字，这 10 个数字中既包括整数也包括小数。例如，用基本工资 5000 元除以 22 个工作日得到日工资结果为 227.2727273 元，最后一位数自动做了四舍五入处理。而在实际工作中，我们常常只需要保留两位小数或只保留整数，这就会用到四舍五入函数和取整函数，如表 7-5 所示。

表 7-5　四舍五入函数和取整函数

数学函数	作用	示例
ROUND(number,num_digits)	按指定的位数 num_digits 对数值 number 进行四舍五入	ROUND(3.456,1)=3.5 ROUND(−3.456,2)=−3.46 ROUND(21.5,−1)=20 ROUND(−50.55,−2)=−100
ROUNDUP(number,num_digits)	按指定的位数 num_digits 对数值 number 进行向上舍入	ROUNDUP(3.456,1)=3.5 ROUNDUP(−3.456,2)=−3.46
ROUNDDOWN(number,num_digits)	按指定的位数 num_digits 对数值 number 进行向下舍入	ROUNDDOWN(3.456,1)=3.4 ROUNDDOWN(−3.456,2)=−3.45
INT(number)	将数值 number 向下取整为最接近的整数	INT(3.456)=3 INT(−3.456)=−4
TRUNC(number,num_digits)	将数值 number 截为整数或保留指定位数的小数	TRUNC (3.456,1)=3.4 TRUNC (−3.456,2)=−3.45

【动手练 7-2】比较 TRUNC 函数和 INT 函数的不同。

INT 函数不能指定小数位，其结果为接近原数值的整数。而 TRUNC 函数可以指定小数位，其结果是按规定位数截去之后的尾数。两者的比较如图 7-2 所示。

▲	A	B	C
1	原数值	8.9	−8.9
2	INT	8	−9
3	TRUNC	8	−8

图 7-2　比较 TRUNC 函数和 INT 函数

7.2.2　实训任务

任务下达

进行工资管理初始设置。

任务解析

工资核算初始设置主要包括两项内容：一是初始信息录入；二是设置工资项目的计算公式。

初始信息是指工资项目中每月相对固定不变的信息，如职工号、职工姓名、部门、职务、人员类别、基本工资等，其他工资项目可以按照管理规定设定公式根据初始信息生成。录入初始信息时需要注意数据的类型，如职工号为文本型。另外可以设置适当的数据验证进行输入提示并验证输入数据的合规性。

部分工资项目需要根据管理规定及业务数据计算得到，如岗位津贴、奖金、请假扣款、社会保险、住房公积金、应发合计、实发合计等。

任务指引

1．工资结算单

（1）输入工资项目

① 在"工资结算单"A1:O1 单元格区域依次输入工资项目"职工号、职工姓名、部门、职

务、人员类别、基本工资、岗位津贴、奖金、应发合计、请假扣款、社会保险、住房公积金、个人所得税、实发合计、请假天数"。

② 选中第 1 行，选择对齐方式为"水平居中"。

③ 选中 A 列，单击鼠标右键，设置单元格格式，数字格式选择"文本"。

④ 设置数据验证，要求如下。

设置"职工号"只能输入三位文本，如图 7-3 所示；

设置"部门"只能从"企管部、财务部、采购部、销售部、生产部"中选择，如图 7-4 所示；

设置"职务"只能从"总经理、部门经理、普通员工"中选择；

设置"人员类别"只能从"企业管理人员、销售人员、车间管理人员、生产人员"中选择。

图 7-3　设置职工号只能输入三位文本

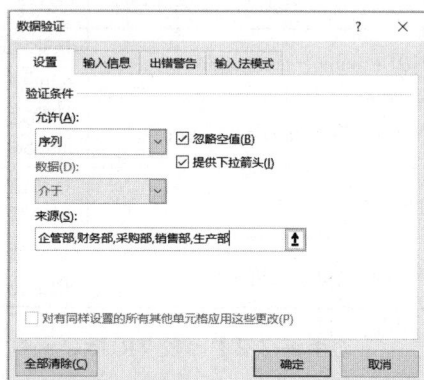

图 7-4　设置部门只能从序列中选择

> **提示**
> - 设置序列时，各项目之间需用英文状态的"," 分隔；
> - 可以先选择要进行数据验证的单元格区域，如 A2:A20 单元格区域，再设置数据验证；也可以先在 A2 单元格中设置数据验证，然后再填充到 A3:A20 单元格区域。

⑤ 在第 2 行～第 20 行输入职工基本工资信息，包括"职工号、职工姓名、部门、职务、人员类别和基本工资"。

⑥ 为 A1:O20 单元格区域画框线，框线类型为"所有框线"。

（2）设置"岗位津贴"计算公式

① 单击 G2 单元格，单击 f_x，设置函数参数，如图 7-5 所示。

② 当鼠标光标位于"Value_if_false"文本框时，该值又分为两种情况，需要继续利用 IF 函数进行判断。单击名称框中的"IF"，再次打开 IF 函数对话框，设置函数参数，如图 7-6 所示。

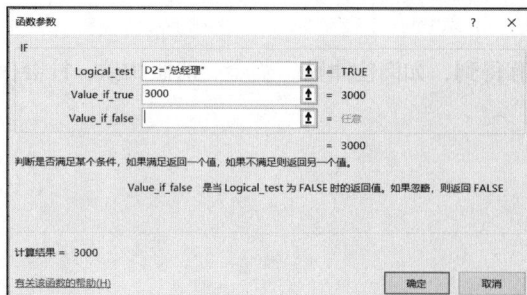

图 7-5　设置岗位津贴的计算公式-1

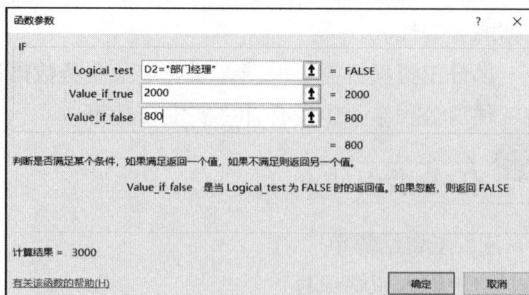

图 7-6　设置岗位津贴的计算公式-2

③ 单击"确定"按钮返回，编辑栏中显示"=IF(D2="总经理",3000,IF(D2="部门经理", 2000,800))"。

④ 将 G2 单元格中的公式填充到 G20 单元格，岗位津贴计算完成。

（3）设置"奖金"计算公式

由于销售人员奖金按销售业绩计算，销售人员奖金计算在销售业绩统计表中完成。

① 单击 H2 单元格，单击 f_x，设置函数参数，如图 7-7 所示。其中"Logical_test"文本框中的公式为"OR(C2="企管部",C2="财务部",C2="采购部")"。

此时公式已解决"如果该职工属于企管部、财务部或采购部，则奖金为 300 元"的计算。

② 当鼠标光标位于图 7-7 中的"Value_if_false"文本框时，该值又分为两种情况，需要继续利用 IF 函数进行判断。单击名称框中的"IF"，再次打开 IF 函数对话框，设置函数参数，如图 7-8 所示。

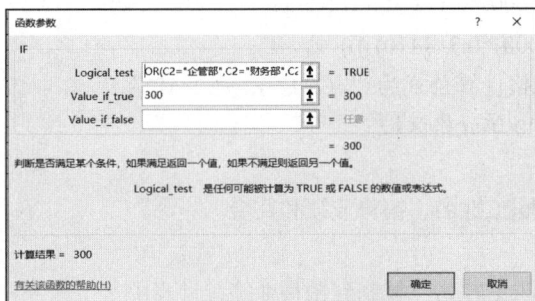

图 7-7 设置奖金的计算公式-1　　　　　　图 7-8 设置奖金的计算公式-2

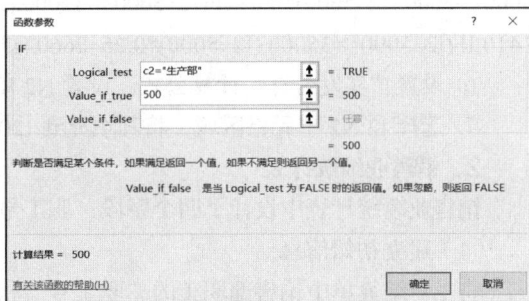

此时，公式又解决了生产部职工的奖金计算。接下来只需要从销售业绩统计表中读取相应的销售人员的奖金即可。

③ 当鼠标光标位于图 7-8 中的"Value_if_false"文本框时，单击"名称框"下拉箭头，从中选择"其他函数"，打开"插入函数"对话框，选择 VLOOKUP 函数，设置的参数如图 7-9 所示。

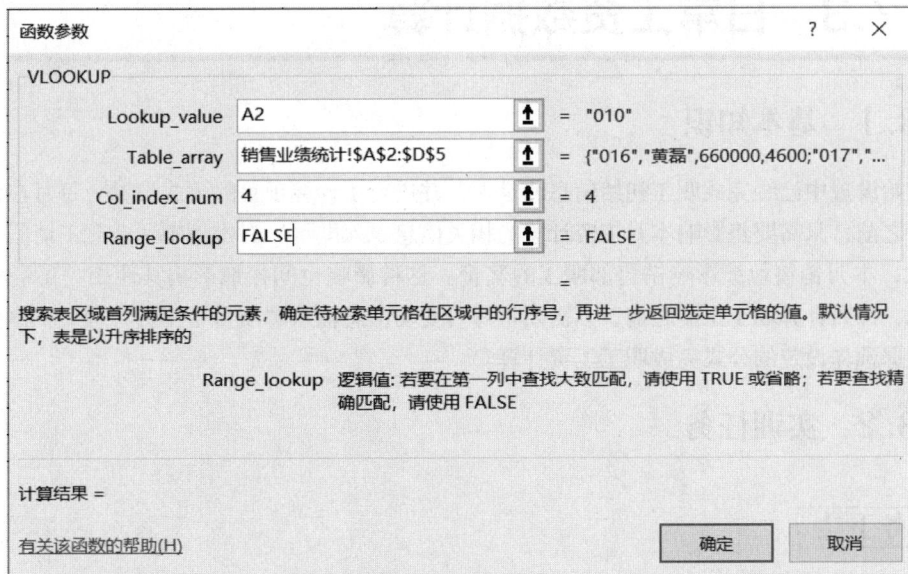

图 7-9 用 VLOOKUP 函数获取销售人员奖金

该函数参数设置的含义是：从销售业绩统计表的 A2:D5 单元格区域查找与工资结算表 A2 单元格中的值完全相同的单元格，找到后返回同行第 4 列单元格的内容。

④ 单击"确定"按钮返回，编辑栏中显示"=IF(OR(C2="企管部",C2="财务部",C2="采购部"),300,IF(C2="生产部",500,VLOOKUP(A2,销售业绩统计!$A$2:$D$5,4,FALSE)))"。

⑤ 将 H2 单元格中的公式填充到 H20 单元格。至此，所有职工的奖金计算完成。

（4）设置其他工资项目计算公式

① 设置"应发合计"计算公式。设置 I2 单元格公式为"=F2+G2+H2"。

② 设置"请假扣款"计算公式。设置 J2 单元格公式为"=ROUND(F2/22*O2,2)"。

③ 设置"社会保险"计算公式。设置 K2 单元格公式为"=(F2+G2)*0.1"。

④ 设置"住房公积金"计算公式。设置 L2 单元格公式为"=(F2+G2)*0.12"。

⑤ 设置"个人所得税"计算公式。设置 M2 单元格公式为" =IF(I2-5000<=0,0,IF(I2-5000<=3000,(I2-5000)*0.03,IF(I2-5000<=12000,(I2-5000)*0.1-210,IF(I2-5000<=25000,(I2-5000)*0.2-1410,IF(I2-5000<=35000,(I2-5000)*0.25-2660,(I2-5000)*0.3-4410)))))"。

⑥ 设置"实发合计"计算公式。设置 N2 单元格计算公式为"=I2-J2-K2-L2-M2"。

⑦ 选择 I2:N2 单元格区域，将其填充到 I20:N20 单元格区域。

2．销售业绩统计表

销售业绩统计表中设计了四个字段：职工号、职工姓名、销售业绩和奖金。

（1）建立初始信息

将工资结算单中销售部职工的"职工号"和"职工姓名"复制到销售业绩统计表中。

（2）奖金计算公式

① 单击 D2 单元格，单击 *f*，选择 IF 函数，输入公式"=IF(销售业绩统计!C2>=250000,500+(销售业绩统计!C2-250000)*1%,0)"。

② 复制该公式到本列其他单元格。

任务 7.3 日常工资数据计算

7.3.1 基本知识

在初始设置中已经完成职工初始信息的录入，并进行了计算项目的公式设置。每月在计算本月职工工资之前，只需要将影响本月工资计算的相关信息录入即可。对本例来说，职工请假天数影响请假扣款，本月销售业绩影响销售部职工的奖金。这种影响也间接地影响其他相关工资项目的数据。因此，每月计算职工工资之前，只需要将每月变动信息输入"项目 7 工资管理"工作簿，便可使系统根据预先设定的公式完成职工工资计算。

7.3.2 实训任务

任务下达

1．录入创元公司一月职工考勤及销售部职工业绩统计情况，完成一月工资计算

一月考勤情况如表 7-6 所示。一月销售业绩如表 7-7 所示。

表 7-6　一月考勤统计

职工号	职工姓名	请假天数（天）
003	陆毅	5
009	李永刚	1
014	周迅	3
018	李晨	1

表 7-7　一月销售业绩

职工号	职工姓名	销售业绩（元）
016	黄磊	660000
017	蒋晓璐	350000
018	李晨	250000
019	周震南	0

2．编制工资费用分配表

工资费用分配表模板如表 7-8 所示。

实训 3

表 7-8　工资费用分配表　　　　　　　　　　　　　　　　　单位：元

人员类别	工资总额	应付福利费（14%）	工会经费（2%）	职工教育经费（1.5%）	住房公积金（12%）
企业管理人员					
销售人员					
车间管理人员					
生产人员					

任务解析

人工是企业成本费用的重要构成部分，将工资费用进行正确的归集和分配是财务人员的一项日常工作。按照人员类别不同，企业管理人员工资要计入管理费用、销售人员工资要计入销售费用、车间管理人员工资要计入制造费用、生产人员工资要计入生产成本。

除了工资费用之外，企业还有若干与职工工资总额相关的其他费用，如按照职工工资总额的14%计提的应付福利费、按照职工工资总额的 2%计提的工会经费、按照职工工资总额的 1.5%计提的职工教育经费，按照职工工资总额的 12%计提的住房公积金等。

任务指引

1．职工工资计算

① 录入本月考勤情况。在"工资结算单"工作表"请假天数"一栏中，根据表 7-6 录入职工请假天数。

② 录入销售业绩情况。在"销售业绩统计"工作表"销售额"一栏中，根据表 7-7 录入销售部职工的销售业绩。

③ 随着数据的录入，工资结算单中设置了公式的工资项目会自动计算出结果。

2．编制工资费用分配表

编制工资费用分配表有两种方法，下面分别进行说明。

（1）利用公式编制工资费用分配表

① 在工资费用分配表中，按照表 7-8 建立工资费用分配表的框架结构。

② 计算工资总额。在 B2 单元格中输入公式 "=SUMIF(工资结算单!\$E\$2:\$E\$20,A2,工资结算单!\$I\$2:\$I\$20)"。

③ 计算应付福利费。在 C2 单元格输入公式"=B2*0.14"。

④ 计算工会经费。在 D2 单元格输入公式"=B2*0.02"。

⑤ 计算职工教育经费。在 E2 单元格输入公式"=B2*0.015"。

⑥ 计算企业为职工缴纳的住房公积金。在 F2 单元格输入公式"=B2*0.12"。

⑦ 选择 B2:F2 单元格区域，将其填充到 B5:F5 单元格区域，完成后的效果如图 7-10 所示。

人员类别	工资总额	应付福利费（14%）	工会经费（2%）	职工教育经费（1.5%）	住房公积金（12%）
企业管理人员	58900	8246	1178	883.5	7068
销售人员	29500	4130	590	442.5	3540
车间管理人员	7500	1050	150	112.5	900
生产人员	25200	3528	504	378	3024

图 7-10　工资费用分配表

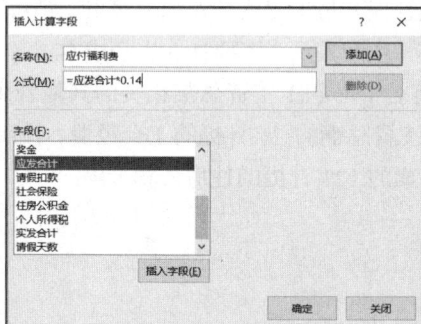

（2）利用数据透视表编制工资费用分配表

① 将鼠标光标放置于"工资结算单"工作表中的任一单元格中，选择"插入"|"数据透视表"命令，打开"创建数据透视表"对话框。

② 保持默认设置，单击"确定"按钮，打开"数据透视表字段"窗格。将"人员类别"拖入"行"标签，将"应发合计"拖入"值"标签。此时生成的数据透视表如图 7-11 所示。

③ 选择"分析"|"字段、项目和集"|"计算字段"命令，打开"插入计算字段"对话框。在"名称"文本框中输入"应付福利费"，单击公式栏，从字段表中选择"应发合计"项，单击"插入字段"按钮，继续输入"*0.14"，如图 7-12 所示。单击"确定"按钮，此时，数据透视表中增加了"应付福利费"计算字段，如图 7-13 所示。

图 7-11　工资费用分配表　　　图 7-12　插入计算字段　　　图 7-13　向数据透视表中增加计算字段

④ 同理，增加计算字段"工会经费""职工教育经费"和"住房公积金"。

任务 7.4　工资数据查询与统计分析

7.4.1　基本知识

利用 Excel 的数据管理功能，基于现有的工资数据，可以实现多个维度的查询，如按职工、按部门、按职务、按人员类别等进行查询。还可以通过制作图表来直观展现职工工资数据。

1．对比分类汇总和数据透视表

利用分类汇总和数据透视表功能均能实现按指定字段的分类统计，让我们来对比一下这两种方法。

【动手练 7-3】按部门汇总职工应发合计和实发合计。

（1）利用分类汇总功能

① 将鼠标光标置于"部门"一列任一单元格上，选择"数据"|"升序"命令，按部门进行排序。

② 选择"数据"|"分类汇总"命令，打开"分类汇总"对话框，选择的各项内容如图 7-14 所示。

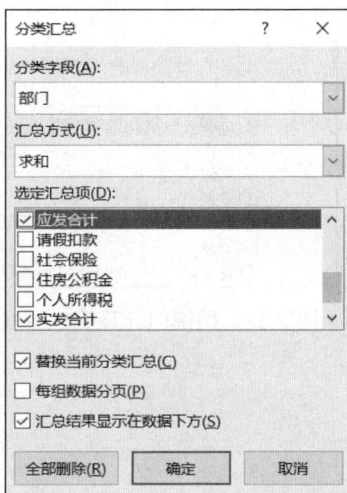

图 7-14　"分类汇总"对话框

③ 单击"确定"按钮，完成按部门对应发合计和实发合计的汇总。

④ 单击"大纲 2"，显示结果如图 7-15 所示。

1 2 3		A	B	C	D	E	F	G	H	I	J	K	L	M	N	O
	1	职工号	职工姓名	部门	职务	人员类别	基本工资	岗位津贴	奖金	应发合计	请假扣款	社会保险	住房公积金	个人所得税	实发合计	请假天数
+	5			财务部 汇总						18900					14767	
+	9			采购部 汇总						16500					12824.91	
+	13			企管部 汇总						23500					17146.91	
+	20			生产部 汇总						32700					25518.55	
+	25			销售部 汇总						29500					23614.45	
-	26			总计						121100					93871.82	

图 7-15　按部门汇总应发合计和实发合计

（2）利用数据透视表功能

① 将鼠标光标置于工资结算表中任一单元格上，选择"插入"|"数据透视表"命令，打开"数据透视表字段"对话框。选择放置数据透视表的位置为"现有工作表"，并指定数据透视表左上角单元格，如 Q6 单元格。

② 将"部门"字段拖入"行"标签，将"应发合计"和"实发合计"字段拖入"值"标签。

③ 生成的数据透视表如图 7-16 所示。

行标签	求和项:应发合计	求和项:实发合计
财务部	18900	14767
采购部	16500	12824.91
企管部	23500	17146.91
生产部	32700	25518.55
销售部	29500	23614.45
总计	121100	93871.82

图 7-16　按部门汇总——数据透视表

2．选择数据透视表"值汇总依据"

在数据透视表中，值汇总的依据默认是求和，除此之外，还可以选择值汇总依据为计数、平均值、最大值、最小值、平均值等。

【动手练7-4】按部门计算职工应发合计和实发合计的平均数。

① 在图7-10所示的数据透视表中，单击鼠标右键，打开快捷菜单，展开"值汇总依据"项。

② 从二级菜单中选择"平均值"命令，如图7-17所示。

③ 得到按部门计算的职工应发合计和实发合计的平均值，如图7-18所示。

行标签 ▼	平均值项:应发合计	平均值项:实发合计
财务部	6300	4922.333333
采购部	5500	4274.97
企管部	7833.333333	5715.636667
生产部	5450	4253.091667
销售部	7375	5903.6125
总计	6373.684211	4940.622105

图7-17　选择值汇总依据　　图7-18　按部门计算职工应发合计和实发合计的平均值

7.4.2　实训任务

任务下达

用适当图形展现各类别人员应发合计占应发总和的百分比。

任务解析

我们选择用饼图来表达各类别人员应发合计占比情况。

任务指引

（1）制作生成图形的数据表

选择工资结算表，生成以"人员类别"为"行"标签、"应发合计"为"值"标签的数据透视表，如图7-19所示。

（2）创建三维饼图

选择 A23:B27 单元格区域，选择"插入"|"插入饼图或圆环图"|"三维饼图"命令，便自动生成三维饼图，如图7-20所示。

22	行标签 ▼	求和项:应发合计
23	车间管理人员	7500
24	企业管理人员	58900
25	生产人员	25200
26	销售人员	29500
27	总计	121100

图7-19　制作生成饼图的数据表

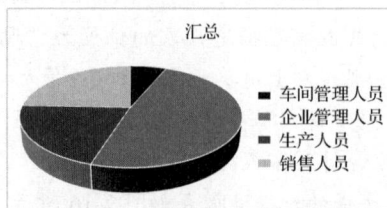

汇总

■ 车间管理人员
■ 企业管理人员
■ 生产人员
□ 销售人员

图7-20　自动生成的三维饼图

（3）编辑三维饼图

① 单击"图表标题"，将其修改为"各类别人员应发工资占比分析"。

② 选中右侧图例，单击鼠标右键，选择"删除"命令。

③ 选中"数据系列"项，选择"设计"|"添加图表元素"|"数据标签"|"数据标注"命令，在弹出的"设置数据标签格式"窗格中进行设置，如图 7-21 所示。

④ 得到分析图，如图 7-22 所示。

图 7-21　"设置数据标签格式"对话框

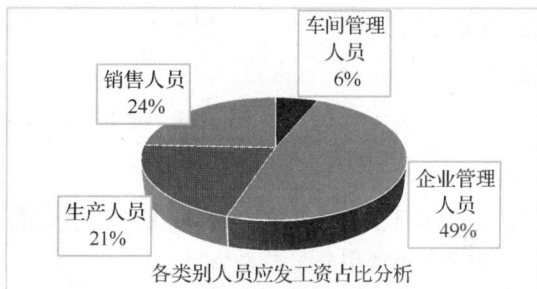

图 7-22　分析图

本项目知识点总结

本项目介绍了 Excel 以下知识点。

- 逻辑函数：IF、AND、OR、NOT、IFERROR
- 数学函数：ROUND、ROUNDUP、ROUNDDOWN、INT、TRUNC
- 数据：数据验证、高级筛选、数据透视表
- 图表

通关测试

信华机械公司是一家小型机械公司，内设管理部、销售部和生产部，职工类别分为管理人员、销售人员、辅助生产人员和生产工人。工资项目设置基本工资、岗位工资、职工福利、生活补贴、

应发工资、事假扣款、病假扣款、个人所得税、实发工资等。

岗位工资按照人员类别发放，其中，管理人员 2000 元，辅助生产人员 1600 元，生产工人和销售人员 1200 元。

职工福利：管理部和销售部补贴为基本工资的 20%，生产部补贴为基本工资的 30%。

生活补贴：基本工资和岗位工资之和大于等于 5000 元的不发放生活补贴，小于 3000 元的发放 300 元补贴，大于等于 3000 元小于 5000 元的发放 100 元补贴。

事假扣款：按日基本工资扣款，工作日按 22 天计。

病假扣款：每天扣款 100 元。

住房公积金：按照"基本工资+岗位工资+职工福利"合计的 12%计算。

个人所得税：相关内容如表 7-3 所示。

信华机械公司职工工资基本信息如图 7-23 所示。

职工号	职工姓名	部门	人员类别	基本工资	岗位工资	职工福利	生活补贴	应发工资	病假扣款	事假扣款	住房公积金	个人所得税	实发工资	病假天数	事假天数
A001	王凯	管理部	管理人员	4500											
A002	卢鹏	管理部	管理人员	3200											5
A003	韩培	管理部	管理人员	2000										2	
B001	李颖	销售部	销售人员	3000											
B002	周红	销售部	销售人员	1800											
B003	毛宇	销售部	销售人员	2000											
C001	张泽东	生产部	辅助生产人员	2800											
C002	黄天凯	生产部	辅助生产人员	2500											
C003	蔡松红	生产部	生产工人	2000										3	
C004	李双江	生产部	生产工人	1500											
C005	王一	生产部	生产工人	2200											
C006	李琦	生产部	生产工人	1800											3
C007	倪萍	生产部	生产工人	2000											
C008	邓超	生产部	生产工人	2200										1	

图 7-23　信华机械公司职工工资基本信息

要求：

1. 完成本月工资结算单的编制，所有工资项目保留两位小数。
2. 完成工资费用分配表的编制。
3. 制作按部门应发工资汇总数占应发工资总和的百分比图表。

项目 8　Excel 在固定资产管理中的应用

学会利用 Excel 设计固定资产卡片

学会建立固定资产清单

准确进行固定资产折旧计算

学会利用 Excel 进行固定资产信息查询

任务 8.1　了解背景案例

8.1.1　基本知识

固定资产是指企业为生产产品、提供劳务、出租或者经营管理而持有的、使用时间超过 12 个月的，价值达到一定标准的非货币性资产，包括房屋、建筑物、机器、机械、运输工具以及其他与生产经营活动有关的设备、器具、工具等。

固定资产在使用过程中，其价值以折旧形式逐步转移到产品或服务中。折旧费用是企业成本费用的重要构成，因此，采用特定的折旧方法对固定资产正确计提折旧是财务人员的一项重要工作。

8.1.2　实训任务

🖥 任务下达

精益制造有限公司（以下简称"精益制造"）计划自 2021 年 1 月开始利用 Excel 管理企业固定资产，完成建立固定资产卡片、创建固定资产清单、计提折旧等工作。该公司目前与固定资产相关的初始资料如下。

1．资产类别

设置资产类别是从不同的角度对固定资产进行的归类。精益制造的资产类别划分为建筑物、运输设备、机械设备和电子设备四类。

2．使用部门

精益制造下设企管部、财务部、采购部、销售部和生产部。固定资产使用部门不同，折旧费用分配对应的核算科目亦不同。

3．折旧方法

常用的折旧方法包括平均年限法、年数总和法和双倍余额递减法。精益制造目前采用平均年限法计提折旧。

4．增减方式

增减方式用来表明固定资产增加的来源和减少的去向。增加方式主要包括直接购入、投资者投入、在建工程转入、接受捐赠等；减少方式主要包括出售、报废、毁损、投资转出等。

5．使用状况

固定资产使用状况一般分为使用中、未使用和不需用三类，不同的使用状况决定了该资产是否计提折旧。

6．企业现有固定资产

精准制造现有固定资产信息如表 8-1 所示。

表 8-1　精益制造现有固定资产一览表

资产编号	资产名称	资产类别	使用部门	增加方式	开始使用日期	预计使用年限	原值	净残值率	累计折旧
G001	厂房	建筑物	生产部	在建工程转入	2010/12/1	30	2000000	10%	640000.00
G002	奥迪轿车	运输设备	企管部	直接购入	2015/12/1	10	3200000	8%	166826.67
G003	五菱货车	运输设备	销售部	直接购入	2015/12/1	10	70000	8%	36493.33
G004	机床	机械设备	生产部	直接购入	2015/12/1	8	86000	8%	56043.33
G005	生产线	机械设备	生产部	直接购入	2015/12/1	8	98000	8%	63863.33
G006	HP 服务器	电子设备	财务部	直接购入	2015/12/1	8	25000	4%	17000.00
G007	笔记本电脑	电子设备	采购部	直接购入	2015/12/1	5	8000	4%	8704.00
G008	台式机	电子设备	财务部	直接购入	2018/12/1	5	5600	4%	2867.20

任务解析

1．需求分析

固定资产管理的任务就是以企业中各项固定资产数据为基础，记录固定资产增减变动情况，计提折旧，为企业成本核算提供依据，提供与固定资产相关的信息查询。

2．系统设计

Excel 固定资产管理系统包括建立固定资产卡片、固定资产信息管理、折旧计算和相关数据查询等功能。

固定资产管理文件中计划设置以下三类表。

（1）固定资产卡片

每个资产对应填制一张固定资产卡片，用于存放该固定资产所有相关信息。

（2）固定资产清单

固定资产清单以列表方式展示企业全部固定资产的基本情况，其部分数据来源于固定资产卡片，另外，计算本期折旧的内容也可以设计在此文件中。

（3）固定资产分析表

根据固定资产清单，可以生成固定资产折旧分配表、固定资产类别统计表等。

任务指引

① 新建工作簿文件。

② 增加一张工作表，将两张工作表分别命名为"卡片模板"和"固定资产清单"。

③ 将文件命名为"项目 8　固定资产管理"。

任务 8.2　固定资产折旧及其函数

8.2.1　基本知识

固定资产折旧方法可分为直线折旧法和加速折旧法两大类，其中直线折旧法包括平均年限法、工作量法，加速折旧法包括年数总和法、双倍余额递减法等。下面主要介绍平均年限法、年数总和法和双倍余额递减法。

1．平均年限法

平均年限法，也称"直线法"，是指按固定资产的使用年限平均计提折旧的一种方法。它是最简单、最普遍的折旧方法。平均年限法的计算公式如下：

$$每期折旧额 = \frac{固定资产原值 - 预计净残值}{固定资产预计使用期限}$$

知识点：SLN（cost,salvage,life）——直线折旧函数

作用：返回固定资产的每期线性折旧费。

参数说明：

cost：固定资产原值。

salvage：固定资产使用年限终了时的估计净残值。

life：固定资产进行折旧计算的周期总数。

2．年数总和法

年数总和法是将固定资产原值减去预计净残值后的净额乘以一个逐年递减的分数计算固定资产折旧额的一种方法。年数总和法的计算公式如下：

$$每期折旧额 = （固定资产原值 - 预计净残值）\times \frac{尚可使用期限}{使用期限各期期数之和}$$

知识点：SYD（cost,salvage,life,per）——年数总和法折旧函数

作用：返回某项固定资产按年限总和折旧法计算的每期折旧额。

参数说明：

cost、salvage、life 的含义同上。

per：指定要计提第几期的折旧。

3．双倍余额递减法

双倍余额递减法是用平均年限法折旧率的两倍作为固定的折旧率乘以逐年递减的固定资产期初净值，得出各年应提折旧额的方法。《中华人民共和国会计法》要求，使用双倍余额递减法时，在固定资产使用年限的最后两年改用平均年限法，即将倒数第二年年初的固定资产账面净值扣除预计净残值后的余额在这两年平均分摊。

双倍余额递减法的计算公式如下：

$$每期折旧额 = 期初固定资产账面余额 \times \frac{2}{预计使用期限}$$

Excel 中提供了两种按照余额递减法计算折旧的函数。

知识点：DDB（cost,salvage,life,per）——双倍余额递减法折旧函数

作用：用双倍余额递减法或其他指定方法，返回指定期间内某项固定资产的折旧额。

参数说明：

函数参数说明同前。

> **提示** 用 DDB 计算折旧时在整个使用年限内均按双倍余额计提，没有考虑在使用年限的最后两年按照平均年限法处理的要求。因此最后两年需要重新设计公式计算折旧。

知识点：VDB（cost,salvage,life,start_period,end_period,Factor,no_switch）——倍率递减法折旧函数

作用：返回某项固定资产用余额递减法或其他指定方法计算的特定或指定时期的折旧额。

参数说明：

cost、salvage、life 说明同前。

start_period、end_period：分别为要计算折旧的起始期间，如果要计算第 n 期的折旧，应该将这两个参数分别设置为 $n-1$ 和 n，如果要计算截至第 n 期的累计折旧，应该将这两个参数分别设置为 0 和 n；

factor：为倍率，如果缺省将取 "2"，即双倍余额递减法。

no_switch：为 FALSE 或缺省时，当使用倍率余额递减法计算的折旧小于平均年限法计算的折旧时，函数会转换为以平均年限法计算剩余期间的折旧额；为 TRUE 时，即使倍率余额递减法计算的折旧已小于直线法计算的折旧，函数仍按倍率余额递减法计算折旧。

【动手练 8-1】企业购置的 HP 服务器原值为 25000 元，估计残值为 1000 元，预计使用年限为 6 年。如果企业采用双倍余额递减法计提折旧，那么计算到第三年时，HP 服务器的累计折旧额。

① 在工作表中根据已知条件建立基本数据区，如图 8-1 所示。

② 单击 B5 单元格，单击 f_x，打开"插入函数"对话框。在"财务"分类下选择 VDB 函数，打开"函数参数"对话框。设置函数参数内容，如图 8-2 所示。

动手练 8-1

> **提示**
> • 只有 VDB 函数可以计算某段期间的折旧额。
> • 计算截至第三年的折旧，Start_period 和 End_period 应该分别设置为 "0" 和 "3"。

	A	B
1	固定资产	HP服务器
2	原值	25000
3	估计残值	1000
4	预计使用年限	6
5	截至第3年的累计折旧	

图 8-1　建立基本数据区

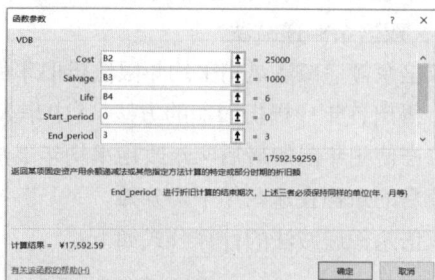

图 8-2　利用 VDB 函数求期间的折旧额

8.2.2 实训任务

任务下达

仍以 HP 服务器为例，计算如果采用不同的折旧方法计提折旧，每年应计提的折旧额。

任务解析

在本任务中，我们比较平均年限法、年数总和法和双倍余额递减法。为了比较 VDB 函数和 DDB 函数的差异，我们将两个函数都列示在计算表中。

四个函数中所用到的参数，即原值 Cost、估计残值 Salvage、预计使用年限 Life 是共同的，统一列示在计算表的基本数据区中。

任务指引

1. 建立基本数据区

在 Excel 中建立基本数据区，如图 8-3 所示。

	A	B	C	D	E	F
1	固定资产	HP服务器				
2	原值	25000				
3	估计残值	1000				
4	预计使用年限	6				
5						
6	使用年限	平均年限法SLN	年数总和法SYD	余额递减法VDB	双倍余额递减法DDB	修正DDB
7	1					
8	2					
9	3					
10	4					
11	5					
12	6					
13	累计折旧					

图 8-3　折旧计算基本数据区

2. 计算折旧

（1）在 B7 单元格中计算第一年利用平均年限法计提的折旧

① 单击 B7 单元格，单击 f_x，打开"插入函数"对话框。在"财务"分类下选择 SLN 函数，打开"函数参数"对话框。

② 单击"Cost"文本框，单击 B2 单元格，按 F4 键，文本框中显示为绝对地址方式。其他参数同理，设置完成后如图 8-4 所示。

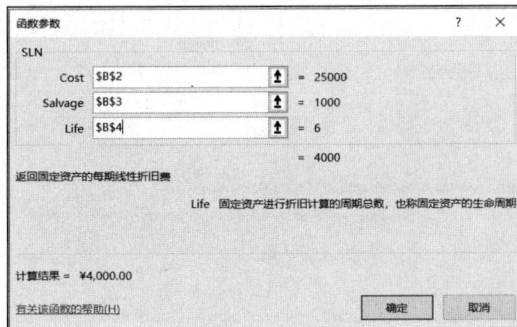

图 8-4　SLN 函数

③ 单击"确定"按钮返回后，编辑栏中显示 B7 单元格公式为"=SLN($B$2,$B$3,$B$4)"。

> **提示**
>
> 使用绝对地址是方便自 B7 单元格向下填充以计算第二年至第六年的直线折旧。

（2）在 C7 单元格中计算第一年利用年数总和法计提的折旧

① 单击 C7 单元格，单击 f_x，打开"插入函数"对话框。在"财务"分类下选择 SYD 函数，打开"函数参数"对话框。

② 设置函数参数，如图 8-5 所示。

图 8-5　SYD 函数

③ 单击"确定"按钮返回后，编辑栏中显示 C7 单元格公式为"=SYD($B$2,$B$3, $B$4,A7)"。

> **提示**
>
> 在"Per"文本框中没有输入"1"而是输入了"A7"。如果直接输入"1"，那么拖曳 C7 单元格填充柄向下复制公式时，常数"1"在公式中是无法改变的，而使用"A7"，A7 单元格实际存储的也是"1"，之后拖曳 C7 单元格填充柄向下复制公式时，因为使用了相对地址形式，A7 会自动改变为 A8、A9…，这样恰好得到了 SYD 函数计算每年折旧时所需要的 Per 参数值。

（3）在 D7 单元格中使用 VDB 函数计算第一年利用双倍余额递减法计提的折旧

① 单击 D7 单元格，单击 f_x，打开"插入函数"对话框。在"财务"分类下选择 VDB 函数，打开"函数参数"对话框。

② 设置函数参数，如图 8-6 所示。

图 8-6　VDB 函数

③ 单击"确定"按钮返回后，编辑栏中显示 D7 单元格公式为"=VDB($B$2,$B$3,$B$4,A7-1,A7)"。

计算第一年折旧，Start_period 和 End_period 分别为"0"和"1"，同样，在"Start_period"和"End_period"文本框中没有输入常数"0"和"1"，而是巧妙地使用了"A7-1"和"A7"，以便为之后的公式复制奠定基础。

（4）在 E7 单元格中使用 DDB 函数计算第一年利用双倍余额递减法计提的折旧

① 单击 E7 单元格，单击 *fx*，打开"插入函数"对话框。在"财务"分类下选择 DDB 函数，打开"函数参数"对话框。

② 设置函数参数，如图 8-7 所示。

③ 单击"确定"按钮返回后，编辑栏中显示 E7 单元格公式为"=DDB($B$2,$B$3, $B$4,A7)"。

（5）完成第二年至第六年的折旧计算

选中 B7:E7 单元格区域，拖动单元格区域填充柄将公式复制到 B12:E12 单元格区域，完成折旧计算。

（6）计算累计折旧

选中 B7:E13 单元格区域，单击 Σ 自动求和 按钮，得到累计折旧计算结果，如图 8-8 所示。

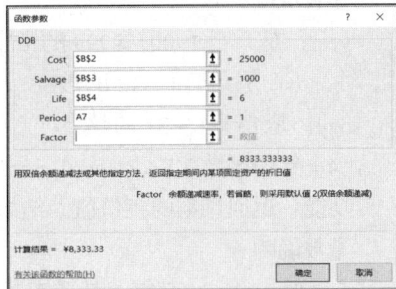

图 8-7　DDB 函数

由图 8-8 可知，使用 DDB 函数时，折旧在使用年限内自始至终都是按照双倍余额计提的。

但根据《中华人民共和国会计法》的规定，使用双倍余额递减法应在其折旧年限到期前两年，将固定资产净值扣除预计净残值后的余额平均摊销。

因此，我们在 F 列，对 DDB 函数的进行修正。修改 F11 单元格中的公式为"=($B$2-SUM($F$7:$F$10)-$B$3)/2"，复制 F11 单元格中的公式到 F12 单元格，调整完成（见图 8-8）。

	A	B	C	D	E	F
1	固定资产	HP服务器				
2	原值	25000				
3	残值	1000				
4	预计使用年限	6				
6	使用年限	直线法SLN	年数总和法SYD	余额递减法VDB	双倍余额递减法DDB	修正DDB
7	1	¥4,000.00	¥6,857.14	¥8,333.33	¥8,333.33	¥8,333.33
8	2	¥4,000.00	¥5,714.29	¥5,555.56	¥5,555.56	¥5,555.56
9	3	¥4,000.00	¥4,571.43	¥3,703.70	¥3,703.70	¥3,703.70
10	4	¥4,000.00	¥3,428.57	¥2,469.14	¥2,469.14	¥2,469.14
11	5	¥4,000.00	¥2,285.71	¥1,969.14	¥1,646.09	¥1,969.14
12	6	¥4,000.00	¥1,142.86	¥1,969.14	¥1,097.39	¥1,969.14
13	累计折旧	¥24,000.00	¥24,000.00	¥24,000.00	¥22,805.21	¥24,000.00

图 8-8　累计折旧计算结果

任务 8.3　固定资产初始设置

8.3.1　基本知识

固定资产初始设置的主要工作内容有两项：一是建立固定资产卡片和固定资产清单的框架结构；二是录入企业现有固定资产详细信息。

1．日期和时间函数

在实际应用中，日期和时间函数主要用于计算星期、工龄、年龄、账龄以及某个时间段的数据汇总等。下面简单介绍几个常用的日期和时间函数。

（1）当前日期函数 TODAY()

功能：返回日期格式的当前日期。

参数说明：无参数。

提示

- 即使函数无参数，“()”也是必需的。
- 这里的当前日期指的是系统日期（在计算机右下角显示）。

（2）当前日期和时间函数 NOW()

功能：返回日期格式的当前日期和时间。

参数说明：无参数。

（3）日期函数 DATE(year,month,day)

参数说明：

year：是介于 1900～9999 的数字；

month：是介于 1～12 的数字；

day：是介于 1～31 的数字。

（4）年份函数 YEAR(serial_number)

功能：返回日期的年份值。结果为 1900～9999 的整数。

参数说明：

serial_number：必需，是要查找年份的日期。必须为日期格式，如果以文本形式输入，则会出现问题。

提示

- 建议使用 DATE 函数输入日期。
- 同类函数还有 MONTH(serial_number)和 DAY(serial_number)。

（5）WEEKDAY(serial_number,return_type)

功能：返回一个日期对应一周中的第几天，是一个介于 1～7 的数字。

参数说明：

serial_number：必需，是一个代表日期的序列号。

return_type：指定采用哪种返回类型。具体返回类型如表 8-2 所示。

表 8-2　返回类型及代表数字

return_type	返回的数字
1 或省略	数字 1（星期日）到 7（星期六）
2	数字 1（星期一）到 7（星期日）
3	数字 0（星期一）到 6（星期日）

【动手练 8-2】日期与时间函数的用法。问题如图 8-9a 所示。请在 B 列相应位置做出解答。

参考答案如图 8-9b 所示（假设当前日期是 2020 年 11 月 12 日）。B 列中设置的公式如图 8-9c 所示。

	A
1	问题
2	今天的日期
3	当前的日期和时间
4	当前的时间
5	当前年份
6	当前月份
7	当前日期
8	今天是星期几

图 8-9a　问题

B
函数应用
2020/11/12
2020/11/12 10:50
10:50:59
2020
11
12
4

图 8-9b　结果

B
函数应用
=TODAY()
=NOW()
=NOW()-TODAY()
=YEAR(TODAY())
=MONTH(TODAY())
=DAY(TODAY())
=WEEKDAY(TODAY(),2)

图 8-9c　日期与时间函数应用

2．INDIRECT 函数

知识点：INDIRECT (ref_text,a1)函数

作用：

返回文本字符串所指定的引用。

参数说明：

ref_text：单元格引用。

a1：逻辑值，用于指定单元格引用样式。TRUE 或忽略为 A1 引用样式，FALSE 为 R1C1 引用样式。

8.3.2　实训任务

任务下达

建立固定资产卡片，建立固定资产清单。

实训 3

任务解析

1．建立固定资产卡片

固定资产卡片中要包含固定资产的全部信息。固定资产卡片也是固定资产清单的数据来源。卡片中的项目分为两类：一类是基本项目，需要手工输入；另一类是计算项目，可以根据输入的基本项目计算生成，因此要设置正确的计算公式。

2．建立固定资产清单

固定资产清单中的项目来自固定资产卡片，在单元格中设置公式从固定资产卡片中取数即可生成。当固定资产卡片项目改变时，还可以即时更新。

任务指引

1．设置固定资产卡片模板

设置固定资产卡片模板，如图 8-10 所示。

	A	B	C	D	E	F
1	固定资产卡片					
2	固定资产编号		固定资产名称		录入日期	
3	规格型号		类别名称		存放地点	
4	增加方式		使用部门		减少方式	
5	使用状况		使用年限		折旧方法	
6	开始使用日期		已计提月份		尚可使用月份	
7	原值		净残值率		净残值	
8	累计折旧		净值		增值税	
9	固定资产变动记录					
10	变动日期	变动类别	变动原因		变动事项	
11						
12						

图 8-10　固定资产卡片模板

（1）录入固定资产卡片中的基本项目

在"卡片模板"工作表中，按照图 8-10 所示的样式，在工作表单元格中录入固定资产卡片

各项目名称。

（2）设置格式

① 设置标题。在 A1 单元格中输入"固定资产卡片"，选中 A1:F1 单元格区域，选择"开始"|"合并后居中"命令。同样需要合并的还有"固定资产变动记录"和"变动事项"。

② 设置录入日期。单击 F2 单元格，设置单元格格式为日期型，选择日期格式为"2012-03-14"。

③ 设置类别名称。单击 D3 单元格，选择"数据"|"数据验证"命令，设置允许从序列"建筑物,运输设备,机械设备,电子设备"中选择其一。

④ 设置增加方式。单击 B4 单元格，选择"数据"|"数据验证"命令，设置允许从序列"直接购入,在建工程转入,投资者投入,接受捐赠"中选择其一。

⑤ 设置使用部门。单击 D4 单元格，选择"数据"|"数据验证"命令，设置允许从序列"企管部,财务部,采购部,销售部,生产部"中选择其一。

⑥ 设置减少方式。单击 F4 单元格，选择"数据"|"数据验证"命令，设置允许从序列"出售,报废,损毁,投资转出"中选择其一。

⑦ 设置使用状况。单击 B5 单元格，选择"数据"|"数据验证"命令，设置允许从序列"使用中,未使用,不需用"中选择其一。

⑧ 设置折旧方法。单击 F5 单元格，输入"直线法"。

⑨ 设置开始使用日期格式。单击 F2 单元格，单击"格式刷"工具按钮，再单击 B6 单元格，设置 B6 单元格的格式与 F2 单元格的相同。

⑩ 设置净残值率。单击 D7 单元格，设置单元格格式数字形式为"百分比"，小数位数为"2"。选择 A1:F12 单元格区域，为其画框线，内部细线、外框粗线。

（3）设置固定资产卡片中的计算项目

① 设置已计提月份（不含当月）。在 D6 单元格中输入公式"=(YEAR(TODAY())-YEAR(B6))*12+MONTH(TODAY())-MONTH(B6) -1"。

上述公式中，

YEAR(TODAY())-YEAR(B6)是从开始使用日期到当前日期已使用的年数；

"*12"后得出从开始使用日期到当前日期已使用的月数；

MONTH(TODAY())-MONTH(B6)是当年已使用的月数；

"-1"是由于当月新增的资产当月不提折旧，并且已计提月份不含当月。

② 设置尚可使用月份。在 F6 单元格中输入公式"=$D$5*12-$D$6"，即尚可使用月份=预计使用年限*12-已计提月份。

③ 设置净残值。在 F7 单元格中输入公式"=$B$7*$D$7，即净残值=原值*净残值率。

④ 设置累计折旧。在 B8 单元格中输入公式"=IF(D6<=0,0,SLN(B7,F7,D5)/12*D6)"。

已计提月份小于等于 0，就意味着是新增资产，新增资产无累计折旧，否则累计折旧等于年折旧额除以 12 个月再乘以已计提月份数。

⑤ 设置净值。在 D8 单元格中输入公式"=B7-B8"，即净值=原值-累计折旧。

2．录入原始卡片

① 复制"卡片模板"工作表，并将其重命名为"G001"。

② 在"G001"工作表中输入 G001 号固定资产各基本项目。录入日期为"2021-01-01"，所有计算项目均自动计算。

③ 同理，完成其他固定资产卡片的建立。

④ 以 G004 机床为例，卡片录入完成后如图 8-11 所示。

	A	B	C	D	E	F
1			固定资产卡片			
2	固定资产编号	G004	固定资产名称	机床	录入日期	2021-01-01
3	规格型号		类别名称	机械设备	存放地点	
4	增加方式	直接购入	使用部门	生产部	减少方式	
5	使用状况	使用中	使用年限	8.00	折旧方法	直线法
6	开始使用日期	2015-12-01	已计提月份	60.00	尚可使用月份	36.00
7	原值	86000	净残值率	8.00%	净残值	6,880.00
8	累计折旧	49,450.00	净值	36,550.00	增值税	
9			固定资产变动记录			
10	变动日期	变动类别	变动原因	变动事项		
11						
12						

图 8-11　G004 固定资产卡片

3．建立固定资产清单

（1）从固定资产卡片中读取数据

① 在"固定资产清单"工作表中，在第 1 行录入固定资产清单各字段名。

② 在 A2 单元格中录入"G001"，并拖曳填充柄向下填充至 A9 单元格。

③ 在 B2 单元格中从"G001"工作表中读取资产名称，并将该名称放置于 D2 单元格。

在 B2 单元格中输入公式"=INDIRECT(A2&"!\$D\$2")"即取"G001！\$D\$2"单元格中的值。C2:N2 单元格区域的操作同理。

④ 选择 B2:N2 单元格区域，并将其填充到 B9:N9 单元格区域。

（2）设置与计算本月折旧相关的项目

计算本月折旧时，需先判断资产是否已提足折旧，本例选择的判断依据为当前计提年份大于预计使用年限。因此，需要在固定资产清单中设置"当前计提月份"和"本月折旧"字段。

① 在当前计提月份 O2 单元格中输入公式"=INDIRECT(A2&"!\$d\$6")+1"。

② 在本月折旧 P2 单元格中输入公式"=IF(O2>H2*12,"已提足折旧",IF(O2=0,"新增资产",ROUND(SLN(I2,K2,H2)/12,2)))"。

对本月折旧 P2 单元格先做是否计提折旧的判断，如果当前计提月份大于预计使用年限×12，则返回"已提足折旧"。

接下来继续判断，如果当前计提月份为"0"，则该资产属于本月新增资产，可以不提折旧。

除以上两种情况外，计算本月采用直线法计提的折旧额。

③ 选择 O2:P2 单元格区域，并将其向下填充至 O9:P9 单元格区域。

任务 8.4　固定资产日常处理与查询

8.4.1　基本知识

固定资产日常业务主要包括资产增加、资产减少、资产变动、折旧计算等。资产变动又包括原值变动、部门转移、使用状况变动、使用年限调整、折旧方法调整、净残值率调整等。

1．资产增加

新增资产时，需要填制固定资产卡片。只需复制"卡片模板"工作表，依序命名工作表名称为"Gn"即可，其中"n"是卡片顺序号，为企业现有最大卡片编号+1。然后按照卡片项目依次录入即可。

【动手练8-3】2021年1月6日，财务部购入多功能一体机一台，原值为3200元，增值税为416元，预计使用年限为5年，净残值率为4%。

（1）新建卡片G009

① 复制"卡片模板"工作表，将其重命名为"G009"。

② 在"G009"工作表中，输入"固定资产编号、固定资产名称、录入日期、开始使用日期、使用年限、原值、净残值率、增值税，选择类别名称、增加方式、使用部门、使用状况"，其他项目自动计算。

（2）写入固定资产清单

① 单击"固定资产清单"工作表，选择A9:R9单元格区域，拖曳填充柄向下填充至A10:R10单元格区域。

② 读取完成，如图8-12所示。

	A	B	C	D	E	F	G	H	I	J	K	L	M	N	O	P	Q	R
1	资产编号	资产名称	资产类别	使用部门	增加方式	使用状况	购置日期	预计使用年限	原值	残值率	净残值	折旧方法	累计折旧	净值	当前计提月份	本月折旧	减少方式	退出日期
2	G001	厂房	建筑物	生产部	在建工程转入	使用中	2010-12-01	30	2000000	10%	200000	直线法	600000	1400000	121	5000		
3	G002	奥迪轿车	运输设备	企管部	直接购入	使用中	2015-12-01	10	320000	8%	25600	直线法	147200	172800	61	2453.33		
4	G003	五菱货车	运输设备	销售部	直接购入	使用中	2015-12-01	10	70000	8%	5600	直线法	32200	37800	61	536.67		
5	G004	机床	机械设备	生产部	直接购入	使用中	2015-12-01	8	86000	8%	6880	直线法	49450	36550	61	824.17		
6	G005	生产线	机械设备	生产部	直接购入	使用中	2015-12-01	8	98000	8%	7840	直线法	56350	41650	61	939.17		
7	G006	HP服务器	电子设备	企管部	直接购入	使用中	2015-12-01	5	25000	4%	1000	直线法	15000	10000	61	250		
8	G007	笔记本电脑	电子设备	采购部	直接购入	使用中	2015-12-01	5	8000	4%	320	直线法	7680	320	61	已提足折旧		
9	G008	台式机	电子设备	财务部	直接购入	使用中	2015-12-01	5	5600	4%	224	直线法	2150.4	3449.6	25	89.6		
10	G009	多功能一体机	电子设备	财务部	直接购入	使用中	2021-01-06	5	3200	4%	128	直线法	0	3200	0	新增资产		

图8-12　固定资产清单

2．资产减少

资产减少时，需要在卡片中记录减少方式（该减少方式同时反映在固定资产清单中），并在固定资产清单中记录该资产的退出日期。资产减少的当月照提折旧。

【动手练8-4】2021年1月17日，销售部使用的五菱货车损毁。

① 单击"G003"工作表，选择减少方式为"损毁"。

② 单击"固定资产清单"工作表，该资产减少方式已从"G003"工作表中读取，录入退出日期"2021-01-17"。

3．资产变动

当固定资产发生原值变动、部门转移、使用状况变动、使用年限调整、折旧方法调整、净残值率调整等情况时，直接在卡片中的固定资产变动区域进行记录。

4．折旧计算

折旧计算与折旧方法、原值、净残值、预计使用年限、当前期间有关。本月折旧可根据这些要素计算生成。

企业折旧费需按照资产使用部门计入不同的会计科目，因此，要编制折旧费用分配表作为账务处理依据。

【动手练8-5】编制本月折旧费用分配表。

① 将鼠标光标放置于固定资产清单中的任一单元格上。选择"插入"|"数据透视表"命令，打开"数据透视表字段"窗格。

② 将"使用部门"拖入"行"标签，将"本月折旧"拖入"值"标签。此时，默认对本月折旧进行计数。

③ 单击"计数"项下拉列表，选择"值字段设置"项，打开"值字段设置"对话框，选择计算类型为"求和"，单击"确定"按钮返回，设置效果如图8-13所示。

	A	B
1		
2		
3	行标签	求和项:本月折旧
4	财务部	339.6
5	采购部	0
6	企管部	2453.33
7	生产部	6763.34
8	销售部	536.67
9	总计	10092.94

图 8-13　折旧费用分配表

8.4.2　实训任务

任务下达

1. 查询本月新增资产及减少资产的情况。
2. 查询各类资产折旧额占折旧总和的百分比。

任务解析

固定资产清单是标准的数据单，可以利用筛选、分类汇总、数据透视等功能完成上述查询任务。

任务指引

实训 4

1. 利用高级筛选功能查询本月新增资产及减少资产情况

（1）复制“固定资产清单”工作表，将其命名为“实训 3 查询资产”。

（2）构建筛选条件

在 A13:C15 单元格区域构建筛选条件，如图 8-14 所示。条件 1 为当月新增资产，用购置日期大于或等于“2021-01-01”同时小于或等于“2021-01-31”来描述。两个日期写在同一行即需要同时满足。在 C15 单元格中设置了条件 2“=LEN(Q2)>1”即判断 Q 列单元字符长度是否大于 1，该条件以公式形式存在，因此在 C13 单元格无须给出字段名称；且该条件与购置日期限制条件为“或”关系而非“与”关系，因此将其条件位置放在第 15 行。

C15　fx　=LEN(Q2)>1

	A	B	C	D
12				
13	购置日期	购置日期		
14	>=2021-01-01	<=2021-01-31		
15			FALSE	

图 8-14　构建高级筛选条件

知识点：LEN(text)函数

作用：返回文本字符串中的字符个数。

参数说明：

text：要计算长度的文本字符串，含空格。

（3）进行高级筛选

① 将鼠标光标放置于固定资产清单中的任一单元格，选择"数据"|"高级"命令，打开"高级筛选"对话框。

② 设置各项内容如图 8-15 所示。

③ 单击"确定"按钮，得到筛选结果。

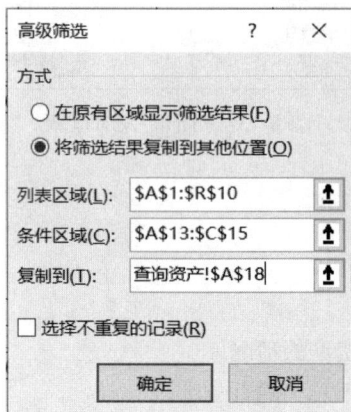

图 8-15　高级筛选参数设置

2. 查询各类资产折旧额占折旧总和的百分比

① 将鼠标光标放置于固定资产清单中的任一单元格上，选择"插入"|"数据透视表"命令，打开"数据透视表字段"窗格。

② 将"资产类别"拖入"行"标签，将"本月折旧"拖入"值"标签。此时，默认对本月折旧进行计数。

③ 单击"计数"项下拉列表，选择"值字段设置"项，打开"值字段设置"对话框，单击"值汇总方式"选项卡，选择计算类型为"求和"，单击"值显示方式"选项卡，选择值显示方式为"总计的百分比"，如图 8-16 所示。

④ 单击"确定"按钮，完成后效果如图 8-17 所示。

图 8-16　设置值显示方式

行标签	求和项:本月折旧
电子设备	3.36%
机械设备	17.47%
建筑物	49.54%
运输设备	29.62%
总计	100.00%

图 8-17　各类资产折旧额占总和的百分比

本项目知识点总结

本项目介绍了 Excel 以下知识点。

- 日期和时间函数：TODAY、NOW、DATE、YEAR、MONTH、DAY、WEEKDAY
- 文本函数：LEN
- 折旧函数：SLN、SYD、DDB、VDB
- 查找与引用函数：INDIRECT
- 数据管理：高级筛选、数据透视表

通关测试

1. 使用分类汇总功能是否能生成折旧费用分配表？试一试。

2. 已知固定资产"多功能一体机"原值为 7500 元，预计使用年限为 6 年，预计净残值率为 5%，要求采用平均年限法、年数总和法和双倍余额递减法计算固定资产年折旧额。（结果保留两位小数）

项目 9　Excel 在筹资管理中的应用

项目目标

掌握与线性预测有关的函数应用

学会应用货币时间价值相关函数

掌握模拟运算表的应用

学会预测企业资金需要量

学会建立长期借款筹资模型

任务 9.1　资金需要量的预测

9.1.1　基本知识

资金是企业的"血液"。筹资是企业为满足生产经营的需要，向企业外部单位或个人及企业内部筹措资金的一种财务活动。企业进行筹资活动首先要进行资金需要量的预测。

资金需要量预测的方法主要有销售百分比法和线性回归法。

1. Excel 中的预测函数

在 Excel 的统计函数中，有一类可用于线性回归预测，将其集中列示于表 9-1 中。

表 9-1　常用线性回归预测函数

函数名称	函数作用
FORECAST.LINEAR	通过一条线性回归拟合线返回一个预测值
INTERCEPT+SLOPE	求线性回归拟合线方程的截距和斜率
TREND	返回线性回归拟合线的一组纵坐标值

【动手练 9-1】昆泰公司 2016 年到 2020 年五年的销售数据如表 9-2 所示。利用线性回归法预测 2021 年的销售额。

动手练 9-1

表 9-2　昆泰公司过去五年的销售数据

单位：元

年份	2016	2017	2018	2019	2020
销售额	1,800,000	2,000,000	2,200,000	2,400,000	2,500,000

一元线性回归方程为：$Y=A*X+B$，本例中 Y 表示销售额，X 表示年份，A 和 B 为一元线性方程的参数，A 也称为直线方程的斜率，B 称为截距。

（1）建立基本数据区

建立基本数据区的内容如图 9-1 中的 B2:H4 单元格区域所示。

（2）利用 FORECAST.LINEAR 函数预测 2021 年销售额

① 单击 C8 单元格，单击 f_x，打开"插入函数"对话框。选择统计函数分类中的 FORECAST.LINEAR 函数，单击"确定"按钮。

图 9-1　预测函数的应用

② 输入函数参数，如图 9-2 所示。

参数 X：为所要预测的 X 的实际值，本例为 2021 年；

Known_y's：一组已知的 Y 值，本例为 C4:G4 单元格区域；

Known_x's：一组已知的 X 值，本例为 C3:G3 单元格区域；

③ 单击"确定"按钮，得到 2021 年销售额预测结果为"2720000"。

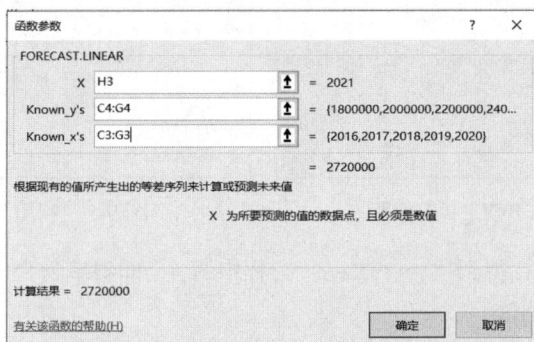

图 9-2　利用 FORECAST.LINEAR 函数预测 2021 年销售额

（3）利用 TREND 函数预测 2021 年销售额

① 单击 C9 单元格，单击 f_x，打开"插入函数"对话框。选择统计函数分类中的 TREND 函数。

② 设置函数参数，如图 9-3 所示。

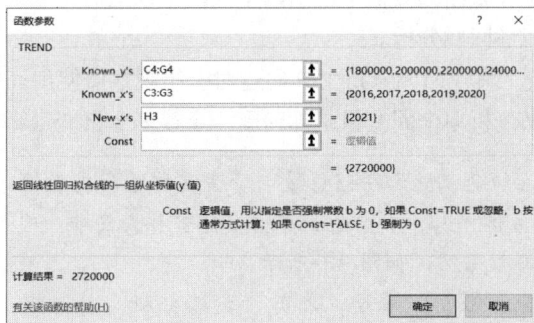

图 9-3　利用 TREND 函数预测 2021 年销售额

127

Known_y's、Known_x's、的含义同 FORECAST.LINEAR 函数的。

New_x's：一组新 x 值，希望通过 TREND 函数推出相应的 Y 值。

Const：用以指定 Y=AX+B 中的 B 是否为 0，如果 Const=TRUE 或省略，B 按通常方式计算，如果 Const=FALSE，B 强制为 0。本例省略 Const，因此正常计算。

③ 单击"确定"按钮，得到 2021 年销售额预测结果，同样是"2720000"。

（4）利用 INTERCEPT+SLOPE 两个函数的组合预测 2021 年销售额

① 求一元线性回归方程的截距

a．单击 C11 单元格，单击 f_x，打开"插入函数"对话框。选择"统计函数"分类中的 INTERCEPT 函数。

b．设置函数参数如图 9-4 所示。

c．单击"确定"按钮，得到"Y=A*X+B"方程中的 B，即截距为"-361060000"。

② 求一元线性回归方程的斜率

a．单击 C12 单元格，单击 f_x，打开"插入函数"对话框。选择"统计函数"分类中的 SLOPE 函数。

b．设置函数参数如图 9-5 所示。

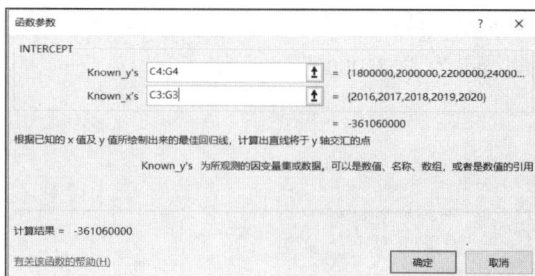

图 9-4　利用 INTERCEPT 求截距　　　　图 9-5　利用 SLOPE 求斜率

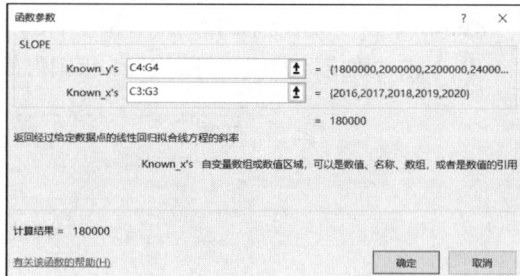

c．单击"确定"按钮，得到"Y=A*X+B"方程中的 A，即斜率为"180000"。

③ 求 2021 年销售预测值

单击 C10 单元格，输入"=C12*H3+C11"得到 2021 年预测值"2720000"。

可见，采用不同线性预测函数得到的预测结果是一致的。

2．回归分析

回归分析是确定两种或两种以上变量间相互依赖的定量关系的一种统计分析方法。回归分析中，如果只包括一个自变量和一个因变量，且二者的关系可用一条直线近似表示，那么这种回归分析称为一元线性回归分析。如果回归分析中包括两个或两个以上的自变量，且因变量和自变量之间是线性关系，则称为多元线性回归分析。

Excel 提供了回归分析工具。回归分析工具通过对一组观察值使用"最小二乘法"直线拟合来执行线性回归分析，可用来分析单个因变量是如何受一个或多个自变量影响的。

【动手练 9-2】已知企业近六年销售量与资金需要量历史数据。如果企业 2021 年预计销售 120 万件产品，利用回归分析预计资金需求量。

① 在 Excel 中建立基本数据区，如图 9-6 所示。

② 选择"数据"|"数据分析"命令，打开"数据分析"对话框。选中"回归"项，如图 9-7 所示。

动手练 9-2

图 9-6　基本数据

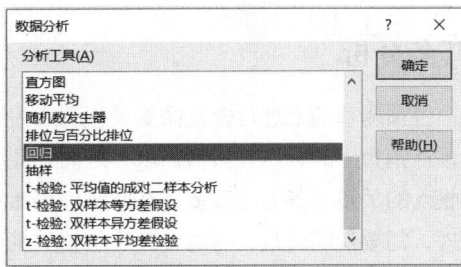

图 9-7　"数据分析"对话框

③ 单击"确定"按钮，打开"回归"对话框。输入"Y 值输入区域"和"X 值输入区域"，默认"输出选项"为"新工作表组"，如图 9-8 所示。

④ 单击"确定"按钮，输出回归结果，如图 9-9 所示。

⑤ 得到回归方程"$Y=0.91X-5.18$"，当 X 为 120 时，$Y=0.91×120-5.18=104.02$（万元）。

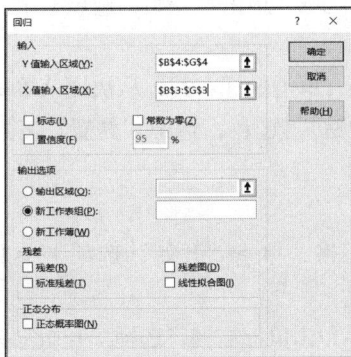

图 9-8　"回归"对话框

图 9-9　回归输出结果

在回归输出结果中，Intercept 表示截距，因此图 9-9 中的 B17 单元格存储的即为一元线性方程中的 B 值；X Variable 表示斜率，图 9-9 中的 B18 单元格存储的为一元线性方程中的 A 值。

9.1.2　实训任务

任务下达

已知昆泰公司近五年的流动资产、固定资产、流动负债和销售收入数据，分别建立流动资产、固定资产、流动负债和销售收入的关系方程，然后根据这些方程预测指定年份的外部融资需求。假定长期负债 100000 元与销售收入无关，昆泰公司的销售净利率为 15%，股利支付率设定为 10%。参考模板如图 9-10 所示。

图 9-10　预测外部融资需求参考模板

任务分析

在销售预测基础上进行资金需要量预测的关键在于确定资产、负债与销售收入的关系，这样才能够确定预计销售下的资产、负债需求，进而在此基础上确定外部融资需求。至于如何确定资产、负债与销售收入的关系，其方法很多，在此我们仍然利用回归分析来确定各项资产、负债与销售收入的关系。另外，需要说明的是，有的资产、负债与销售收入相关，而有的资产、负债与销售收入无关。因此，一定要注意区分这些资产和负债：对于与销售收入有关的资产、负债，一定要在确定它们与销售收入的关系后再确定其数额；对于与销售收入无关的资产、负债，只要直接输入其数值即可。

任务指引

1．建立已知数据区

（1）从【动手练 9-1】中获取年份和销售收入数据

① 单击"动手练 9-1 销售预测" 工作表，选择 B3:G4 单元格区域，单击"开始"选项卡中的 复制 按钮。

② 单击"实训 1 资金需要量预测"工作表，选中 A2 单元格，单击鼠标右键，从快捷菜单中选择"选择性粘贴"命令，打开"选择性粘贴"对话框，选择粘贴"数值"，选中"转置"复选框，如图 9-11 所示。

③ 单击"确定"按钮，获取历史年份和销售收入数据。

④ 单击"【动手练 9-1】销售预测"工作表，选择 H4 单元格，单击"开始"选项卡中的 复制 按钮。

⑤ 单击"实训 1 资金需要量预测"工作表，选中 E9 单元格，单击鼠标右键，选择"开始"选项卡中的"粘贴"—"粘贴数值"—"值"功能，如图 9-12 所示。获取预测年份的销售收入数据。

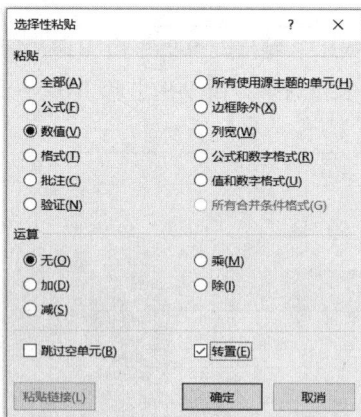

图 9-11　选择性粘贴数值并转置

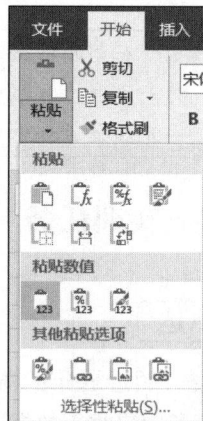

图 9-12　选择性粘贴数值

（2）录入已知数据

在 C2:E7 单元格区域，录入近五年的流动资产、固定资产、流动负债数据，作为预测的基础数据。

在 A9:A21 单元格区域，建立资金预测的基本框架。

在 E17 单元格中，录入与销售收入无关的长期负债数据"100000"。

在 E19 单元格中，录入销售净利率"15%"。

在 E20 单元格中，录入股利支付率"10%"。

2．利用统计分析功能分别进行一元线性回归预测

（1）流动资产预测

① 选择"数据"｜"数据分析"命令，打开"数据分析"对话框。

② 选中"回归"项，单击"确定"按钮，打开"回归"对话框。

③ 输入"Y 值输入区域"和"X 值输入区域"，选择输出区域为 G1 单元格，单击"确定"按钮，如图 9-13 所示。

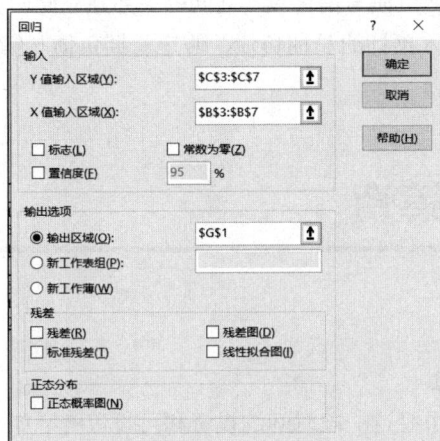

图 9-13　流动资产—销售收入回归

④ 输出回归结果如图 9-14 所示。

图 9-14　流动资产—销售收入回归结果

⑤ 单击 E12 单元格，按照回归方程"$Y=0.667683X+34451.22$"，代入当 X 值为"2720000"时，流动资产为"1850548.78"。

（2）固定资产预测

回归过程同上。

（3）流动负债预测

回归过程同上。

3．外部融资需求预测

（1）资产需求

E10=E12+E13，即资产需求等于流动资产需求与固定资产需求之和。

（2）负债

E14=E16+E17，即负债等于流动负债与长期负债之和。

（3）保留盈余

E18=E9×E19×(1-E20)，即保留盈余等于"销售收入×销售净利率×(1-股利支付率)。

（4）外部融资

E21=E10-E14-E18，即外部融资等于资产需求减去负债及保留盈余之差。

由本例可知，进行财务预测时，首先要进行销售预测，得出预计的销售收入。然后根据历史年份的流动资产、固定资产、流动负债与销售收入之间的关系建立回归方程。最后，根据企业制定的销售净利率和股利支付率，输入预计的长期负债（假定长期负债与销售收入无关），便可以计算出所需的外部融资额。

任务 9.2　债券筹资

9.2.1　基本知识

1．货币时间价值及其计算

货币的时间价值，是指货币经过一段时间的投资和再投资所增加的价值。由于货币时间价值的存在，不同时点上相同数量货币的价值并不相等。所以，不同时间的货币不宜直接进行比较，而需要将它们换算到相同时点上，然后才能进行比较。下面介绍一下与货币时间价值有关的几个概念。

（1）复利终值

复利终值是指在复利计息方式下，现在的一笔资金经过若干期后的本利和。复利终值的计算公式如下：

$$FV=PV\times(1+i)^n$$

其中，FV 是资金的终值；PV 是资金的现值；i 是利率；n 是计息期数。

在 Excel 中，可以直接利用公式计算复利终值。例如，企业将 100 万元存入银行，存款期限为 3 年，复利利率为 3.5%，则到期后本利和=100×(1+3.5%)³=110.87（万元）。

（2）复利现值

复利现值是指在复利计息方式下，未来若干期的一笔资金折算到现在时点的价值。复利现值的计算公式如下：

$$PV=\frac{FV}{(1+i)^n}$$

其中各参数的含义同复利终值。

在 Excel 中，可以直接利用公式计算复利现值。例如，银行复利利率为 3.5%，如果希望 3 年后得到本利和 100 万元，则现在应该存入银行=90.19 万元[100÷(1+3.5%)³]。

（3）年金终值

年金是指定期、等额的系列收支，即指在某一期限内，每隔一定相同的时期，收入或支出相等金额的款项。生活中常见的分期偿还贷款、保险费支付、零存整取储蓄等，都属于年金的形式。年金分为普通年金、先付年金（预付年金）和永续年金。普通年金是指每期的收支发生在期末的资金，其中递延年金是普通年金的一种特殊形式，是指在最初若干期没有收付款项的情况下，后面若干期等额的系列收付款项。先付年金是指每期收支发生在期初的资金。永续年金是指收支一直持续到永远，没有终止期限的年金。

年金终值是指年金按复利计算、在若干期后的期末可得到的本利和。永续年金只有现值，没有终值。

① 普通年金终值

普通年金终值的计算公式如下：

$$FV = A + A \times (1+i) + A \times (1+i)^2 + \cdots + A \times (1+i)^{n-1}$$
$$= A \times \frac{(1+i)^n - 1}{i}$$

其中，A 是年金；i 是利率；n 是期数；FV 是年金的终值；$\frac{(1+i)^n - 1}{i}$ 是年金终值系数，简记为（$FV/A,i,n$）。

② 预付年金终值

预付年金终值的计算公式如下：

$$FV = A \times (1+i) + A \times (1+i)^2 + \cdots + A \times (1+i)^n$$
$$= A \times \frac{(1+i)^{n+1} - 1}{i} - 1$$

各参数的含义同普通年金终值。

（4）年金现值

年金现值是指为了在每期取得相等金额，现在需要投入的金额。

① 普通年金现值

普通年金现值的计算公式如下：

$$PV = A \times (1+i)^{-1} + A \times (1+i)^{-2} + \cdots + A \times (1+i)^{-n}$$
$$= A \times \frac{1 - (1+i)^{-n}}{i}$$

$\frac{1 - (1+i)^{-n}}{i}$ 称为年金现值系数，简记为（$PV/A,i,n$）。

② 预付年金现值

预付年金现值的计算公式如下。

$$PV = A + A \times (1+i)^{-1} + A \times (1+i)^{-2} + \cdots + A \times (1+i)^{-(n-1)}$$
$$= A \times \left[\frac{1 - (1+i)^{-(n-1)}}{i} + 1 \right]$$

（5）永续年金

如果年金定期等额支付一直持续到永远，则被称为永续年金。

$$永续年金现值 \ PV = \frac{A}{i}$$

例如，A 企业为某大学提供永久性奖学金，每年颁发的奖学金金额为 10000 元，假设银行存款利率为 5%，如果 A 企业想现在一次性将奖学金存入银行，则应该存入的款项=10000÷5%= 200000（元）。

2. 货币时间价值函数

Excel 为我们提供了有关年金现值、年金终值、年金、利率及期数的时间价值函数，如表 9-3 所示。

表 9-3　货币时间价值函数

函数名	作用	示例
FV(rate,nper,pmt,pv,type) 年金终值函数	基于固定利率和等额分期付款方式，返回某项投资的未来值	FV(10%,3,−100,−1000)=1662
PV(rate,nper,pmt,fv,type) 年金现值函数	返回某项投资的一系列等额分期偿还额的当前值之和，即年金现值	PV(10%,3,−100,−1000,1)=1024.87
PMT(rate,nper,pv,fv,type) 年金函数	该函数返回固定利率下投资或贷款的等额分期偿还额（包括本金和利息）	PMT(10%,3,−273.55,,1)=100
PPMT(rate,per,nper,pv,fv,type) 年金本金函数	该函数返回在固定利率、期数下某项投资回报或贷款偿还的本金部分	PPMT(10%,1,3,−248.69)=75.13 PPMT(10%,2,3,−248.69)=82.65 PPMT(10%,3,3,−248.69)=90.91
IPMT(rate,per,nper,pv,fv,type) 年金利息函数	该函数返回在固定利率、期数下某项投资回报或贷款偿还的利息部分	IPMT(10%,1,3,−248.69)=24.87 IPMT(10%,2,3,−248.69)=17.36 IPMT(10%,3,3,−248.69)=9.09
NPER(rate,pmt,pv,fv,type) 期数函数	该函数返回每期付款金额及利率固定的某项投资或贷款的期数	NPER(10%,−100,248.69)=3
RATE(nper,pmt,pv,fv,type,guess) 利率函数	该函数在已知期数、每期付款及现值或终值的条件下，返回年金的每期利率	RATE(3,−100,248.69)=10%

参数说明：

这些函数的参数类型比较接近，在这里统一进行介绍。

rate：复利利率。

nper：年金期数。

pmt：每期固定支付或收入的金额，即年金。当 pmt 为负数时，函数结果为正；当 pmt 为正数时，函数结果为负。

pv：指投资开始计算时已经入账的价值，缺省值为 0。

fv：未来值，是在最后一次付款期后获得的一次性偿还额，缺省值为 0。

type：年金类型，当取"1"时表示预付年金，当取"0"或缺省时表示普通年金。

注意事项：

（1）各参数取值相同时，年金函数、年金本金函数和年金利息函数存在以下对应关系：PMT()=PPMT()+IPMT()。

（2）RATE 函数中的 Guess 是对利率的猜测数，如果缺省，将假定为"10%"。如果 RATE 函数无法收敛，应该给出不同的 Guess 重新计算。

图 9-15 可以帮助大家很好地理解年金终值和年金现值的意义及其财务计算公式，以及 Excel 函数计算的对比。

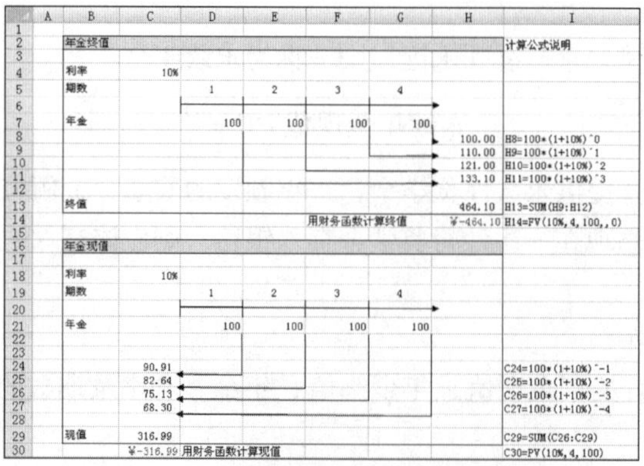

图 9-15　年金终值与年金现值计算示例

> **想一想**
>
> - FV(10%,3,-100,-1000,1)的含义是什么？
> - PV(10%,3,-100,-1000,1)的含义是什么？
> - 从表 9-3 中 PMT 函数、PPMT 函数、IPMT 函数的计算示例中可以得出什么结论？

知识点：FVSCHEDULE(principal,schedule)函数

作用：

基于一系列复利，返回某项投资的未来值。用于计算某项投资在变动或可调利率下的未来值。

参数说明：

principal：现值。

schedule：利率数组。

【**动手练 9-3**】企业存入银行 10000 元，按复利计算，银行存款第
1、第 2、第 3 年的利率分别为 3.5%、4%、5%，计算三年后本利和为多少。

① 选择 B6 单元格，单击 *fx*，打开"插入函数"对话框。

② 选择类别为"财务"函数，在函数列表中选择 FVSCHEDULE 函数，
单击"确定"按钮，打开"函数参数"对话框。

③ 设置函数参数，如图 9-16 所示。单击"确定"按钮，得到计算结果。

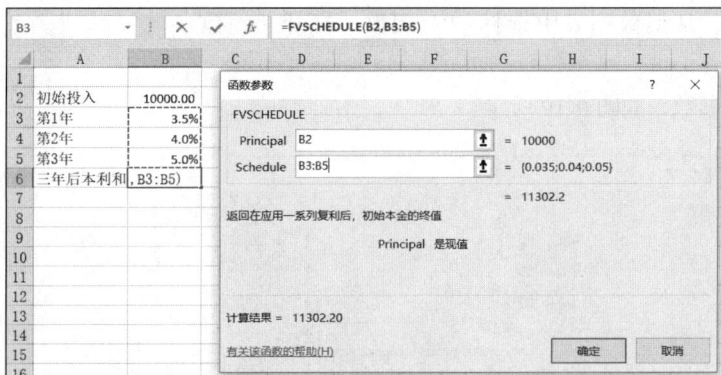

图 9-16　FVSCHEDULE 函数用法

9.2.2　实训任务

任务下达

某公司想要发行面值为 100 元的债券若干，债券期限为 3 年，票面利率为 5%，每年年末支付
利息，到期偿还本金，若市场实际利率为 3%，请问该债券的发行价格是多少？

任务解析

按照债券的实际发行价格和票面价格的异同，债券的发行方式包括平价发行、溢价发行和折价
发行三种。债券的发行价格与其面值不一致，主要是因为企业债券上标明的利率一经制作完成就无

法更改，而从债券印刷完成到正式发行，资金市场上的利率可能发生变化。为此，需要根据不同的市场利率测算债券的发行价格。

债券的发行价格取决于四项因素：债券面值、债券利率、市场利率和债券期限。

企业债券一般是每年按票面利率付息，到期归还本金。债券的估价模型如图 9-17 所示。

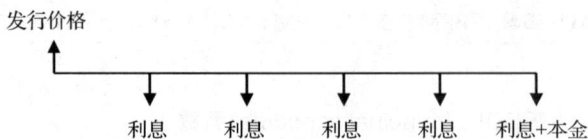

图 9-17　债券的估价模型

债券的发行价格，是指债券投资者购入债券时应支付的市场价格，它与债券的面值可能一致，也可能不一致。理论上，债券发行价格是债券的面值和支付的年利息按发行当时的市场利率折现所得到的现值。因此选用现值函数 PV 来解决这个问题。

现值函数 PV（rate,nper,pmt,fv,type）共有五个参数。其中第一个参数复利利率应取问题描述中的实际利率；第二个参数年金期数 3 年；第三个参数年金是企业每年发放的利息；第四个参数未来值是投资者 3 年后收到的本金 100 元；因为是年末支付利息，所以第五个参数可以省略。

任务指引

① 在 Excel 中建立基本数据，如图 9-18 所示。

② 选择 B6 单元格，单击 *fx*，打开"插入函数"对话框。选择类别为"财务"函数，从函数列表中选择 PV 函数，打开"函数参数"对话框。

③ 输入函数参数，如图 9-19 所示。

	A	B
1	债券融资	
2	债券面值（元）	100
3	债券期限（年）	3
4	票面利率	5%
5	实际利率	3%
6	发行价格	

图 9-18　基本数据

图 9-19　函数参数

④ 单击"确定"按钮，B6 单元格返回计算结果"-105.66"。

提示
- 引用财务函数得到的计算结果，单元格格式默认为"货币"格式。
- 如果本任务是每年年初支付利息，那么图 9-19 中最后一个参数"Type"为"1"。

任务 9.3　长期借款筹资

9.3.1　基本知识

1．理解模拟运算表

模拟运算表通过假设分析的方法进行数值预测，以查看公式中某些变量的不同组合对公式结果的影响。利用该工具进行模拟分析，计算迅速简便，能在一次操作中完成多组不同数值的计算；而且能在一张工作表中显示多组不同数值的计算结果，便于查看、比较和分析。

有两种类型的模拟运算表：单变量模拟运算表和双变量模拟运算表。

2．单变量模拟运算表

单变量模拟运算表是假设公式中的一个变量变化，对一个变量假设不同的值从而查看它对一个或多个公式的影响。

【动手练 9-4】小刘因购房需商业贷款 100 万元，贷款利率为 6.5%，测算一下如果选择等额分期付款，还款年限分别为 15 年、20 年、22 年、25 年、28 年、30 年的情况，则小刘每月需要还款多少？

动手练 9-4

① 建立基本数据区，图 9-20 中的 A2:A7 单元格区域表示不同的年限。

② 在基本数据区的右上角单元格，即 B1 单元格中构建计算公式。其中"Nper"中的"C1"代表变化的年限。其余参数均使用了常量。单击"确定"按钮，B1 单元格中返回"#NUM!"。

③ 选定单变量模拟运算区 A1:B7 单元格区域。

④ 选择"数据"|"模拟分析"|"模拟运算表"命令，打开"模拟运算表"对话框。

⑤ 在"输入引用列的单元格"文本框中输入代表列的变量"$C$1"，单击"确定"按钮，如图 9-21 所示。

图 9-20　输入函数参数

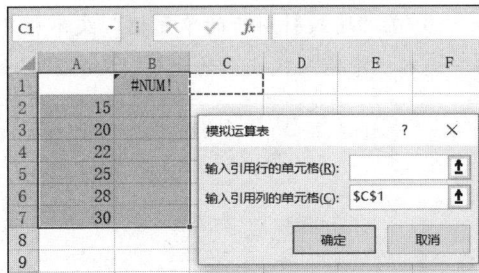

图 9-21　"模拟运算表"对话框

⑥ 显示计算结果如图 9-22 所示。

⑦ 单击 B2:B7 单元格区域中的任一单元格，公式栏中显示的内容如图 9-23 所示，表示该区域由单变量模拟运算表运算得出，列变量为 C1。删除 B2:B7 单元格区域中的任一单元格内容，系统弹出"无法只更改模拟运算表的一部分"信息提示框。模拟运算表是整体计算得出的，如果删除也需要整体删除。

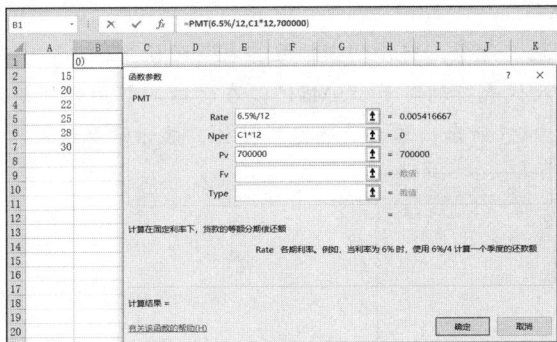

	A	B
1		#NUM!
2	15	-6097.752
3	20	-5219.012
4	22	-4990.573
5	25	-4726.45
6	28	-4529.113
7	30	-4424.476

图 9-22　计算结果

137

Excel 中的资金投入和资金收回是两个方向。我们假设借入资金 700000 元为正，那么模拟运算表中的结果是用于归还贷款的资金，因此为负值。如果我们在设置 PMT 参数时设置 Pv 为 "-700000"，那么模拟运算表的结果为正。

使用单变量模拟运算表时，应注意以下几个问题。

● 建立基本数据区。先将一组模拟变化的数据放置在一列或者一行。

● 构建公式。必须是在这列数据相邻列的右上角单元格（如本例）或者一行数据的左下角单元格输入公式。公式中变化的量一定用变量形式，该变量可以选择不在模拟运算表中的任何一个空白单元格表示。

● 调用单变量模拟运算表。输入引用行的单元格（若是按行放置基本数据）或者输入引用列的单元格（若是按列放置基本数据）。

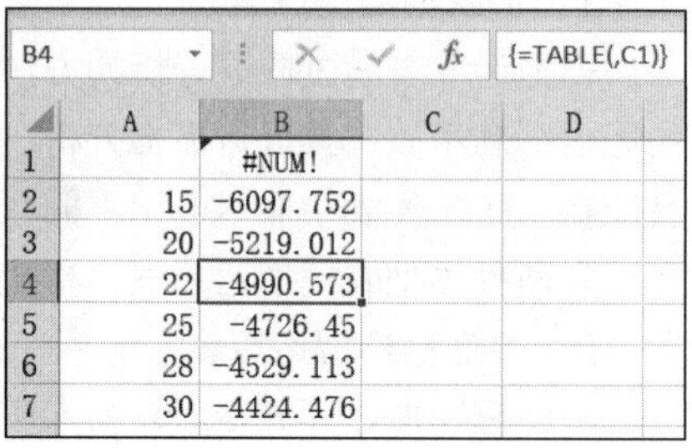

图 9-23　查看公式

3．双变量模拟运算表

双变量模拟运算表是假设公式中的两个变量变化，对两个变量假设不同的值从而查看它们对结果的影响。

【动手练 9-5】 制作一元复利终值系数表。

① 建立基本数据区。在 A2:A21、B1:K1 单元格区域中分别输入年限 "1～20" 和利率 "1%～10%"。

② 在基本数据区行与列交叉处单元格即 A1 单元格中构建计算公式，如图 9-24 所示。其中 "Rate" 文本框中的 "M1" 代表变化的利率，"Nper" 文本框中的 "M2" 代表变化的年限。单击 "确定" 按钮，A1 单元格中返回 "-1.00"。

动手练 9-5

③ 选定双变量模拟运算区 A1:K21 单元格区域。

④ 选择 "数据" | "模拟分析" | "模拟运算表" 命令，打开 "模拟运算表" 对话框。

⑤ 在 "输入引用行的单元格" 文本框中输入代表行的变量 "$M$1"，在 "输入引用列的单元格" 文本框中输入代表列的变量 "$M$2"，如图 9-25 所示。单击 "确定" 按钮，显示计算结果。

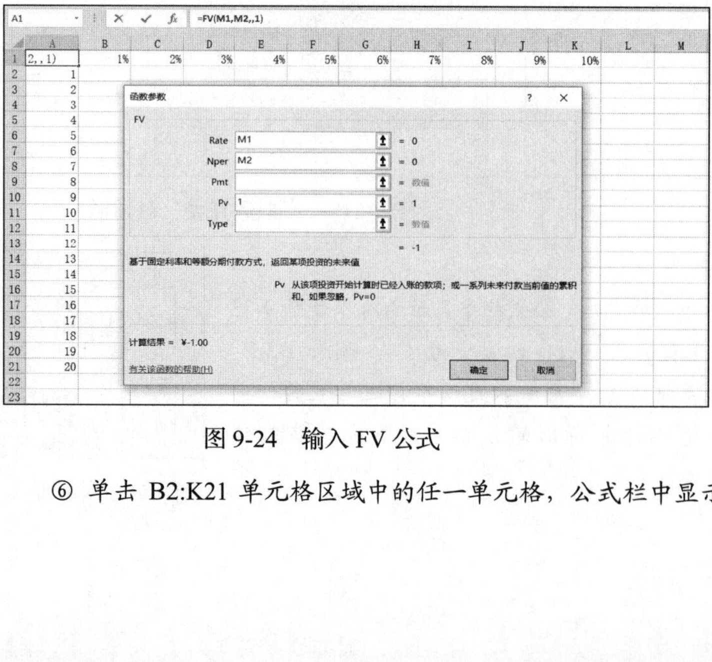

图 9-24　输入 FV 公式

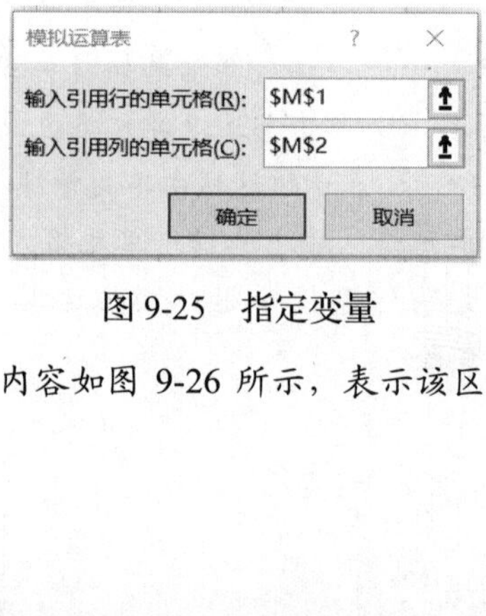

图 9-25　指定变量

⑥ 单击 B2:K21 单元格区域中的任一单元格，公式栏中显示的内容如图 9-26 所示，表示该区

域是由双变量模拟运算表运算得出的，行变量为 M1，列变量为 M2。删除 B2:K21 单元格区域中的任一单元格，系统弹出"无法只更改模拟运算表的一部分"信息提示。

	A	B	C	D	E	F	G	H	I	J	K
	K21		fx	{=TABLE(M1,M2)}							
1	¥-1.00	1%	2%	3%	4%	5%	6%	7%	8%	9%	10%
2	1	-1.01	-1.02	-1.03	-1.04	-1.05	-1.06	-1.07	-1.08	-1.09	-1.1
3	2	-1.0201	-1.0404	-1.0609	-1.0816	-1.1025	-1.1236	-1.1449	-1.1664	-1.1881	-1.21
4	3	-1.0303	-1.06121	-1.09273	-1.12486	-1.15763	-1.19102	-1.22504	-1.25971	-1.29503	-1.331
5	4	-1.0406	-1.08243	-1.12551	-1.16986	-1.21551	-1.26248	-1.3108	-1.36049	-1.41158	-1.4641
6	5	-1.05101	-1.10408	-1.15927	-1.21665	-1.27628	-1.33823	-1.40255	-1.46933	-1.53862	-1.61051
7	6	-1.06152	-1.12616	-1.19405	-1.26532	-1.3401	-1.41852	-1.50073	-1.58687	-1.6771	-1.77156
8	7	-1.07214	-1.14869	-1.22987	-1.31593	-1.4071	-1.50363	-1.60578	-1.71382	-1.82804	-1.94872
9	8	-1.08286	-1.17166	-1.26677	-1.36857	-1.47746	-1.59385	-1.71819	-1.85093	-1.99256	-2.14359
10	9	-1.09369	-1.19509	-1.30477	-1.42331	-1.55133	-1.68948	-1.83846	-1.999	-2.17189	-2.35795
11	10	-1.10462	-1.21899	-1.34392	-1.48024	-1.62889	-1.79085	-1.96715	-2.15892	-2.36736	-2.59374
12	11	-1.11567	-1.24337	-1.38423	-1.53945	-1.71034	-1.8983	-2.10485	-2.33164	-2.58043	-2.85312
13	12	-1.12683	-1.26824	-1.42576	-1.60103	-1.79586	-2.0122	-2.25219	-2.51817	-2.81266	-3.13843
14	13	-1.13809	-1.29361	-1.46853	-1.66507	-1.88565	-2.13293	-2.40985	-2.71962	-3.0658	-3.45227
15	14	-1.14947	-1.31948	-1.51259	-1.73168	-1.97993	-2.2609	-2.57853	-2.93719	-3.34173	-3.7975
16	15	-1.16097	-1.34587	-1.55797	-1.80094	-2.07893	-2.39656	-2.75903	-3.17217	-3.64248	-4.17725
17	16	-1.17258	-1.37279	-1.60471	-1.87298	-2.18287	-2.54035	-2.95216	-3.42649	-3.97031	-4.59497
18	17	-1.1843	-1.40024	-1.65285	-1.9479	-2.29202	-2.69277	-3.15882	-3.70002	-4.32763	-5.05447
19	18	-1.19615	-1.42825	-1.70243	-2.02582	-2.40662	-2.85434	-3.37993	-3.99602	-4.71712	-5.55992
20	19	-1.20811	-1.45681	-1.75351	-2.10685	-2.52695	-3.0256	-3.61653	-4.3157	-5.14166	-6.11591
21	20	-1.22019	-1.48595	-1.80611	-2.19112	-2.6533	-3.20714	-3.86968	-4.66096	-5.60441	-6.7275

图 9-26　一元复利终值系数表

提示　使用双变量模拟运算表时，初始公式必须构建在行与列交叉处的单元格中。

9.3.2　实训任务

任务下达

根据企业经营计划及资金需要量预测：海润公司决定向银行借入长期借款，如果想借入 100 万元，在等额分期付款方式下，如果利率在 6%～12%变动，每次变动 0.25%，贷款年限在 3～10 年变动，企业每个月需要偿还多少钱？

任务解析

长期借款是指企业向银行或其他金融机构借入的，期限在一年以上（不含一年）或超过一年的一个营业周期以上的各项借款。企业长期借款主要用于固定资产投资或更新改造、科技开发和新产品试制等。

本任务利用双变量模拟运算表设计一个长期借款分析模型，用于当贷款金额一定时，在不同贷款利率和贷款年限组合下，自动计算每期需要偿还的金额。

任务指引

① 建立基本数据区。在 Excel 中的 B3:B27 单元格区域中利用序列填充输入不同的贷款利率；在 C2:J2 单元格区域中输入不同的贷款期限。

② 输入年金函数。将鼠标光标定位在 B2 单元格上。输入计算每期还款额函数 PMT，如

图 9-27 所示。本任务中贷款期限和利率均为不确定的数据，因此 PMT 函数中使用了两个变量 A2 和 A3，分别代表期限和利率。单击"确定"按钮返回。B2 单元格中出现"#NUM!"错误提示，可不予理会。

图 9-27　构建模拟运算表

③ 调用模拟运算表。选中 B2:J27 单元格区域，选择"数据"|"模拟分析"|"模拟运算表"命令，打开"模拟运算表"对话框。

④ 输入数据表参数。将鼠标光标定位在"输入引用行的单元格"文本框中，单击 A2 单元格，文本框中出现"$A$2"，同样，将鼠标光标定位在"输入引用列的单元格"文本框中，选择 A3 单元格，文本框中出现"$A$3"。

⑤ 单击"确定"按钮，数据表中即可显示计算结果。

本项目知识点总结

本项目介绍了 Excel 以下知识点。

- 线性回归预测函数：FORECAST.LINEAR、INTERCEPT+SLOPE、TREND
- 数据分析：回归
- 货币时间价值函数：FV、PV、PMT、IPMT、PPMT、NPER、RATE
- 模拟运算表：单变量模拟运算表、双变量模拟运算表

通关测试

1. 现有一个基金投资项目，购买成本为 800000 元，该基金可以在以后 20 年内于每月月末回报 6000 元。若期望的最低年回报率为 8%，问投资该项基金是否合算？

2. 众诚公司拟于 2021 年 1 月 1 日发行面值为 1000 元的债券，票面利率为 8%，期限为 5 年，每年 1 月 1 日付息，到期时归还本金，假定市场利率为 5%，债券的发行价格为多少？

3. 请用双变量模拟运算表制作年金现值系数表。

4. 已知前五年的流动资产、固定资产、流动负债和销售收入的数据如图 9-28 所示。假定流动资产、固定资产、流动负债与销售收入相关，请分别建立流动资产、固定资产、流动负债的线性方程，并在此基础上预测 2021 年的外部融资需求（假定 2021 年预测销售收入为 800 元，长期负债为 350 元，销售净利率和股利支付率分别为 20% 和 10%）。

	A	B	C	D	E
1			历史数据		
2	年　份	销售收入	流动资产	固定资产	流动负债
3	2016	500.00	100.00	1000.00	110.00
4	2017	550.00	120.00	1500.00	110.00
5	2018	580.00	120.00	1800.00	120.00
6	2019	650.00	150.00	2000.00	150.00
7	2020	700.00	160.00	2100.00	170.00

图 9-28　前五年历史数据

项目 10　Excel 在投资决策中的应用

项目目标

掌握投资决策指标相关函数
掌握项目投资决策
掌握固定资产更新投资决策

任务 10.1　投资决策指标及其函数

10.1.1　基本知识

投资决策的关键是对可供选择的投资项目和投资方案进行比较，从中选出经济效益最佳的方案，因此，正确计算和评价投资项目的经济效益是投资决策的核心问题。

评价投资方案时使用的指标有两类：一类是非贴现现金流量指标，它没有考虑资金的时间价值，主要包括回收期法、投资收益率等；另一类是贴现现金流量指标，它考虑了资金的时间价值，主要包括净现值、现值指数和内含报酬率。根据这两类指标，投资项目评价方法也相应地分为非贴现的评价方法和贴现的评价方法。

1．净现值法

所谓净现值法，是指以项目的净现值作为评价方案优劣的指标的方法。净现值是指项目未来的现金流入按照预定贴现率折算的现值与项目未来的现金流出按照预定的贴现率折算的现值之差。这里的贴现率既可以是企业的资金成本率，也可以是企业要求的最低报酬率。项目的净现值大于零，说明该项目的报酬率大于预定的贴现率；项目的净现值等于零，说明该项目的报酬率等于预定的贴现率；项目的净现值小于零，说明该项目的报酬率小于预定的贴现率。净现值是绝对数，反映项目的投资效益，更适用于互斥项目的比较和评价。

知识点：NPV（rate,value1,value2,…）——净现值函数

作用：

返回未来各期现金流量 value1、value2…以 rate 为贴现率折算的现值。

参数说明：

rate：贴现率（也称必要报酬率、内部报酬率、资金成本等）。

value1、value2……：未来各期的现金流量，最多允许 254 个。

注意事项：

（1）参数 value1、value2…分别代表未来第 1 期、第 2 期……的期末现金流量，如果某期无现金流量，也必须用 0 值表示。

（2）value1、value2…必须具有相等的时间间隔，并且都发生在期末。

（3）项目初始投资不应出现在参数中。计算项目的净现值时，只要计算未来各期的净现值（NPV）与初始投资之差即可。

【动手练 10-1】某项目今年年初需要投资 300000 元，未来四年每年年末可分别收回 85000 元、90000 元、95000 元和 98000 元，假设必要报酬率为 8%，评价该项目是否值得投资。

动手练 10-1

① 建立基本数据区。将项目已知数据建立在 Excel 中。

② 单击 B7 单元格，单击 f_x，打开"插入函数"对话框。选择"财务"分类下的 NPV 函数，单击"确定"按钮，打开"函数参数"对话框。

③ 设置函数参数，如图 10-1 所示。单击"确定"按钮返回。

④ 单击编辑栏中的公式，将其修改为 "=NPV(B1,B3:B6) -B2"，如图 10-2 所示。

由于 NPV>0，投资该项目可行。

图 10-1　设置 NPV 函数参数

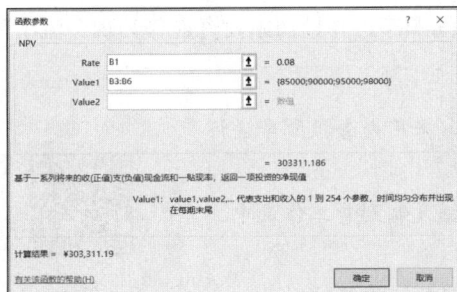

图 10-2　用净现值函数评价项目

提示
- 初始投资发生在第 0 年年初。该笔投资不应出现在 NPV 函数参数中。
- B3:B6 数组形式在 NPV 函数中只算一个参数。

2．现值指数法

现值指数法是指以项目的现值指数作为评价方案优劣的指标的方法。现值指数是项目未来的现金流入按照预定贴现率折算的现值与项目未来的现金流出按照预定的贴现率折算的现值之商。现值指数大于 1，说明该项目的报酬率大于预定的贴现率；现值指数等于 1，说明该项目的报酬率等于预定的贴现率；现值指数小于 1，说明该项目的报酬率小于预定的贴现率。现值指数是相对数，反映项目的投资效率，更适用于独立项目的比较和评价。现值指数没有对应的函数，采用现值指数法计算项目的现值指数时，只要计算未来各期的 NPV 与初始投资现值之商即可。即：

$$PVI = \frac{NPV()}{初始投资现值}$$

式中，PVI 为现值指数，NPV()为净现值。

3．内含报酬率法

内含报酬率法是指以方案本身内含报酬率作为评价方案优劣的指标的方法。内含报酬率是使项目未来现金流入现值恰好等于项目未来现金流出现值的贴现率。内含报酬率是项目本身的投资报酬率，它同现值指数一样，也是一个相对指标，可以用于独立投资项目的评价。内含报酬率法在用于项目评价时不必事先选择贴现率，只要最后将资金成本率或内部报酬率与此内含报酬率进行比较，来确定方案是否可行即可。

143

Excel 提供了内含报酬率函数和修正内部报酬率函数，下面分别加以介绍。

（1）内含报酬率函数

知识点：IRR（values,guess）内含报酬率函数

作用：

返回连续期间现金流量 values 的内含报酬率。

参数说明：

values：连续期间的现金流量。

guess：用户猜想的接近 IRR 结果的数值，如果省略，则为 0.1，即 10%。

注意事项：

① 参数 values 必须是数组或地址区域，并且必须包含至少一个正数（现金流入）和负数（现金流出）。

② values 中的数据的先后顺序代表了现金流量的期间顺序，并且初始投资应作为现金流出现在 values 中第一个数据位置。

【动手练 10-2】仍以【动手练 10-1】项目为例，采用内含报酬率法评价投资该项目是否可行。

① 建立基本数据区。将【动手练 10-1】中的项目数据复制到新工作表中。修改初始投资 B2 单元格为 "-300000"。

② 单击 B7 单元格，单击 f_x，打开 "插入函数" 对话框。选择 "财务" 分类下的 IRR 函数，单击 "确定" 按钮，打开 "函数参数" 对话框。

③ 设置函数参数，如图 10-3 所示。单击 "确定" 按钮返回。

④ 单击 B7 单元格，设置为百分比、两位小数显示格式，结果如图 10-4 所示。

由于 IRR=8.48%，大于内部报酬率 8%，投资该项目可行。

图 10-3　设置 IRR 参数设置

图 10-4　用内含报酬率评价项目

（2）修正内含报酬率函数

内含报酬率虽然考虑了时间价值，但是未考虑现金流入的再投资机会。因此，根据再投资的假设，提出了修正内含报酬率。

知识点：MIRR（values,finance_rate,reinvest_rate）修正内含报酬率函数

作用：

返回在考虑投资成本及现金再投资利率下一系列分期现金流的内部报酬率。

参数说明：

values：连续期间的现金流量。

finance_rate：现金流中投入资金的融资利率。

reinvest_rate：将各期收入的现金流再投资的报酬率。

【动手练 10-3】仍以【动手练 10-2】项目为例，采用修正内含报酬率法评价投资该项目是否可行。假设融资利率及再投资报酬率均为 10%。

① 建立基本数据区。将【动手练 10-2】中的 B2:B6 单元格区域内容复制到本表 C2:C6 单元格区域。

② 单击 C7 单元格，单击 f_x，打开"插入函数"对话框。选择"财务"分类下的 MIRR 函数，单击"确定"按钮，打开"函数参数"对话框。

③ 设置函数参数，如图 10-5 所示。单击"确定"按钮返回。

④ 单击 C7 单元格，设置为百分比、两位小数显示格式，如图 10-6 所示。

由于 MIRR=9.07%，大于内部报酬率 8%，投资该项目可行。

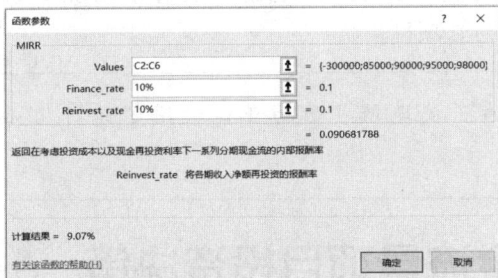

图 10-5　设置 MIRR 函数参数

图 10-6　用修正内含报酬率评价项目

10.1.2　实训任务

任务下达

某企业有三种投资方案，简称 A 项目、B 项目和 C 项目。三种方案的初始投资及未来现金流量标识于图 10-7 的 A1:E11 单元格区域。假设资金成本为 10%，请用净现值法、现值指数法、内含报酬率法和修正内含报酬率法进行项目投资决策。（假设再投资的资金成本仍为 10%）

图 10-7　无风险项目投资决策

在讨论投资决策时，如果假设现金流量及其发生时间是确定的，或者不确定性很小可以忽略其影响，则该决策称为无风险项目投资决策。

任务指引

① 在 B14:E18 单元格区域中构建计算区。在 C15:C18 单元格区域中分别输入公式：

C15=NPV($E$13,C4:C11)+C3；

C16=ABS(NPV($E$13,C4:C11)/C3)；

C17=IRR(C3:C11)；

C18=MIRR(C3:C11,$E$13,$E$13)。

② 选中 C15:C18 单元格区域，拖动该单元格区域的填充柄，将公式复制到 D15:E18 单元格区域。

③ 由计算结果可知，在三个项目中，最优选择为 B 项目。

> **提示**　因为初始投资用负数表示，为了使现值指数为正，使用了绝对值函数 ABS(number)。

任务 10.2　非固定周期现金流量项目投资决策

10.2.1　基本知识

任务 10.1 中介绍的 NPV 函数、IRR 函数和 MIRR 函数中涉及的现金流量均要求是固定周期的，但在现实生活中，项目投资回报也可能是非周期性的。Excel 中也提供了相应函数解决非固定周期现金流量项目投资决策评价问题。

1．XNPV 函数

知识点： XNPV(rate,values,dates)

作用：返回一组非定期发生的现金流的净现值。

参数说明：

rate：应用于现金流的贴现率。

values：一系列现金流。

dates：对应以上现金流的付款日期。

2．XIRR 函数

知识点： XIRR(values,dates,guess)

作用：返回一组非定期发生的现金流的内含报酬率。

参数说明：

values：一系列现金流。

dates：对应以上现金流的付款日期。

guess：一个接近 XIRR 函数结果的数字，可省略。

10.2.2 实训任务

任务下达

实训 2

已知项目资料如下：2021 年 1 月 1 日支付 100000 元，2021 年 3 月 1 日可收回 25000 元，2021 年 6 月 30 日可收回 40000 元，2022 年 2 月 18 日可收回 30000 元，2022 年 4 月 30 日可收回 15000 元。假设必要报酬率为 10%，请评价投资该项目是否可行。

任务解析

因为现金流量是非固定周期发生的，所以我们选用 XNPV 函数或 XIRR 函数来评价该项目。

任务指引

① 在 A1:B6 单元格区域构建数据区，数据区中既要包括现金流，也要包括现金流发生的日期。

② 在 B7 单元格中调用 XIRR 函数，得到计算结果，如图 10-8 所示。XIRR>10%，表明投资该项目可行。

③ 在 B8 单元格中调用 XNPV 函数，得到计算结果，如图 10-9 所示。XNPV>0，表明投资该项目可行。

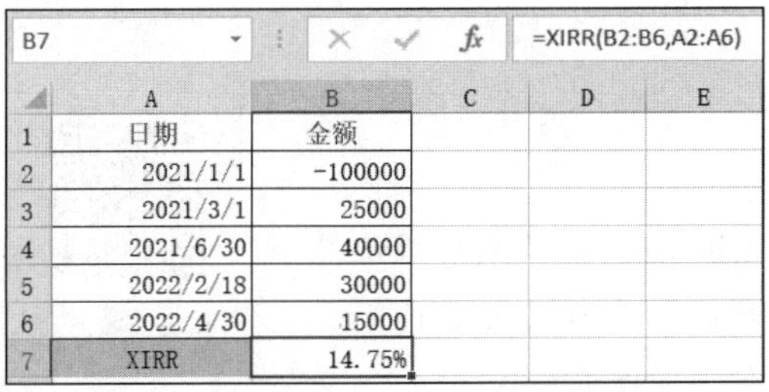

B7 =XIRR(B2:B6,A2:A6)

	A	B	C	D	E
1	日期	金额			
2	2021/1/1	-100000			
3	2021/3/1	25000			
4	2021/6/30	40000			
5	2022/2/18	30000			
6	2022/4/30	15000			
7	XIRR	14.75%			

图 10-8 利用 XIRR 函数评价投资项目

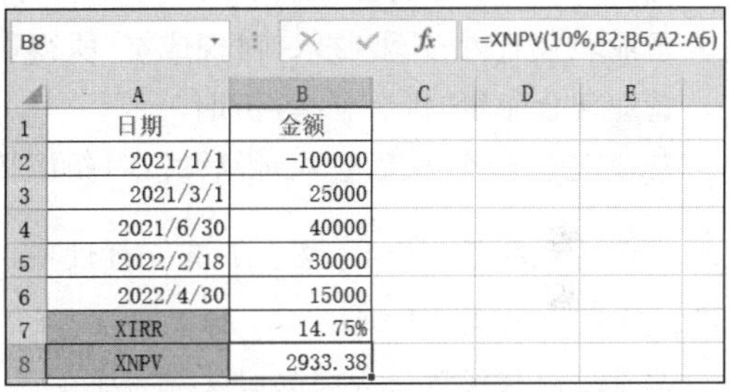

B8 =XNPV(10%,B2:B6,A2:A6)

	A	B	C	D	E
1	日期	金额			
2	2021/1/1	-100000			
3	2021/3/1	25000			
4	2021/6/30	40000			
5	2022/2/18	30000			
6	2022/4/30	15000			
7	XIRR	14.75%			
8	XNPV	2933.38			

图 10-9 利用 XNPV 函数评价投资项目

任务 10.3 固定资产更新决策

10.3.1 基本知识

当旧资产在技术上或经济上不宜再被继续使用的时候，企业可能用新技术对其进行局部改造或者购建新的资产进行替换，我们将其统称为固定资产更新。但究竟是继续使用旧设备有利，还是重新购建新设备有利呢？我们可以通过固定资产更新决策得出答案。

1．固定资产更新决策

固定资产更新决策是指决定继续使用旧设备还是购买新设备的一种决策，如果购买新设备，旧设备将以市场价格出售。根据新旧设备的未来使用寿命是否相同，需要采用两种不同的方法来进行决策分析。

（1）新旧设备使用寿命相同的更新决策

在新旧设备未来使用期相同的情况下，一般普遍采用的方法是差额分析法，用以计算购置新设备和继续使用旧设备两个方案净现值差额，如果净现值差额大于零，则购置新设备，否则继续使用旧设备。

（2）新旧设备使用寿命不同的更新决策

当新旧设备的未来使用寿命不同时，可采用平均年成本法，以年成本较低的方案作为较优方案。平均年成本是指购置新设备或继续使用旧设备所引起的现金流出的年平均值，在不考虑货币时间价值的情况下，平均年成本是指未来使用年限内现金流出总额与可使用年限的比值；在考虑货币时间价值的情况下，平均年成本是指未来使用年限内现金流出现值总额与年金现值系数的比值。

2．所得税与折旧对投资的影响

所得税是企业的一种现金流出，它的多少与利润和所得税税率有关，而作为计入成本、费用的折旧会影响利润进而影响所得税。虽然折旧不是现金流出，但它却能够影响所得税这一现金流出，因而谈论所得税必然要涉及折旧问题。

（1）税后成本与税后收入

税后成本是指扣除所得税影响后的费用净额，即税后成本=支付金额×（1-税率）。

税后收入是指扣除所得税影响后的收入净额，即税后收入=收入金额×（1-税率）。

（2）折旧抵税

折旧可以减少利润进而减少所得税，我们把折旧的这种作用称为"折旧抵税"。所得减少额等于折旧额与所得税税率的乘积。

（3）税后现金流量的计算

通常，税后现金流量可以采用以下三种方法进行计算。

营业现金流量=营业收入-付现成本-所得税。

营业现金流量=税后利润+折旧。

营业现金流量=税后收入-税后成本+折旧抵税。

【动手练 10-4】某企业有一台设备，预计使用 10 年，目前已经使用 5 年；市面上出现一种新设备，新、旧设备的有关资料如表 10-1 所示。请问，该企业是应该购买新设备淘汰旧设备，还是应该继续使用旧设备？

动手练 10-4

表 10-1　新、旧设备资料

项目	旧设备	新设备
原值（元）	80000	140000
预计使用年限（年）	10	5
已使用年限（年）	5	
年销售收入（元）	100000	1560000
每年付现成本（元）	60000	80000
残值（元）		20000
变现收入（元）	10000	
折旧方法	直线法	直线法（年数总和法、双倍余额递减法）
其他相关	资金成本 10%、所得税税率 25%	

审题可知，本题属于寿命相等的固定资产更新决策。

① 在 Excel 中建立基本数据区。如图 10-10 中灰色部分所示。

② 计算固定资产折旧。假设新、旧设备都采用直线法计提折旧，运用 SLN 函数计算各年折旧额。分别见第 13 行和第 24 行。

③ 有关新、旧设备现金流量的计算原理如下。

第 14 行和第 25 行：税前净利=销售收入−付现成本−折旧；

第 15 行和第 26 行：所得税=税前净利×所得税税率；

第 16 行和第 27 行：税后净利=税前净利−所得税；

第 17 行和第 28 行：营业净现金流量=税后净利+折旧；

第 29 行：终结现金流量这里指到期能收回的设备残值；

第 19 行和第 30 行：现金流量=营业净现金流量+终结现金流量。

④ 计算净现值。在 C5 单元格中计算旧设备的净现值；在 F5 单元格中计算新设备的净现值。

⑤ 决策。因为"新设备净现值+旧设备的变现收入<旧设备的净现值"，可以得出"不更新"的决策。也可以在 F8 单元格中利用 IF 函数根据计算结果判断是否需要更新。

图 10-10　固定资产更新决策模型

在【动手练 10-4】中，新设备采用直线法计提折旧，最终得到"不更新"的结论。前面讨论过，企业采用的折旧方法对投资决策产生直接影响，试想一下，按照现行规定，如果新设备采用加速折旧法计提折旧，结果会有什么不同吗？

10.3.2　实训任务

任务下达

验证新设备选择不同折旧方法对固定资产更新决策的影响。

任务解析

在图 10-10 中，E8 单元格中新设备的折旧方法"直线法"是一个常量。我们将新设备折旧方法设置为可选项，以观察企业选用不同的方法是否会对固定资产更新决策产生影响。

任务指引

1．将新设备折旧方法 F8 单元格设置为可选项

① 单击 E8 单元格，选择"数据"|"数据验证"|"数据验证"命令，打开"数据验证"对话框。

② 设置验证条件。设置允许"序列"，序列来源为"直线法,年数总和法,双倍余额递减法"。单击"确定"按钮返回。

2．设置新设备折旧公式

① 在新设备折旧额计算行 B24 单元格建立公式"=IF($E$8="直线法",SLN($E$4,$E$7,$E$5), IF($E$8="年数总和法",SYD($E$4,$E$7,$E$5,B21),IF(OR(B21=4,B21=5),($E$4-$E$7-SUM($B$24: $D$24))/2,DDB($E$4,$E$7,$E$5,B21)))) "

公式解析：首先判断 E8 单元格中选择的折旧方法，如果 E8 单元格中是"直线法"，那么调用 SLN($E$4,$E$7,$E$5)计算折旧；如果 E8 单元格中是"年数总和法"，那么调用 SYD($E$4, $E$7,$E$5,B21)计算折旧；如果 E8 单元格中是"双倍余额递减法"，那么还要区分以下两种情况，如果当前年限是第 4 年或者第 5 年，折旧额按照"（原值-净残值-前三年折旧）/2"计算，如果不是最后两年，就调用"DDB($E$4,$E$7,$E$5,B21)"函数计算折旧。

② 将 B24 单元格中的公式复制到 C24:F24 单元格区域，得到按选定的折旧方法计算的不同时期的折旧额。

③ 新、旧设备的净现值和是否更新决策也随着折旧方法的变化发生变化。可以看出，当新设备的折旧方法为"直线法"时，结论是"不更新"；当折旧方法是年数总和法和双倍余额递减法时，结论变更为"更新"。

修订后的固定资产更新决策模型如图 10-11 所示。

	A	B	C	D	E	F
1			固定资产更新决策模型			
2	资金成本 10%		所得税税率 25%			
3	旧设备：			新设备：		
4	初始投资	80000	净现值	初始投资	140000	净现值
5	预计使用年限	10	￥121,305.18	预计使用年限	5	￥113,618.36
6	已使用年限	5		已使用年限	0	
7	残值	0	变现收入	残值	20000	是否更新
8	折旧方法	直线法	10000	折旧方法	双倍余额递减法	更新
9						
10	旧设备剩余使用年限	1	2	3	4	5
11	销售收入	100000	100000	100000	100000	100000
12	付现成本	60000	60000	60000	60000	60000
13	折旧额	8000	8000	8000	8000	8000
14	税前净利	32000	32000	32000	32000	32000
15	所得税	8000	8000	8000	8000	8000
16	税后净利	24000	24000	24000	24000	24000
17	营业净现金流量	32000	32000	32000	32000	32000
18	终结现金流量					
19	现金流量	32000	32000	32000	32000	32000
20						
21	新设备剩余使用年限	1	2	3	4	5
22	销售收入	156000	156000	156000	156000	156000
23	付现成本	80000	80000	80000	80000	80000
24	折旧额	56000	33600	20160	5120	5120
25	税前净利	20000	42400	55840	70880	70880
26	所得税	5000	10600	13960	17720	17720
27	税后净利	15000	31800	41880	53160	53160
28	营业净现金流量	71000	65400	62040	58280	58280
29	终结现金流量					20000
30	现金流量	71000	65400	62040	58280	78280

图 10-11　更新后的固定资产决策模型

本项目知识点总结

本项目介绍了 Excel 以下知识点。

- 项目评价指标函数：NPV、IRR、MIRR
- 非固定周期现金流量投资评价指标函数：XNPV、XIRR
- 寿命相等的固定资产更新决策

通关测试

1. 某企业有三种投资方案可供选择，相关数据如表 10-2 所示，请用净现值法、现值指数法和内含报酬率法做出投资决策选择（结果保留两位小数）。

表 10-2　相关数据

期间	A 方案	B 方案	C 方案
0	−20000	−90000	−120000
1	12000	50000	45000
2	12000	30000	45000
3		20000	45000

2. 天机公司目前在用一台四年前购入的机床，原始成本为 200000 元，剩余使用年限为 6 年，假定期满无残值，采用直线法已提折旧 80000 元，账面折余价值为 120000 元，使用该设备每年可获得销售收入 298000 元，每年支付的直接材料和直接人工为 226000 元。目前市面上有一种新型机床，可以提高产品的产量和质量，价款为 300000 元，预计使用年限为 6 年，预计净残值为 15000 元。旧机床可以作价 70000 元，使用新设备每年可增加销售收入 50000 元，同时每年节约直接材料和直接人工 20000 元。

建立固定资产更新决策模型，假设资金成本为 10%，所得税税率为 25%，根据净现值对该设备是否更新做出决策。

项目 11 Excel 在财务分析中的应用

项目目标

学会获取财务分析的数据源

学会条件格式的应用

掌握利用 Excel 进行比率分析、比较分析和综合分析

任务 11.1 获取财务分析数据

11.1.1 基本知识

财务分析，又称财务报表分析，是以会计核算和报表资料及其他相关资料为依据，采用一系列专门的分析技术和方法，对企业等经济组织过去和现在有关筹资活动、投资活动、经营活动、分配活动的盈利能力、营运能力、偿债能力和成长能力等进行分析与评价，为企业的投资者、债权人、经营者及其他关心企业的组织或个人了解企业过去、评价企业现状、预测企业未来做出正确决策提供准确的信息或依据的经济管理活动。

财务分析的主要方法包括比率分析、比较分析和综合分析。

进行财务分析的首要工作就是根据财务分析的目标来搜集和整理财务分析要用到的基础数据。企业会计核算资料和财务报表是财务分析要使用的最主要的数据。如果分析对象是本企业，那么这些资料唾手可得；如果分析对象是同行企业或其他企业，就要通过一定方式从外部获取。

在 Excel 中，利用"获取外部数据"功能可以从以下来源获取数据：自 Access、自 Web、自文本文件以及自其他来源。

1．自 Access 获取数据

Microsoft Office Access 是由微软公司发布的关系数据库管理系统，是微软 Office 办公套件的成员之一，是桌面数据库的代表。早期开发的财务软件曾采用 Access 作为数据库，但目前使用较多的数据库是 SQL Server 和 Oracle。

2．自 Web 获取数据

企业的经营数据广泛地存在于其自身网站和机构网站，如证券交易所等，因此需要掌握如何从网页中获取数据。

3．自文本文件中获取数据

文本文件是指以 ASCII 码方式（也称"文本方式"）存储的文件，确切地说，英文、数字等字符存储的是 ASCII 码，而汉字存储的是机内码。文本文件中除了存储文件有效字符信息（包括能用 ASCII 码字符表示的回车、换行等信息）外，不存储其他任何信息，如格式。

【动手练 11-1】导入"会计凭证.txt"文件到 Excel 中。

① 选择"数据"|"获取外部数据"|"自文本"命令，打开"导入文本文件"对话框。

② 选中要导入的文本文件"会计凭证.txt",单击"导入"按钮,打开"文本导入向导-第 1 步,共 3 步"对话框。选中"分隔符号"单选按钮,在预览文件列表中可以看到即将导入的文本文件内容,单击"下一步"按钮,如图 11-1 所示。

动手练 11-1

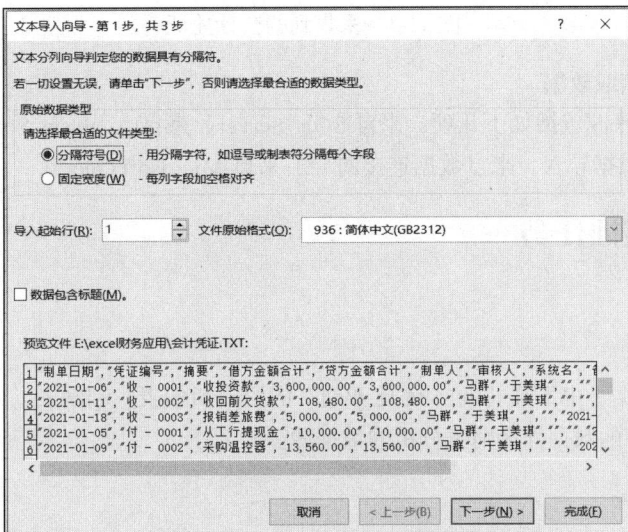

图 11-1　文本导入向导-第 1 步

③ 打开"文本导入向导-第 2 步,共 3 步"对话框,选中"逗号"复选框,在"数据预览"列表中可以看到效果,如图 11-2 所示,单击"下一步"按钮。

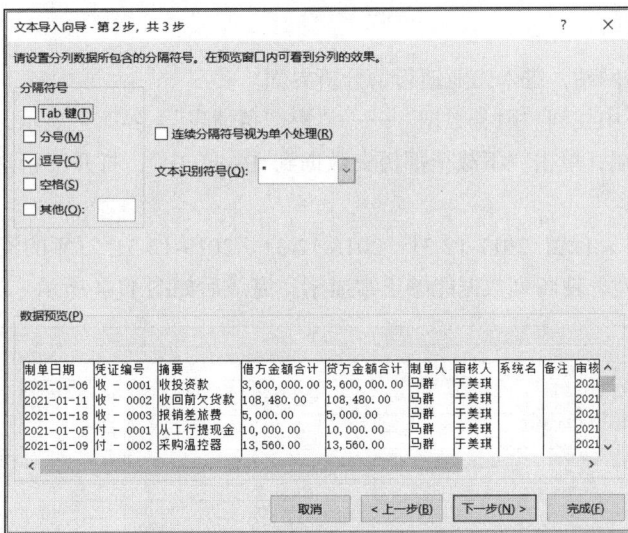

图 11-2　文本导入向导-第 2 步

④ 打开"文本导入向导-第 3 步,共 3 步"对话框。选择要导入的列,并设置数据格式,完成后,单击"完成"按钮,打开"导入数据"对话框。

⑤ 选择数据放置位置为当前工作表 A1 单元格,单击"确定"按钮,即可将文本文件采集到 Excel 中,如图 11-3 所示。

	A	B	C	D	E	F	G	H	I	J	K	L
1	制单日期	凭证编号	摘要	借方金额合计	贷方金额合计	制单人	审核人	系统名	备注	审核日期	年度	
2	2021-1-6	收 - 0001	收投资款	3,600,000.00	3,600,000.00	马群	于美琪			2021-1-20	2021	
3	2021-1-11	收 - 0002	收回前欠货款	108,480.00	108,480.00	马群	于美琪			2021-1-20	2021	
4	2021-1-18	收 - 0003	报销差旅费	5,000.00	5,000.00	马群	于美琪			2021-1-20	2021	
5	2021-1-5	付 - 0001	从工行提现金	10,000.00	10,000.00	马群	于美琪			2021-1-20	2021	
6	2021-1-9	付 - 0002	采购温控器	13,560.00	13,560.00	马群	于美琪			2021-1-20	2021	
7	2021-1-15	转 - 0001	采购板材	81,360.00	81,360.00	马群	于美琪			2021-1-20	2021	
8	2021-1-20	转 - 0002	销售产品	94,920.00	94,920.00	马群	于美琪			2021-1-20	2021	
9	2021-1-31	转 - 0003	计提短期借款利息	2,000.00	2,000.00	马群	于美琪			2021-1-31	2021	
10	2021-1-31	转 - 0004	期间损益结转	84,000.00	84,000.00	马群	于美琪			2021-1-31	2021	
11			合计	3,999,320.00	3,999,320.00							
12												

图 11-3 采集到的会计凭证

4．自其他来源获取数据

这里所说的其他来源包括如下几项：来自 SQL Server、来自 Analysis Services、来自 OData 数据馈送、来自 XML 数据导入、来自数据连接向导、来自 Microsoft Query。

11.1.2 实训任务

任务下达

从新浪财经（数据）中下载“002584 比亚迪”的资产负债表、利润表，并整理保留 2017 年、2018 年、2019 年三年的数据作为财务分析的数据源。

任务解析

上市公司的财务报告通常发布于上海证券交易所、深圳证券交易所官网及一些资讯网站上，如新浪财经、东方财富网站等。这些网站为信息使用者提供了不同的查看和下载方式。最常用的形式有 PDF、XBRL、WORD 等。

任务指引

① 登录新浪财经网站，进入比亚迪行情分析界面。

② 在左侧导航栏中找到“财务数据”——“资产负债表”，界面上显示比亚迪季度及年度资产负债表。滚动到最下端，单击“下载全部历史数据到 Excel 中”，打开“新建下载任务”对话框，指定下载路径，下载。

③ 打开下载文件，保留 2017-12-31、2018-12-31、2019-12-31 三年的资产负债表数据，并将其他列删除。调整列宽，使各列数据能够正常显示。完成后如图 11-4 所示。

	A	B	C	D
1	报表日期	20191231	20181231	20171231
2	流动资产			
3	货币资金	12650083000	13052095000	9902690000
4	交易性金融资产	34345000	451000	1095000
5	衍生金融资产	0	0	0
6	应收票据及应收账款	43933795000	49283534000	58853684000
7	应收票据	0	0	6973003000
8	应收账款	43933795000	49283534000	51880681000
9	应收款项融资	7009379000	0	0
10	预付款项	362761000	358822000	848811000
11	其他应收款(合计)	1561194000	1010378000	825499000
12	应收利息	0	0	0
13	应收股利	0	0	0
14	其他应收款	1561194000	1010378000	825499000
15	买入返售金融资产	0	0	0
16	存货	25571564000	26330345000	19872804000
17	划分为持有待售的资产	0	0	0
18	一年内到期的非流动资产	1060508000	0	1289970000
19	待摊费用	0	0	0
20	待处理流动资产损益	0	0	0
21	其他流动资产	7796357000	16144377000	11089839000
22	流动资产合计	1.06967E+11	1.15211E+11	1.02684E+11

图 11-4 下载整理后的资产负债表数据

任务 11.2　财务比率分析

11.2.1　基本知识

财务比率分析是将财务报表中的有关项目进行对比，得出一系列的财务比率指标，以此来确定企业财务活动变动程度。财务比率包括同一张报表中不同项目之间的比值和不同财务报表相关项目之间的比值，其比值有的用系数表示，有的用百分数表示。

常用的财务比率指标可分为变现能力比率、资产管理比率、长期负债比率和盈利能力比率。

1．变现能力比率

变现能力比率又称为短期偿债能力比率，用于衡量企业产生现金能力的大小。反映变现能力的财务比率主要包括流动比率和速动比率。

（1）流动比率

流动比率的计算公式如下：

$$流动比率=流动资产÷流动负债$$

流动资产一般包括库存现金、交易性金融资产、应收账款、应收票据、预付账款和存货等。流动负债一般包括应付账款、应付票据、一年内到期的债务、应付未付的各种税费等。

流动比率越高，表明企业偿还流动负债的能力就越强。但过高的流动比率也预示着企业存在资产结构不合理或者资金利用不充分等方面的问题。一般来讲，该比率值在"2"左右比较合理。

（2）速动比率

速动比率的计算公式如下：

$$速动比率=速动资产÷流动负债$$

速动资产就是从流动资产中扣除变现能力较差的存货及预付款项后的资产。

速动比率越高，表明企业偿还流动负债的能力越强。但过高的速动比率也预示着企业持有的现金和应收账款过多而丧失了一些对外投资的机会成本。一般来讲，该比率值在"1"左右比较合理。

2．资产管理比率

资产管理比率又称运营效率比率，是衡量企业资产管理效率的财务比率，主要包括存货周转率、应收账款周转率和总资产周转率等。

（1）存货周转率

在流动资产中，存货占有较大的比重，存货的变现能力直接影响企业资产的利用效率。存货周转率是衡量企业购入存货、投入生产、销售收回等环节管理状况的综合性指标。存货周转率可以用存货周转次数或存货周转天数来表达，相关计算公式如下：

$$存货周转率=销售成本÷平均存货余额$$

$$存货周转天数=360÷存货周转率$$

其中，　　　　$$平均存货余额=（期初存货余额+期末存货余额）÷2$$

存货周转率越高，表明存货变现的速度越快，资金占用水平就低。

（2）应收账款周转率

应收账款周转率是反映应收账款转换为现金的衡量指标。同样，应收账款周转率可以用应收账款周转次数或应收账款周转天数来表达，相关计算公式如下：

$$应收账款周转率=销售收入÷平均应收账款余额$$

$$应收账款周转天数=360÷应收账款周转率$$

其中，　　　平均应收账款余额=（期初应收账款余额+期末应收账款余额）÷2

应收账款周转率越高，表明应收账款收回速度越快。

（3）总资产周转率

总资产周转率用于反映企业全部资产的利用效率，其计算公式如下：

$$总资产周转率=销售收入÷平均资产总额$$

其中，　　　平均资产总额=（期初资产总额+期末资产总额）÷2

3．长期负债比率

长期负债比率反映企业偿付到期长期债务的能力，主要包括资产负债率、股东权益比率、产权比率和利息保障倍数。

（1）资产负债率

资产负债率用于反映企业偿还债务的综合能力。它说明企业的资产总额中有多少是通过举债得来的，其计算公式如下：

$$资产负债率=负债总额÷资产总额×100\%$$

该比率越高，表明企业偿还债务的能力越弱。

（2）股东权益比率

股东权益比率用于反映企业资产中有多少属于所有者，其计算公式如下：

$$股东权益比率=股东权益总额÷资产总额×100\%$$

（3）产权比率

产权比率又称负债权益比率，用于反映债权人提供的资金与投资人提供的资金的比值，揭示企业的财务风险以及所有者权益对债务的保障程度，其计算公式如下：

$$产权比率=负债总额÷股东权益总额×100\%$$

该比率越低，表明企业债权人越有保障。

（4）利息保障倍数

利息保障倍数反映了企业用经营所得支付债务利息的能力，其计算公式如下：

$$利息保障倍数=息税前利润÷利息费用$$

$$息税前利润=净利润+所得税费用+利息费用$$

4．盈利能力比率

盈利能力比率是考察企业赚取利润能力高低的比率，主要包括营业利润率、总资产收益率、净资产收益率等指标。

（1）营业利润率

营业利润率的计算公式如下：

$$营业利润率=营业利润÷销售收入净额×100\%$$

其中，　　　营业利润=销售收入净额-销售成本-期间费用

（2）总资产收益率

总资产收益率，也称总资产报酬率，用来衡量企业利用全部资产获取利润的能力，其计算公式如下：

$$总资产收益率=净利润÷平均资产总额×100\%$$

（3）净资产收益率

净资产收益率，也称股东权益报酬率，用来衡量企业利用自有资产获取利润的能力，其计算公式如下：

$$净资产收益率=净利润÷平均净资产×100\%$$

其中，　　　　平均净资产=（期初所有者权益总额+期末所有者权益总额）÷2

11.2.2　实训任务

任务下达

已获取创元公司 2020 年度资产负债表和利润表，进行财务比率分析。参考结果如图 11-5 所示。

	A	B	C	D
1	财务比率分类	指标名称	计算公式	比值
2	变现能力比率	流动比率	流动资产/流动负债	1.42
3		速动比率	（流动资产合计-预付账款-存货-一年内到期的非流动资产-其他流动资产）/流动负债	1.79
4	资产管理比率	存货周转率	销售成本/平均存货余额	1.60
5		应收账款周转率	销售收入/平均应收账款余额	3.08
6		总资产周转率	销售收入/平均资产总额	0.36
7	长期负债比率	资产负债率	负债总额/资产总额×100%	35.62%
8		股东权益比率	股东权益总额/资产总额×100%	64.38%
9		产权比率	负债总额/股东权益总额×100%	55.33%
10		利息保障倍数	息税前利润/利息费用	26.69
11	盈利能力比率	营业利润率	营业利润/销售收入净额×100%	28.13%
12		总资产收益率	净利润/平均资产总额×100%	8.71%
13		净资产收益率	净利润/平均净资产×100%	13.55%

图 11-5　财务比率分析

任务解析

财务比率分析基于资产负债表和利润表。进行财务比率分析的关键是理解各项财务比率指标的含义及其计算方法。在建立财务比率分析模型后，Excel 可以随着企业报表数据的变化实现财务比率指标的自动计算，有效提高了财务比率分析的及时性和准确性。

任务指引

（1）新建"财务比率分析"工作表

打开"创元财务报表"文件，单击⊕按钮，增加一张新的工作表。双击工作表名称，将其更改为"财务比率分析"。

（2）建立财务比率分析的基本框架结构

① 在 A1:D1 单元格区域中输入财务比率分析表的各字段名，设置为加粗、水平居中，并设置适当的填充颜色。

② 在 A2 单元格中输入"变现能力比率"，选中 A2:A3 单元格区域，单击"开始"选项卡中的合并后居中·按钮和垂直居中按钮。同理，输入资产管理比率、长期负债比率和盈利能力比率。

③ 在 B2:B13 单元格区域输入各项财务比率的名称。

④ 在 C2:C13 单元格区域输入各项财务比率的计算公式。

（3）计算财务比率

在 D2:D13 单元格区域分别输入以下公式：

D2=资产负债表!B19/资产负债表!E19

D3=(资产负债表!B19-资产负债表!B12-资产负债表!B13-资产负债表!B14-资产负债表!B17)/资产负债表!E19

D4=利润表!B6/((资产负债表!C14+资产负债表!B14)/2)

D5=利润表!B5/((资产负债表!C9+资产负债表!C10+资产负债表!B9+资产负债表!B10)/2)

D6=利润表!B5/((资产负债表!C44+资产负债表!B44)/2)

D7=资产负债表!E31/资产负债表!B44

D8=资产负债表!E43/资产负债表!B44

D9=资产负债表!E31/资产负债表!E43

D10=(利润表!B20+利润表!B10)/利润表!B10

D11=利润表!B17/利润表!B5

D12=利润表!B22/((资产负债表!C44+资产负债表!B44)/2)

D13=利润表!B22/((资产负债表!F43+资产负债表!E43)/2)

（4）设置单元格格式

选择 D7:D9、D11:D13 单元格区域，单击百分比样式按钮 %，设置为百分比格式。单击增加小数位数按钮 ，设置保留两位小数。

任务 11.3　财务比较分析

11.3.1　基本知识

1．财务比较分析

财务比较分析是将企业财务报表中的主要项目或财务指标与选定的基准相比较，发现差异，从而分析和判断企业财务状况及经营成果的分析方法。

财务比较分析包括纵向比较和横向比较两种方式。

（1）纵向比较

纵向比较又称动态分析或趋势分析，是指不同时期财务报表之间相同项目变化的比较分析，即将企业连续数期的财务报表的相同项目并行排列在一起，计算其增减的绝对值或增减的百分比，以揭示企业一段时期以来发生的绝对金额变化或百分率变化情况。

在计算相同项目增减的绝对值或增减的百分比时，基期（被比较的时期）如果是固定的，称为定基趋势分析；如果是变动的，则称为环比趋势分析。

进行纵向比较时，可以是前后期数据比较，也可以是实际与计划比较，还可以是与行业数据（可以是行业平均数据，也可以是行业标杆企业数据）进行比较。

（2）横向比较

横向比较又称静态分析，是指同一时期财务报表中不同项目之间的比较和分析。主要是将财务报表中各个具体项目数据与一个基本项目数据进行比较算出百分比，并就不同时期或时点的数值进行对比，以判断某一具体项目与基本项目的关系及某一具体项目在表中的地位，以及这种地位增强或减弱的趋势，这种分析也称共同比分析。

2．利用条件格式功能突出显示符合条件的单元格

在日常应用中，用户可能需要将满足某些条件的单元格以指定样式突出显示，此时可以使用"条件格式"功能。

【动手练 11-2】将销售情况一览表中大于 5000 的数据突出显示出来。

① 选择要设置条件格式的单元格区域，如 B3:E6 单元格区域。

② 选择"开始"|"条件格式"|"突出显示单元格规则"|"大于"命令，如图 11-6 所示，打开"大于"对话框。

动手练 11-2

③ 在"为大于以下值的单元格设置格式"文本框中输入"5000"，在"设置为"下拉列表中选择自己喜欢的格式，如"浅红填充色深红文本"格式，如图 11-7 所示。

④ 单击"确定"按钮，设置完成后如图 11-8 所示。

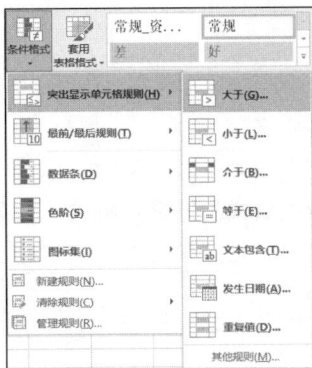

图 11-6　设置突出显示
单元格规则

图 11-7　设置符合条件
单元格的突出显示方式

	A	B	C	D	E
1		各分公司销售情况一览表			
2		一季度	二季度	三季度	四季度
3	北京	2200	3420	3248	3846
4	上海	3100	5240	5232	5013
5	天津	1980	3653	3333	4444
6	重庆	2450	2434	3500	2874

图 11-8　突出显示结果

【动手练 11-3】将企业主要财务指标值与行业平均值进行对比，为阅读方便，将第 2 行之后的奇数行设置为浅紫色，如图 11-9 所示。

	A	B	C	D
1	项目	行业平均值	企业财务比率	差异
2	流动比率	2.20	1.42	-0.78
3	速动比率	1.80	1.79	-0.01
4	存货周转率	3.00	1.60	-1.40
5	应收账款周转率	2.00	3.08	1.08
6	总资产周转率	1.30	0.36	-0.94
7	资产负债率	50%	35.62%	-0.14
8	股东权益比率	50%	64.38%	0.14
9	产权比率	100%	55.33%	-0.45
10	利息保障倍数	3.00	26.69	23.69
11	营业利润率	50%	28.13%	-0.22
12	总资产收益率	8%	8.71%	0.01
13	净资产收益率	11%	13.55%	0.03

图 11-9　财务比较分析

（1）新建"财务比较分析"工作表

打开"创元财务报表"文件，单击 ⊕ 按钮，增加一张新的工作表。双击工作表名称，将其更改为"财务比较分析"。

（2）建立财务比较分析的基本框架结构

① 在 A1:D1 单元格区域中输入财务比较分析表的各字段名，设置为加粗、水平居中，并设置适当的填充颜色。

② 在 A2:A13 单元格区域中从财务比率分析表中复制各项财务比率的名称。

③ 在 B2:B13 单元格区域，输入获取的各指标的行业平均值。

（3）粘贴企业财务比率值

① 单击"财务比率分析"工作表，选择 D2:D13 单元格区域，单击"复制"按钮。

② 单击"财务比较分析"工作表，选中 C2 单元格，单击鼠标右键，从快捷菜单中选择"选择性粘贴"命令，打开"选择性粘贴"对话框。

③ 选中"数值"单选按钮，单击"确定"按钮，将前期计算的财务比率值粘贴到"财务比较分析"工作表中。

（4）计算差异

① 单击 D2 单元格，输入公式"=C2-B2"，单击✔确认。

② 将 D2 单元格中的公式复制到 D3:D13 单元格区域。

（5）将表中的奇数行设置为浅紫色

① 选择要设置的单元格区域，如 A2:D13 单元格区域。

② 选择"开始"|"条件格式"|"新建规则"命令，打开"新建格式规则"对话框。

③ 选择"使用公式确定要设置格式的单元格"选项，在"为符合此公式的值设置格式"文本框中输入"=mod(row(),2)"，如图 11-10 所示。单击"格式"按钮，打开"设置单元格格式"对话框，设置填充颜色为浅紫色，单击"确定"按钮返回。

图 11-10　新建格式规则

知识点：ROW([reference])——行号函数

作用：返回引用的行号。

参数说明：

reference：可选。需要得到其行号的单元格或单元格区域。如果省略"reference"，则假定是对函数 ROW 所在单元格的引用。

提示　与行号函数相对应的还有列号函数 COLUMN([reference])。

知识点：MOD(number, divisor) ——余数函数

作用：返回两数相除的余数。

参数说明：

number：要计算余数的被除数。

divisor：除数。

【动手练 11-4】 已知身份证号信息，如图 11-11 中 A 列所示内容，请在 B 列中填入公民性别。

	A 身份证号码	B 性别
1	身份证号码	性别
2	411702197211052011	男
3	512721197112240024	女
4	510124197911296116	男

图 11-11　根据身份证号判定性别

动手练 11-4

居民身份证号共 18 位，其中第 17 位代表性别，奇数为男性，偶数为女性。因此，我们可以通过判断奇偶性来提取性别信息。

① 单击 B2 单元格，单击 f_x，打开"插入函数"对话框。选择"逻辑函数"分类中的 IF 函数，单击"确定"按钮，打开"函数参数"对话框。

② 在"Value_if_true"文本框中输入"男"，在"Value_if_false"文本框中输入"女"，最后单击"Logical_test"参数文本框，如图 11-12 所示。单击名称框下拉箭头，从列表中选择"其他函数"，再次打开"插入函数"对话框。选择"数学与三角函数"分类中的 MOD 函数，单击"确定"按钮，打开"函数参数"对话框。

③ 在"Divisor"文本框中输入"2"，如图 11-13 所示。单击"Number"参数文本框，单击名称框下拉箭头，从列表中选择"其他函数"，再次打开"插入函数"对话框。选择"文本"函数分类中的 MID 函数，单击"确定"按钮，打开"函数参数"对话框。

④ 输入 MID 函数参数，如图 11-14 所示，含义是从 A2 单元格中第 17 位开始截取字符，截取 1 位，即性别信息位。

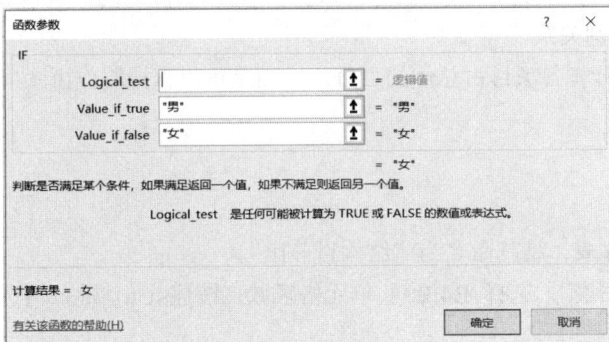

图 11-12　设置 IF 函数参数

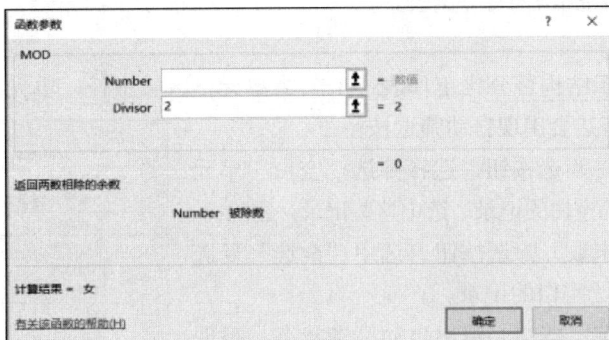

图 11-13　设置 MOD 函数参数

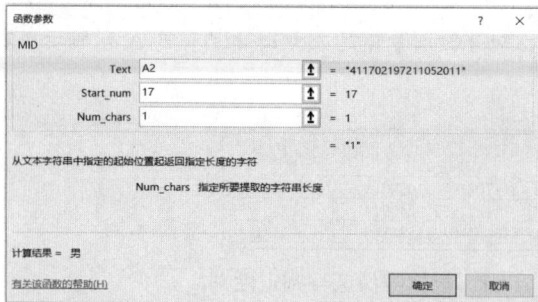

图 11-14 设置 MID 函数参数

⑤ 单击"确定"按钮，B2 单元格中即可显示"男"。

⑥ 拖曳 B2 单元格填充柄到 B4 单元格，完成后如图 11-10 所示。

11.3.2 实训任务

任务下达

根据创元公司 2020 年 12 月资产负债表，分析流动资产中各个项目的占比。

任务解析

结构百分比分析法，是指同一期间财务报表中不同项目间的比较与分析方法，主要是通过编制百分比报表进行分析，即将财务报表中的某一重要项目（如资产负债表中的资产总额或权益总额）的数据作为 100%，然后将报表中其余项目都以这一项目的百分比的形式作纵向排列，直观反映该项目内各组成部分的比例关系。

在 Excel 中，不必计算各项目占总体的百分比，而是可以直接制作饼图展示，既直观又高效。

任务指引

（1）获取数据

① 增加一张新工作表，将其命名为"结构百分比"。

② 单击"资产负债表"，选择 B4:B18 单元格区域，按住<Ctrl>键，再选择 D4:D18 单元格区域，单击"复制"按钮。

③ 单击"结构百分比"工作表，选择 A1 单元格，单击"粘贴"按钮，即可将资产负债表中的资产项目及期末数复制到结构百分比表中。

（2）数据整理

① 将鼠标光标置于结构百分比工作表 A1:B15 单元格区域中任一单元格上。选择"数据"|"筛选"命令，字段名旁边会出现自动筛选按钮。

② 单击"期末数"筛选按钮，选择筛选"空白"单元格。筛选出所有期末数为空白的记录。选中这些记录，删除。

③ 再次单击"期末数"筛选按钮，选中"全选"复选框，显示所有期末数不为空白的记录。

④ 再次单击"筛选"按钮，退出自动筛选状态。整理完成后如图 11-15 所示。

	A	B
1	资产类科目	期末数
2	货币资金	963,000.00
3	交易性金融资产	250,000.00
4	应收票据	278,000.00
5	应收账款	1,224,000.00
6	预付款项	300,000.00
7	其他应收款	650,000.00
8	存货	1,560,000.00
9	一年内到期的非流动资产	400,000.00

图 11-15 整理后的流动资产数据

（3）绘制饼图

① 选择 A2:B9 单元格区域，选择"插入"|"插入饼图或圆环图"|"三维饼图"命令，生成默认的饼图。

② 选中图表标题，将其修改为"流动资产结构比"。

③ 单击饼图，选择"设计"|"添加图表元素"|"数据标签"|"其他数据标签选项"命令，如图 11-16 所示。打开"设置数据标签格式"窗格。

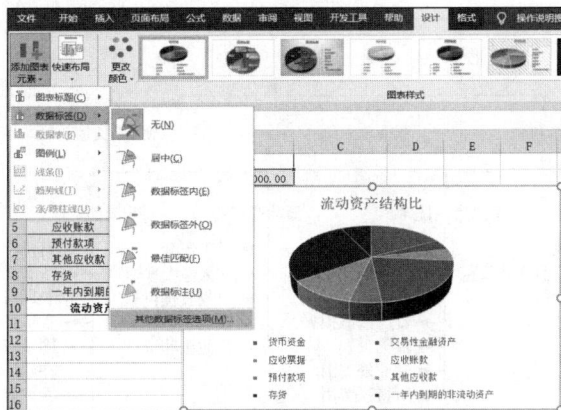

图 11-16　选择设计数据标签

④ 选中"百分比"复选框和"数据标签外"选项，如图 11-17 所示。

⑤ 完成后如图 11-18 所示。

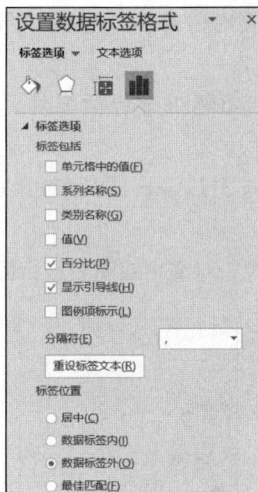

图 11-17　设置数据标签格式

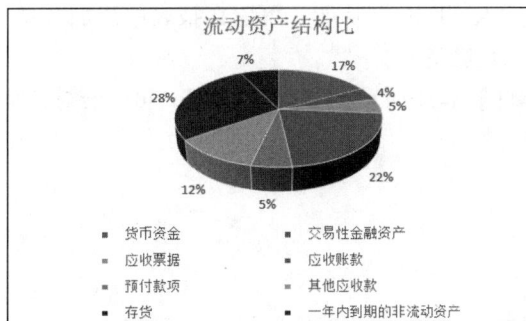

图 11-18　流动资产结构比饼图

任务 11.4　财务综合分析

11.4.1　基本知识

财务综合分析就是将各项财务指标纳入一个有机的分析系统，系统、全面、综合地对企业财务状况、经营状况进行解剖和分析，从而对企业经济效益做出较为准确的评价与判断。常用的财务综合分析方法有杜邦分析法和沃尔比重评分法。

杜邦分析法是一种用来评价企业盈利能力和股东权益回报水平的方法，它利用主要的财务比率之间的关系来综合评价企业的财务状况。杜邦分析体系如图 11-19 所示。

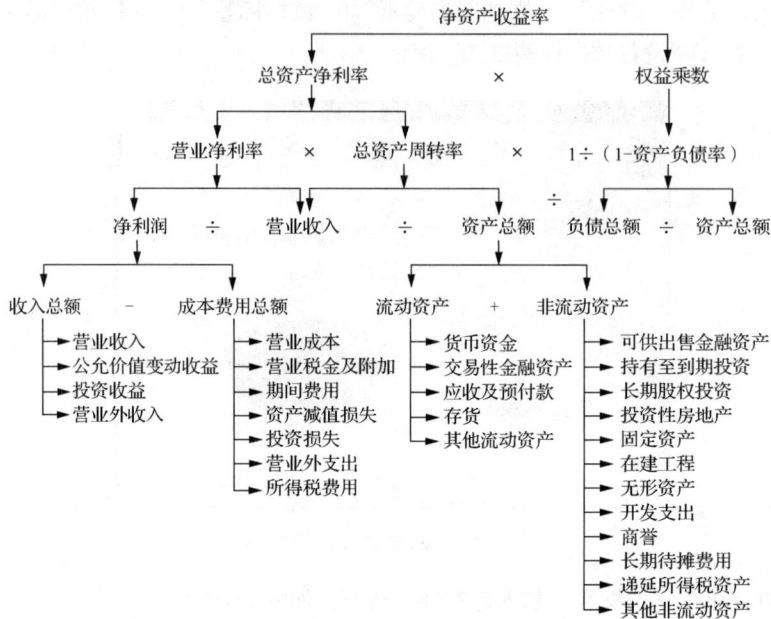

图 11-19　杜邦分析体系

在 Excel 工作表中，建立杜邦分析模型需要使用"插图"功能，主要用到文本框工具和直线工具。

1．插入插图

在"插入"选项卡中有"插图"功能组，如图 11-20 所示。功能组中包括图片、形状、SmartArt 和屏幕截图四项功能。

利用插入"图片"功能，可以在报表中添加公司 LOGO、设备图片等，图片既可以来自本机，也可以联机获得。

利用如图 11-21 所示的"形状"工具，可以绘制流程图、编辑公式、对文字或图表进行标注等。

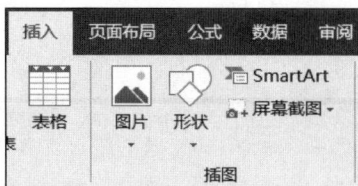

图 11-20　"插图"功能组

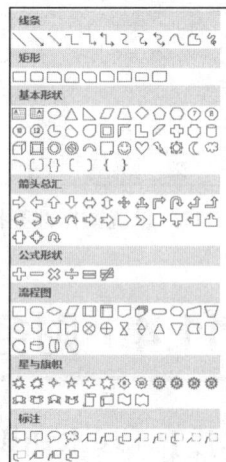

图 11-21　"形状"工具

2．编辑插图

利用插图功能插入的图形都是独立于单元格的对象。选中该对象，可以设置对象格式、改变其大小、删除对象等。

11.4.2　实训任务

任务下达

对创元公司 2020 年财务数据进行杜邦分析。结果如图 11-22 所示。

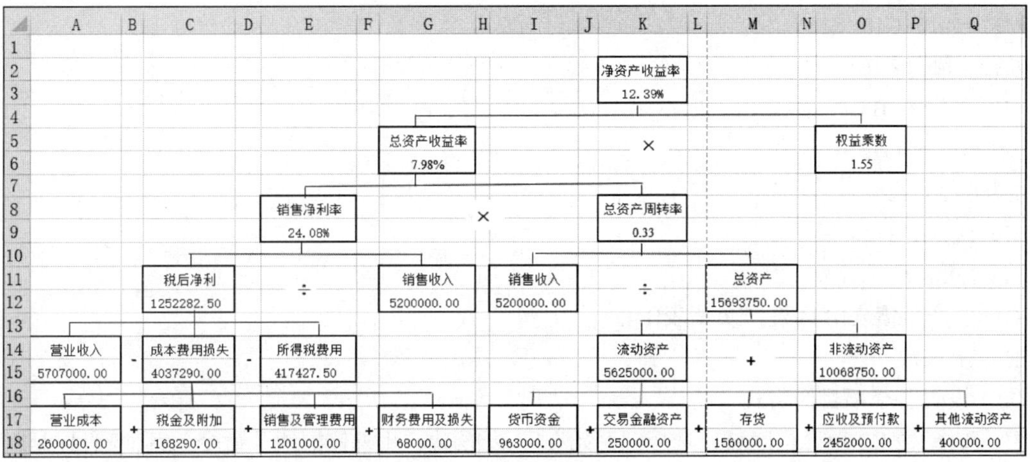

图 11-22　杜邦分析

任务解析

进行杜邦分析的关键在于建立杜邦分析模型。在杜邦分析模型中：

净资产收益率=总资产收益率×权益乘数

总资产收益率=销售净利率×总资产周转率

销售净利率=税后净利÷销售收入×100%

总资产周转率=销售收入÷总资产

权益乘数=资产÷所有者权益

任务指引

（1）计算杜邦分析模型中的各个项目

① 在相应单元格中录入杜邦模型中各种项目的名称。

② 设置计算公式。由于杜邦分析模型是自上而下逐层分解的，上级项目由下级项目计算得到，因此，最好由下而上设置计算公式，具体如下。

A18 =利润表!B6

C18 =利润表!B7

E18 =利润表!B8+利润表!B9

G18 =利润表!B10+利润表!B11

I18 =资产负债表!B6

K18 =资产负债表!B7

M18 =资产负债表!B14

O18 =资产负债表!B9+资产负债表!B10+资产负债表!B12+资产负债表!B13

Q18 =资产负债表!B17

A15 =利润表!B5+利润表!B13+利润表!B18

C15=A18+C18+E18+G18

E15 =利润表!B21

K15 =I18+K18+M18+O18+Q18

O15 =资产负债表!B38

C12 =A15−C15−E15

G12 =利润表!B5

I12=利润表!B5

M12=K15+O15

E9=C12/G12

K9=I12/M12

G6=E9*K9

O6=资产负债表!B44/资产负债表!E43

K3=G6*O6

（2）设置各个项目的格式

① 选择 K2:K3 单元格区域，选择"开始"|"边框"|"粗外侧框线"命令。其他项目同理。

② 将 K3、G6、E9 单元格设置为百分比格式，保留两位小数。

（3）连接各个项目

① 选择"插入"|"形状"|"直线"命令，此时鼠标光标变形为黑色十字，按住鼠标左键拖动鼠标光标至适当位置放开鼠标，即可画出一条直线。

② 单击"直线"对象时，直线两端出现控点。鼠标光标指向控点时会变形为双向白色空心箭头，此时拖动鼠标可改变直线长短；鼠标指向直线时会变形为四向黑色箭头，此时拖动鼠标可移动直线。按住<Ctrl>键并拖动可复制对象。

（4）建立项目之间的运算关系

① 选择"插入"|"形状"|"文本框"命令，拖动鼠标光标画出一个文本框，在文本框中输入运算符，如"÷"。

② 选中文本框，单击用鼠标右键，从快捷菜单中选择"设置形状格式"命令，打开"设置形状格式"窗格。在"线条"下选择"无线条"，如图 11-23 所示。文本框的线条不再显示。

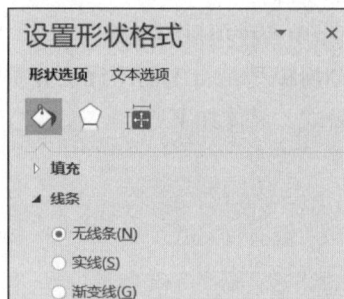

图 11-23　设置文本框无线条

③ 拖动文本框到适当位置。

本项目知识点总结

本项目介绍了 Excel 以下知识点。

- 获取外部数据
- 条件格式
- 函数：ROW、MOD
- 插入对象

通关测试

飞马公司 2020 年资产负债表和利润表分别如图 11-24 和图 11-25 所示。

	A	B	C	D	E	F
1	资产负债表					
2	编制单位：飞马公司			2020年12月31日		单位：万元
3	资产	期末数	年初数	负债及所有者权益	期末数	年初数
4	流动资产：			流动负债：		
5	货币资金	920.00	850.00	短期借款	2300.00	2000.00
6	交易性金融资产	2600.00	1000.00	应付账款	1255.00	1000.00
7	应收账款	2100.00	1500.00	预收账款	450.00	280.00
8	预付账款	150.00	180.00	其他应付款	200.00	120.00
9	存货	3500.00	2100.00	流动负债合计	4205.00	3400.00
10	其他流动资产	110.00	80.00	非流动负债		
11	流动资产合计	9380.00	5710.00	长期借款	6000.00	5500.00
12	非流动资产：			非流动负债合计	6000.00	5500.00
13	持有至到期投资	600.00	600.00	负债合计	10205.00	8900.00
14	固定资产	15600.00	16000.00	所有者权益		
15	无形资产	650.00	850.00	实收资本	12000.00	12000.00
16	非流动资产合计	16850.00	17450.00	盈余公积	1600.00	1260.00
17				未分配利润	2425.00	1000.00
18				所有者权益合计	16025.00	14260.00
19	资产合计	26230.00	23160.00	负债及所有者权益合计	26230.00	23160.00

图 11-24　飞马公司资产负债表

	A	B	C
1		利润表	
2	编制单位：飞马公司	2020年12月31日	单位：万元
3	项目	本期金额	上期金额
4	一、营业收入	19200.00	16800.00
5	减：营业成本	11400.00	10800.00
6	税金及附加	1200.00	1040.00
7	销售费用	2800.00	2020.00
8	管理费用	1600.00	1600.00
9	财务费用	300.00	220.00
10	加：投资收益	400.00	380.00
11	二、营业利润	2300.00	1500.00
12	加：营业外收入	200.00	100.00
13	减：营业外支出	600.00	400.00
14	三、利润总额	1900.00	1200.00
15	减：所得税费用	475.00	300.00
16	四、净利润	1425.00	900.00

图 11-25　飞马公司利润表

要求：

1. 根据以上资料，参照图 11-5，进行财务比率分析。

2. 对流动资产构成进行结构百分比分析。

3. 进行杜邦分析。

项目 12　Excel 在本量利分析中的应用

项目目标

了解 Excel 中表单控件的作用

学会建立本量利基本模型

掌握利用单变量求解进行保本点求解及企业利润规划

学会借助模拟运算表和控件来模拟本量利之间的变化关系

任务 12.1　表单控件

12.1.1　基本知识

1．"开发工具"选项卡

如果我们需要在编辑的工作表中做一些简单的交互设计，如在调研表中添加一组选项按钮让用户选择"是"或"否"，调研完成后单击"提交"按钮确认等，就需要进行一些简单的开发设计。Excel 提供了一些简单的工具，并将这些工具集成在"开发工具"选项卡中。

默认情况下功能区中并不显示"开发工具"选项卡。需要使用开发工具时，选择"文件"|"选项"命令，打开"Excel 选项"对话框，单击"自定义功能区"项，在右侧的"主选项卡"列表中选中"开发工具"复选框，单击"确定"按钮返回。Excel 功能区中就增加了"开发工具"选项卡，如图 12-1 所示。

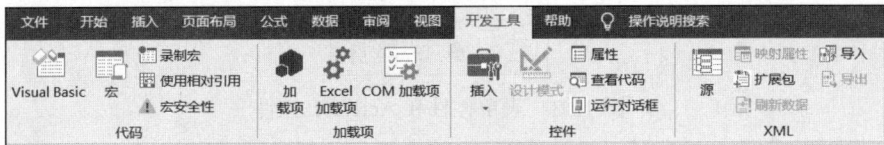

图 12-1　"开发工具"选项卡及功能命令

2．表单

所有的信息系统都包含"输入—处理—输出"三个环节。首先就是接收用户输入的数据，接收数据时需要向用户提供一些人机交互界面，以便于用户理解数据的含义，帮助用户快速、准确地录入数据，这些人机交互界面也称为表单。例如，会计信息系统中的输入客户档案、新增会计科目、"Excel 选项"界面都可以称作表单。

3．控件

控件是放置于表单上的一些图形对象，可用来显示或输入数据、执行某些操作或使表单更易于阅读。这些对象包括标签、列表框、复选框、分组框、选项按钮、命令按钮及其他一些对象，如图 12-2 所示。

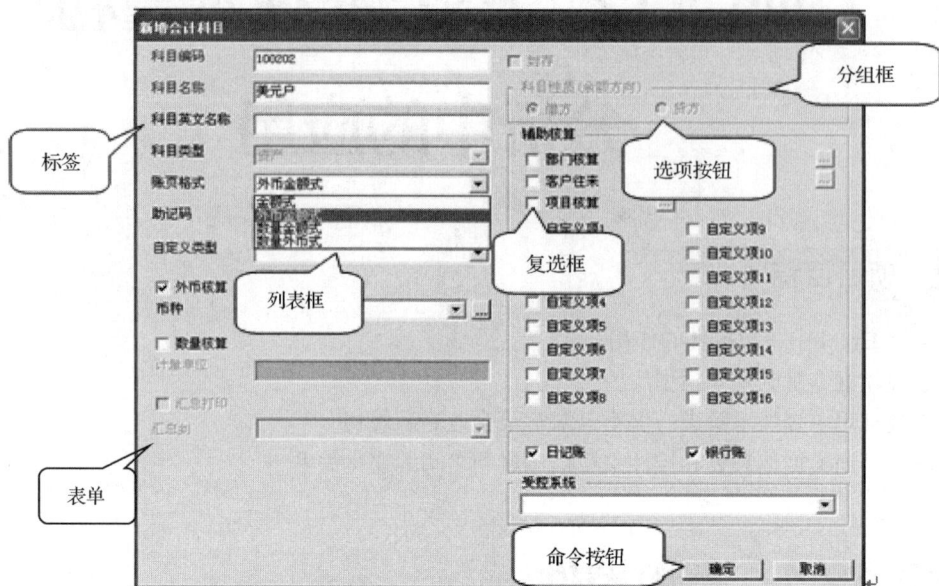

图 12-2　表单与控件

（1）控件类型

Excel 提供了两种类型的控件：表单控件和 ActiveX 控件，如图 12-3 所示。ActiveX 控件与 Visual Basic 语言中的控件相似，可以添加到 Visual Basic 编辑器自定义窗体中，适用范围更加广泛，功能也更加强大，如可以响应各种事件，但是使用起来也相对较为复杂。对于一般用户来说，表单控件更加简单实用，即使不懂得 Visual Basic 专业知识的用户也可以直接在工作表中使用这些控件。本项目只介绍表单控件。

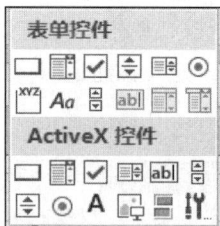

图 12-3　表单控件和 ActiveX 控件

（2）常用表单控件

常用表单控件及其用法如表 12-1 所示。

表 12-1　常用表单控件及其用法

控件名称	用途	用法示例
按钮	通常连接一段宏或 Visual Basic 程序	确认
组合框	单击下拉箭头，在下拉框中显示各选项。在组合框中同时只能选择一个选项	40岁至50岁

控件名称	用途	用法示例
☑ 复选框	为用户提供若干选项，并且这些选项之间的选择与否是无关的，即用户可以任意从中选择一个、多个选项或者一个也不选择	☑ 雨课堂　□ 超星　☑ 微信　□ 中国大学MOOC
⬍ 数值调节钮	数值调节钮与滚动条类似，只不过数值调节钮控件不具有滑块，不能按页步长变化，只能按步长变化，一般用于小范围数值的设置	教授课程门数 2 　▲▼
列表框	以列表的形式将各备选项显示出来供用户选择，用户可以从中选择某一个或多个选项	30岁以下 30岁至10岁 40岁至50岁 50岁以上
◉ 选项按钮	黑色代表选中，通常用于表达一组互斥的选项	◉ 男　○ 女
XYZ 分组框	分组框是一个容器对象，可以容纳一个或多个其他对象。当多个选项按钮放置在同一分组框之中时，它们将被视为一组，用户只能选择其中之一，而不同分组框之内的选项按钮是无关的	性别 ◉ 男　○ 女
Aa 标签	标签一般用于显示提示信息。例如，可用标签显示"姓名"，这样用户才知道应该输入姓名。与文本框不同，标签只能用于显示信息而不能进行编辑	教学平台
滚动条	用于表示某个项目的数值在一定范围内变化。滚动条包括滚动箭头和滚动块，分别控制步长和页步长	‹ ▮ ›

12.1.2　实训任务

任务下达

实训 1

设计一份面向教师的"在线教育"调研问卷。调研内容包括性别、年龄、教学平台、自评满意度几项内容。

任务解析

在线教育调研的目的是了解不同年龄、不同性别的教师开展线上教育所采用的教学平台。自评满意度用于获知教师对本人线上教育的基本评价。

在线教育调研表中的主要内容如下。

性别：提供"男""女"两个互斥选项。默认为"男"。

年龄：区分主要的四个年龄段"30 岁以下、30～40 岁、40～50 岁、50 岁以上"。

教学平台：列出常用的在线教育工具"雨课堂、超星、微信、中国大学 MOOC"。

自评满意度：不宜给出具体数值，可由调研者在 50%～100%选择。

任务指引

根据上述设计要点，设计的在线教育调研表如图 12-4 所示。

（1）设置调研表标题及背景

① 选择 A1:E1 单元格区域，选择"开始"|"合并后居中"命令，输入标题"在线教育调研表"，设置为黑体，12 号字，并设置适当的填充颜色。

② 选择 A2:E9 单元格区域，设置适当的填充颜色。

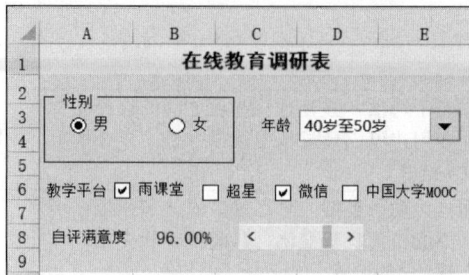

图 12-4 在线教育调研表

（2）用分组框和选项按钮设置"性别"

① 画一个分组框。选择"开发工具"|"插入"|"表单控件"命令，单击"▢▢▢"分组框图标，在工作表适当位置画一个分组框，分组框标题处显示"分组框1"。

② 修改分组框标题。单击分组框，将标题改为"性别"。

③ 画一个选项按钮。选择"开发工具"|"插入"|"表单控件"命令，单击"◉"选项按钮图标，在"性别"分组框中画一个选项按钮，将该选项按钮的名称改为"男"。同理，设置第二个选项按钮并命名为"女"。

④ 设置选项按钮的单元格链接。选中选项按钮"男"，单击鼠标右键，从快捷菜单中选择"设置控件格式"命令。设置选项按钮的值为"已选择"；指定单元格链接为"H1"单元格，如图 12-5 所示。

图 12-5 设置选项按钮的值和单元格链接

⑤ 单击选项"男"，查看 H1 单元格中的结果为"1"；单击选项"女"，查看 H1 单元格中的结果为"2"。

知识点：分组框

功能：

分组框是一个容器对象，可以容纳一个或多个其他对象。特别是当多个选项按钮放置在同一分组框之中时，它们将被视为一组，用户只能选择其中之一，而不同分组框之内的选项按钮是无关的。

使用方法：

在工作表中使用分组框控件时，只要在窗体工具栏中单击"⬚"按钮，然后在工作表中按下鼠标左键并拖动鼠标即可画出一个分组框。

直接用鼠标单击分组框即可选中该分组框。当选中分组框时，可以直接更改分组框的标题；将鼠标光标指向分组框边框并按下鼠标左键即可移动分组框；按<Delete>键即可删除分组框。

知识点：选项按钮（也称"单选按钮"）

功能：

一组单选按钮可为用户提供若干选项，并且这些选项之间的选择是互斥的，即用户只能从同一组单选按钮中选择某一个单选按钮。

使用方法：

在工作表中使用选项按钮控件时，只要在窗体工具栏中单击"◉"按钮，然后在工作表中按下鼠标左键并拖动鼠标即可画出一个选项按钮，不同类型的单选按钮可以放置在不同的分组框中。

当选项按钮处于运行状态时，直接单击某选项按钮，该选项按钮中会出现黑点，表示选中该选项。在选项按钮上单击鼠标右键即可使该选项按钮转换为编辑状态，同时会出现快捷菜单，从快捷菜单中选择"编辑文字"命令可以编辑选项按钮所显示的文本内容，直接按<Esc>键可以取消快捷菜单。当选项按钮处于编辑状态时，将鼠标光标指向其边框并按下鼠标左键即可移动选项按钮；如果处于文字编辑状态，先单击其边框退出文字编辑状态，然后按<Delete>键即可删除选项按钮。

各表单控件的使用方法基本相同，以下不再赘述。

参数设置：

在选项按钮上单击鼠标右键，然后从快捷菜单中选择"设置控件格式"命令，此时会出现对话框，包括颜色线条、大小、保护、属性、控制等选项卡，可用于设置选项按钮的各种参数。

在控制选项卡中可以设置以下几个参数。

① 当前值。选项按钮的状态有两种：未选择和已选择。在设置同一组选项按钮时，可以将某个选项按钮的初值设置为"已选择"，此时其他单选按钮自动被设置为"未选择"。

② 单元格链接。可以将选项按钮的值链接到某个单元格中，这样将来可以通过引用该单元格的值来判断用户所做的选择。需要注意的是，由于在同一时刻只能选中同一组选项按钮中的一个，所以同一组选项按钮所链接的单元格会自动被设置为同一个单元格。假定某组选项按钮共有 10 个，当选中第 1 个选项按钮时，其链接单元格的值为 1；当选中第 2 个选项按钮时，其链接单元格的值为 2；……；当选中第 10 个选项按钮时，其链接单元格的值为 10。

（3）利用组合框设置"年龄"

① 设置年龄选项。首先在 I1:I4 单元格区域中输入各年龄选项"30 岁以下""30 岁至 40 岁""40 岁至 50 岁"和"50 岁以上"。

② 画一个组合框。选择"开发工具"|"插入"|"表单控件"命令，单击"▤"组合框图标，在工作表适当位置画一个组合框。

③ 设置组合框的数据源。在该组合框上单击鼠标右键，从快捷菜单中选择"设置控件格式"命令，将其"数据源区域"设置为 I1:I4 单元格区域，将"单元格链接"设置为 H2 单元格，将"下拉显示项数"设为"5"，如图 12-6 所示。

图 12-6　设置组合框数据来源及单元格链接

④ 分别单击组合框中的不同选项，观察 H2 单元格中的显示结果。可以观测到：选择组合框中第 1 个选项，H2 单元格中显示"1"；选择组合框中第 2 个选项，H2 单元格中显示"2"，以此类推。

> 想一想
>
> ■ 可以用"列表框"控件来进行"年龄"设计吗？
> ■ "列表框"和"组合框"有何不同？

知识点：列表框

功能：

列表框以列表的形式将各备选项显示出来供用户选择，用户可以从中选择某一个或多个选项。

参数设置：

在列表框上单击鼠标右键，然后从快捷菜单中选择"设置控件格式"命令，此时会出现对话框，包括大小、保护、属性、控制等选项卡，可用于设置列表框的各种参数。

在"控制"选项卡中可以设置以下几个参数。

① 数据源区域。使用列表框时，先在工作表某区域中输入用于填充列表框的各选项，然后将该区域指定为列表框的数据源区域，这样列表框就能显示各选项了。

② 单元格链接。可以将列表框的值链接到某个单元格中，这样将来可以通过引用该单元格的值来判断用户所做的选择。需要注意的是，链接单元格中保存的是各选项的序号而非选项本身的文本内容。假定某列表框共有 10 个选项，在选定类型为单选时，当选中第 1 个选项时，其链接单元格的值为 1；当选中第 2 个选项时，其链接单元格的值为 2；……；当选中第 10 个选项时，其链接单元格的值为 10。

③ 选定类型。选定类型包括三种：单选、复选和扩展。如果选定类型为单选，将来在该列表框中用户同时只能选择一个选项；如果选定类型为复选，将来在该列表框中用户同时可以选择多个

选项，只要依次单击要选择的选项即可；如果选定类型为扩展，将来在该列表框中用户同时可以选择多个选项。如果要选择多个选项，需要按下<Ctrl>键，然后再依次单击要选择的选项，或者按下<Shift>键，然后再分别单击要选择的第一个选项和要选择的最后一个选项，此时第一个选项和最后一个选项之间的各选项将同时被选中。

知识点：组合框

功能：

组合框的使用与列表框的类似，只不过是在下拉框中显示各选项，而不是像列表框那样将所有选项同时在列表中显示出来。另外，在组合框中同时只能选择一个选项。组合框控件的按钮是"▦"，具体内容不再赘述。

（4）利用复选框设置"教学平台"

① 画一个复选框。选择"开发工具"|"插入"|"表单控件"命令，单击"☑"复选框图标，在工作表适当位置画一个复选框。

② 修改复选框的名称。单击选中该复选框，修改复选框的名字为"雨课堂"。

③ 设置复选框的值与单元格链接。在该复选框上单击鼠标右键，从快捷菜单中选择"设置控件格式"命令，设置其"值"为"已选择"，设置"单元格链接"为 H3 单元格，如图 12-7 所示。

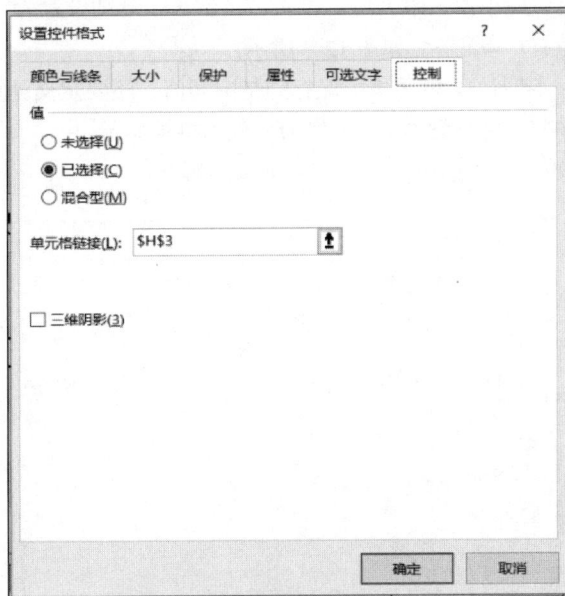

图 12-7　设置复选框控件格式

④ 同理，画出另外三个复选框并分别标识"超星、微信、中国大学 MOOC"。其"值"设置为"未选择"，"单元格链接"设置为 H4:H6 单元格区域。

⑤ 单击某个复选框，观察其链接单元格中值的变化。

知识点：复选框

功能：

复选框用于为用户提供若干选项，并且这些选项之间的选择与否是无关的，即用户可以任意从中选择一个、多个选项或者一个也不选择。

参数设置：

在复选框上单击鼠标右键，然后从快捷菜单中选择"设置控件格式"命令，此时会出现对话框，包括颜色与线条、大小、保护、属性、控制等选项卡，可用于设置复选框的各种参数。这里重点为大家介绍一下"控制"选项卡参数。

在"控制"选项卡中可以设置以下几个参数。

① 当前值。复选框的状态有三种：未选择、已选择、混合型。当复选框处于未选择状态时，其值为"FALSE"；当复选框处于已选择状态时，其值为"TRUE"；当复选框处于混合状态时，表示用户尚未做出任何选择，其值为"#N/A"；当复选框处于运行状态时，只能在已选择和未选择两个状态间进行切换。

② 单元格链接。可以将复选框的值链接到某个单元格中，这样将来可以通过引用该单元格的值来判断用户所做的选择。

（5）利用滚动条控件设置"自评满意度"

假定满意度范围在50%～100%，单击箭头，变化1%，单击滚动块，变化5%。

① 画一个滚动条。选择"开发工具"｜"插入"｜"表单控件"命令，单击"▮"滚动条控件，在工作表的适当位置画一个横向滚动条。

② 设置滚动条控件属性。在滚动条控件上单击鼠标右键，从快捷菜单中选择"设置控件格式"命令。将其"当前值、最小值、最大值、步长、页步长"分别设置为"80、50、100、1、5"，将"单元格链接"设置为H7单元格，如图12-8所示。

③ 设置利率显示值。因为H7单元格中保存的是中间值，还要定义计算利率的公式。在B8单元格中输入公式"=H7/100"，并设置B8单元格为百分比格式显示。

④ 单击滚动条控件的箭头或滚动块，观察对利率的影响。

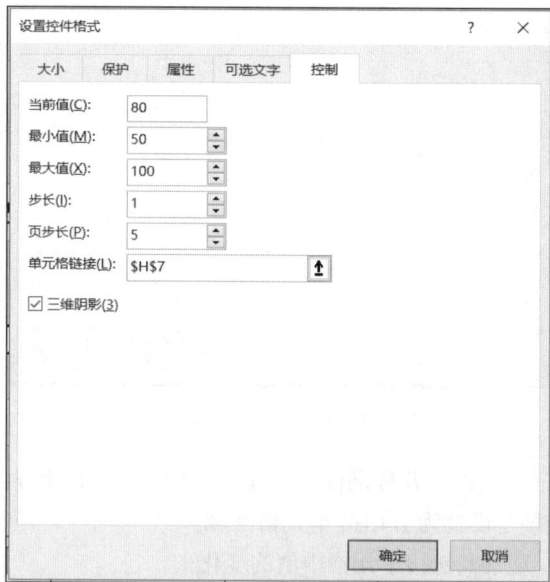

图 12-8　设置滚动条控件属性

知识点：滚动条

功能：

当某个项目的数值在一定范围内变化时，可以利用滚动条来设置该项目值。此时，用户通过操纵滚动条就能得到想要的值，而不必用键盘输入。

参数设置：

在滚动条上单击鼠标右键，然后从快捷菜单中选择"设置控件格式"命令，此时会出现对话框，包括大小、保护、属性、控制等选项卡，可用于设置滚动条的各种参数。这里重点为大家介绍一下"控制"选项卡参数。

在"控制"选项卡中可以设置以下几个参数。

① 当前值。当前值用于设置或显示滚动条的初值。

② 最小值。最小值即滚动条所能设置的最小数值，默认为 0，只能是介于 0 至 30000 之间的整数。

③ 最大值。最大值即滚动条所能设置的最大数值，默认为 100，只能是介于 0 至 30000 之间的整数且不能小于最小值。

④ 步长。步长是指当单击滚动条的两个箭头时值的变化量，默认值为 1，只能是介于 0 至 30000 之间的整数。

⑤ 页步长。页步长是指在滑块和箭头按钮之间单击时值的变化量，默认值为 10，只能是介于 0 至 30000 之间的整数。

⑥ 单元格链接。可以将滚动条的值链接到某个单元格中，这样将来通过直接或间接引用链接单元格的值可得到预期结果。

小技巧：

因为滚动条的数值范围只能是 0 至 30000 之间的整数，所以当希望的数值范围不在该区间之内时需要进行一些转换。下面举例说明一下其设置技巧。

例如，某项目的数值范围是 -20～20，此时可以将滚动条的数值范围设置为 0 至 40，链接单元格（假定为"A1 单元格"）的值作为中间值，在项目单元格中定义公式"=A1-20"，那么项目单元格的数值范围就符合要求了。

再如，某项目的数值范围是 1.0%～20.0%的百分数且有一位小数，此时可以将滚动条的数值范围设置为 1～200、步长设置为 1、页步长设置为 10，链接单元格（假定为"A1 单元格"）的值作为中间值，在项目单元格中定义公式"=A1/1000"，那么项目单元格的数值范围就符合要求了，并且给人的感觉是步长为 0.1%，而页步长为 1%。

（6）利用标签为调研表的各个项目设置准确的提示信息

① 画一个标签。选择"开发工具"|"插入"|"表单控件"命令，单击"*Aa*"标签图标，在工作表适当位置画一个标签。

② 修改标签名字。单击标签，将其命名为"年龄"。

③ 同理，设置"教学平台"和"自评满意度"标签。

任务 12.2　本量利分析

12.2.1　基本知识

本量利分析又称 CVP（Cost-Volume-Profit Analysis），用于研究成本、产量和利润三者之间的关系。它所提供的原理、方法在管理会计中有着广泛的用途，是企业进行决策、计划和控制的重要工具。

1．本量利分析的前提条件

本量利分析的前提条件有以下四个。

（1）产品总成本由固定成本和变动成本两大部分构成；

（2）销售收入与销量呈完全线性关系；

（3）产销平衡即假设当期产品的生产量与销售量一致，不考虑存货变动对利润的影响；

（4）销售产品的品种结构稳定不变。

2．本量利分析的基本模型

本量利分析的基本公式如下：

$$利润=销售收入-总成本$$
$$=销售收入-变动成本-固定成本$$
$$=边际贡献-固定成本$$
$$=（单价-单位变动成本）×销售量-固定成本$$
$$=单位边际贡献×销售量-固定成本$$
$$=边际贡献率×销售收入-固定成本$$

12.2.2　实训任务

任务下达

已知华兴公司生产电热水壶的有关数据：单价为 50 元，单位变动成本为 25 元，固定成本为 30000 元，假定销量为 1500 台，建立本量利分析的基本模型。如果预计销量在 0～3000 台波动，考察销售量的变化对销售收入、总成本、利润的影响，并制作本量利分析图。

实训 2

任务解析

为了明晰本量利之间的关系，我们在模型中设立三个区域，如图 12-9 所示。基本数据区存放已知数据，直接输入即可；计算结果区存放根据基本数据计算的销售收入、总成本和利润；模拟运算表区模拟了销量变化，对销售收入、总成本和利润的影响。

	A	B	C	D
1	基本数据			
2	单价	50.00	单位变动成本	25.00
3	销量	1,500.00	固定成本	30,000.00
4	计算结果			
5	销售收入	75000		
6	总成本	67500	利润	7500
7	模拟运算表			
8	销售量	销售收入	总成本	利润
9		75000	67500	7500
10	0	0	30000	−30000
11	500	25000	42500	−17500
12	1000	50000	55000	−5000
13	1500	75000	67500	7500
14	2000	100000	80000	20000
15	2500	125000	92500	32500
16	3000	150000	105000	45000

图 12-9　本量利分析基本模型

任务指引

（1）建立本量利基本模型

① 建立基本数据区。在 A2:D3 单元格区域输入已知各项基本数据。

② 进行相关计算。其中：

销售收入 B5=单价×销量=B2×B3；

总成本 B6=固定成本+单位变动成本×销量=D3+D2×B3；

利润 D6=销售收入-总成本=B5-B6。

此时若要观察销量的变动对销售收入、总成本和利润的影响，就需要改变 B3 单元格中代表销量的数据，既费时费力，又不便于比较。

③ 利用模拟运算表来模拟销量的变化对销售收入、总成本和利润的影响。

首先在 A10:A16 单元格区域输入变动的销量的值。

在第 9 行构建公式：销售收入 B9=B2*B3；总成本 C9=D3+D2*B3；利润 D9=B9-C9。

选中 A9:D16 单元格区域，选择"数据"|"模拟分析"|"模拟运算表"命令，打开"模拟运算表"对话框。在"输入引用列的单元格"文本框中输入"B3"，单击"确定"按钮得到计算结果。

（2）制作本量利分析图

① 选择作图区域 A8:D16 单元格区域，选择"插入"|"插入散点图"|"带平滑线的散点图"命令，图表即可自动生成，如图 12-10 所示。

② 修改图表标题为"本量利分析"。

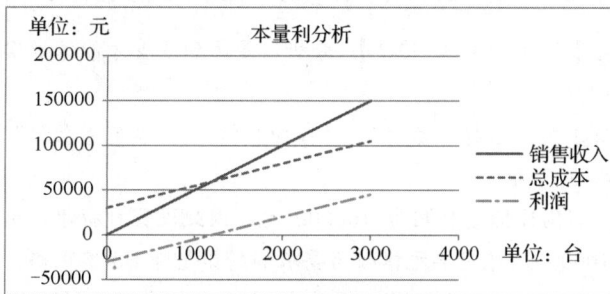

图 12-10　绘制本量利分析图

通过本量利分析图，我们可以清楚地看到总成本、销售收入、利润与销量的关系。

任务 12.3　目标利润规划

12.3.1　基本知识

1. 利用单变量求解求保本点

通俗地讲，保本点是指企业在达到这一点时既不盈利也不亏损，保持利润为 0，所以也称为盈亏临界点。此时边际贡献刚好等于固定成本。保本点通常有两种表现形式，用销量表现称为"保本量"；用销售额表现称为"保本额"。

保本点分析是研究利润为 0 这种特殊经营状况的相关问题。

根据本量利基本公式，令利润=0，则：

保本点销量=固定成本÷（销售单价–单位变动成本）

在 Excel 中，如果已知结果，需要倒推某个导致结果的自变量，就可以使用单变量求解。

【动手练 12-1】在上一任务中，计算电热水壶的保本点。

① 建立基本数据区，如图 12-9 所示。

② 调用单变量求解工具。选择"数据"|"模拟分析"|"单变量求解"命令，打开"单变量求解"对话框。

③ 输入各项参数。本例目标是利润为 0，因此设置目标单元格为 D6 单元格，目标值为 0，可变单元格即 B3 单元格为要求解的销量，如图 12-11 所示。

④ 单击"确定"按钮，求得销量为 1200 台。

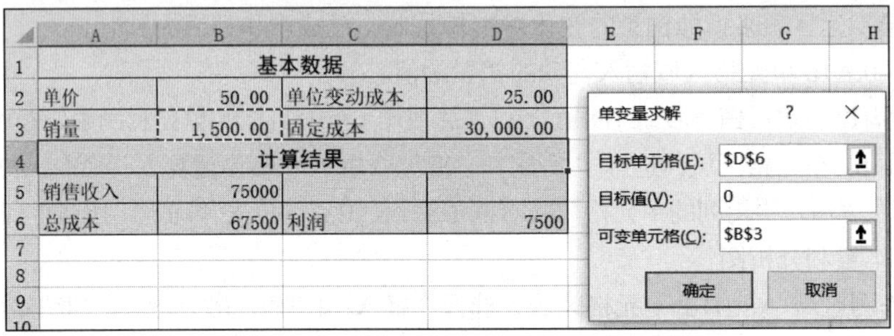

动手练 12-1

图 12-11　利用单变量求解求保本量

同理，只要在 D6 单元格中输入企业的目标利润，利用单变量求解就可以反算出销量。

【动手练 12-2】接【动手练 12-1】，分析销量达到多少才能保证实现 100000 元的利润目标。

① 调用单变量求解工具。选择"数据"|"模拟分析"|"单变量求解"命令，打开"单变量求解"对话框。

② 输入各项参数。本例目标是利润为 100000 元，因此设置目标单元格为 D6 单元格，目标值为 100000，可变单元格即为要求解的销量即 B3 单元格。

动手练 12-2

③ 单击"确定"按钮，返回计算结果。销量为 5200 台时能实现利润 100000 元。

2．单价的变动对保本点的影响

在本量利分析基本模型中，利润受到销量、单价、成本三个因素的影响。在图 12-9 中已经用模拟运算表模拟了销量的变化对收入、成本和利润的影响。除此以外，也可以用控件来控制自变量的变化，并结合适当的图形来直观展现这几者之间的关系。

12.3.2　实训任务

任务下达

实训 3

用滚动条控件模拟单价在 45～55 元的变动情况，用图示的方法阐释单价的变动对保本点的影响，如图 12-12 所示。

任务解析

单价的变动可以通过设计滚动条控件来模拟。

1．构建图形基本数据区

① 在 F2:F12 单元格区域中分别输入"45～55"，模拟单价的变动范围。

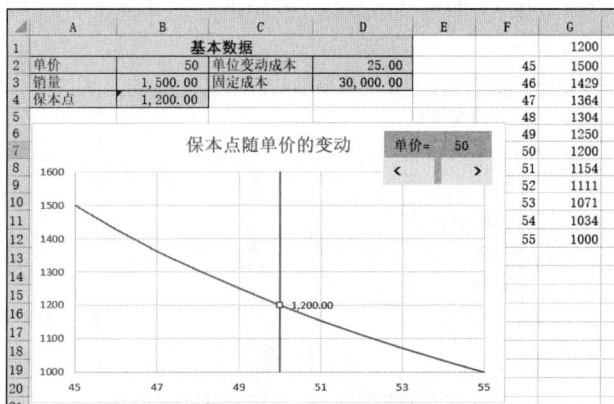

图 12-12　用滚动条控件模拟单价的变动对保本点的影响

② 在 G1 单元格输入保本点的计算公式"=D3/(B2-D2)"。

③ 选择 F1:G12 单元格区域，选择"数据"|"模拟分析"|"模拟运算表"命令，打开"模拟运算表"对话框。

④ 在"输入引用列的单元格中"文本框中输入"B2"，单击"确定"按钮，求得计算结果。

2．绘制保本点与单价关系的图形

选择 F2:G12 单元格区域，选择"插入"|"插入散点图"|"带直线的散点图"命令，Excel 自动生成一个初始散点图。为了使图形更加美观，我们可以对其进行编辑。

3．编辑图形

（1）设置坐标轴

选中 X 坐标轴，单击鼠标右键，从快捷菜单中选择"设置坐标轴格式"命令。设置 X 轴最小值为"45"，最大值为"55"。

同理，设置 Y 轴最小值为"1000"，最大值为"1600"，如图 12-13 所示。

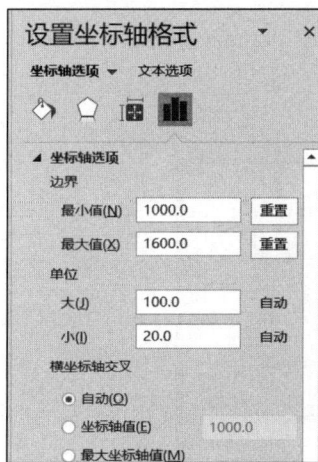

图 12-13　设置 Y 坐标轴格式

（2）添加表示单价的直线数据系列

为了清晰地观测到单价的变化对保本点的影响，我们向图形中添加一条代表单价的纵向直线。

① 在绘图区单击鼠标右键，从快捷菜单中选择"选择数据"命令，打开"选择数据源"对话框。

② 单击"添加"按钮，打开"编辑数据系列"对话框。设置 X 轴和 Y 轴的系列值，如图 12-14 所示。

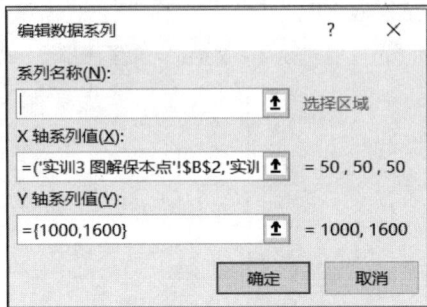

图 12-14　添加数据系列 2

> • 数据系列 2 为一条直线，该直线的两个端点坐标为（单价,1000）和（单价,1600）。
>
> • 数据系列 3 为一个点，该点坐标为（单价，保本点）。

（3）添加单价与销量相交处的保本点数据系列

① 在绘图区单击鼠标右键，从快捷菜单中选择"选择数据"命令，打开"选择数据源"对话框。

② 单击"添加"按钮，设置 X 轴和 Y 轴的系列值，如图 12-15 所示。

③ 在该系列上单击鼠标右键，从快捷菜单中选择"设置数据系列格式"命令，打开"设置数据系列格式"窗格。设置数据标记选项为"内置"，类型为"方块"，大小为"5"，如图 12-16 所示。设置数据标记填充为"纯色填充"；填充颜色为"白色"；边框为"实线"，颜色为"红色"。

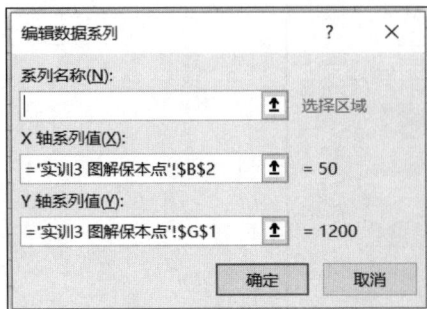

图 12-15　添加数据系列 3

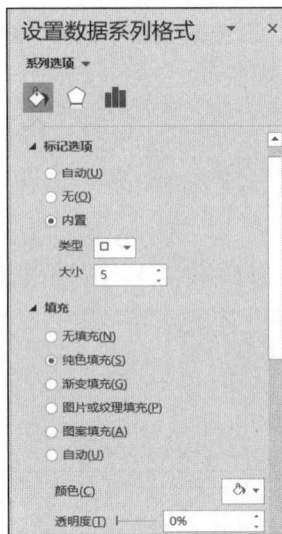

图 12-16　设置数据系列格式

④ 在该系列上单击鼠标右键，从快捷菜单中选择"添加数据标签"命令。

（4）在图形上添加表单控件模拟单价的变动

① 添加滚动条控件模拟单价的变化范围。设置滚动条控件的格式如图 12-17 所示。

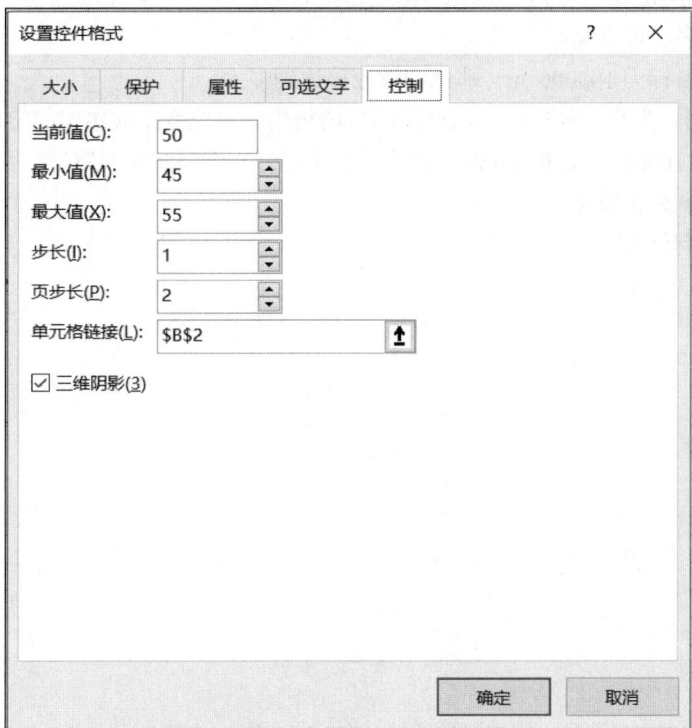

图 12-17　单价滚动条控件格式

② 设置一个文本框，用于显示"单价="文字提示。

③ 另外设置一个文本框，引用单价的变动数据"=B2"。

④ 设置适当的格式以保持美观。

（5）为图表添加标题

选中图表，修改图表标题为"保本点随单价的变动"，调整文字大小。

同理，设置横坐标轴标题为"单价"，设置纵坐标轴标题为"销量"。

全部图形绘制完成后，单击滚动条改变单价，图形会随之变化，且在图形中直观标注出保本点。

本项目知识点总结

本项目介绍了 Excel 以下知识点。

- 表单控件
- 单变量求解
- 模拟运算表
- 图表进阶

通关测试

1. 已知某产品固定成本为 27000 元，单位变动成本为 16 元，单价为 32 元，建立模型求解：

（1）销量达到多少可以保本？

（2）如果利润目标为 100000 元，那么销量应该达到多少？

2. 假定某公司只生产一种产品，该产品的目前售价、单位变动成本、固定成本和销量分别为 5000 元、2500 元、1000000 元和 500 件。请为该公司设计一个利润规划模型，并完成以下任务。

（1）建立本量利分析模型；

（2）绘制本量利分析图。

参考文献

[1] 王新玲. Excel 财务应用教程. 北京：清华大学出版社，2016.

[2] 黄新荣. Excel 2010 在会计与财务管理中的应用. 北京：人民邮电出版社，2018.

[3] ExcelHome. Excel 在会计和财务管理中的应用. 北京：人民邮电出版社，2018.

[4] 姬昂. Excel 在会计和财务中的应用. 北京：清华大学出版社，2020.

[5] 吕志明. 计算机财务管理. 北京：高等教育出版社，2015.

读者意见反馈

亲爱的读者：

　　感谢您一直以来对人民邮电出版社的支持，您的信赖是我们进步的不竭动力。在使用本书的过程中，如果您有好的意见和建议，或者遇到了什么问题，我们真诚地希望您能抽出一点宝贵的时间，反馈给我们。打造高品质的教材是我们的不懈追求，您的意见是我们最宝贵的财富。

　　地址：北京市丰台区成寿寺路 11 号邮电出版大厦 305 室

　　邮编：100164　　　　电子邮件：liuxiangrong@ptpress.com.cn

　　电话：010-81055254

教材名称：Excel 2016 在财务中的应用（微课版）

ISBN：978-7-115-57019-2

个人资料

姓名：_____　年龄：_____　所在院校/专业：_____

文化程度：_____　通信地址：_____

联系电话：_____　电子信箱：_____

您使用本书是作为：　□指定教材　　□选用教材　　□辅导教材　　□自学教材

您对本书封面设计的满意度：

　　□很满意　□满意　□一般　□不满意　改进建议_____

您对本书印刷质量的满意度：

　　□很满意　□满意　□一般　□不满意　改进建议 _____

您对本书的总体满意度：

　　从语言角度 □很满意 □满意 □一般 □不满意 改进建议 _____

　　从知识角度 □很满意 □满意 □一般 □不满意 改进建议 _____

本书最令您满意的是：

　　□逻辑清晰　　□内容充实　　□讲解详尽　　□实例丰富

您希望本书在哪些方面进行改进？（可附页）

_____

_____

_____

教学资源支持

敬爱的老师：

　　为了配合课程的教学需要，助力教学活动的开展，人民邮电出版社致力于立体化教学资源的开发建设，老师可以登录人邮教育社区（www.ryjiaoyu.com）查询并免费下载与本书配套的教学资源，也可以与编辑联系（刘向荣，010-81055254，liuxiangrong@ptpress.com.cn）了解资源情况。